Josef Berchtold (1833–1894)

Rechtshistorische Reihe

Band 355

Peter Lang
Frankfurt am Main · Berlin · Bern · Bruxelles · New York · Oxford · Wien

Moritz Waibel

Josef Berchtold (1833–1894)

Ein Leben gegen den Ultramontanismus

Peter Lang
Internationaler Verlag der Wissenschaften

Bibliografische Information der Deutschen Nationalbibliothek
Die Deutsche Nationalbibliothek verzeichnet diese Publikation in der Deutschen Nationalbibliografie; detaillierte bibliografische Daten sind im Internet über <http://www.d-nb.de> abrufbar.

Zugl.: München, Univ., Diss., 2007

Die vorliegende Arbeit wurde von
Prof. Dr. Hermann Nehlsen
zur Aufnahme in die Reihe empfohlen.

Umschlagabbildung:
Justitia - Sinnbild der Gerechtigkeit.
Dieser Bildausschnitt wurde einem Buch
aus dem 17. Jahrhundert entnommen.

D 19
ISSN 0344-290X
ISBN 978-3-631-56891-0

www.peterlang.de

Prof. Dr. Josef Berchtold (1833–1894)

Für meine Familie

Vorwort

Die vorliegende Arbeit wurde im März 2007 von der Juristischen Fakultät der Ludwig-Maximilians-Universität zu München als Inaugural-Dissertation angenommen.

Mein besonderer Dank gilt meinem verehrten Doktorvater, Herrn Prof. Dr. Hermann Nehlsen, für den Hinweis auf dieses Thema und seine hervorragende Betreuung. Ohne seine Anregungen und Ergänzungsvorschläge hätte die Arbeit nicht in dieser Form vorgelegt werden können. In gleicher Weise danke ich Herrn Prof. Dr. Hans-Georg Hermann für die zügige Erstellung des Zweitgutachtens sowie zahlreiche wertvolle Hinweise.

Bei der Erstellung der Arbeit bin ich von vielen weiteren Seiten unterstützt worden, denen ich danken möchte. Nennen möchte ich insbesondere die Familie Wolfgang Berchtold für die Einsichtnahme in ihre Familienchronik sowie den „Bericht über eine wissenschaftlich-genealogische Forschung für die Familie Berchtold". Frau Dr. Angela Berlis, die mir mit ihrem breiten Fachwissen zum Altkatholizismus mit Rat und Tat zur Seite stand. Dank gilt auch Herrn Gerhard Kieffer, der mir beim Lesen handschriftlicher Dokumente aus dem 19. Jahrhundert eine große Hilfe war.

Herzlichen Dank schulde ich nicht zuletzt meiner Familie. Meiner Frau Stéphanie und meinen Söhnen Florian und Lucas für ihre Unterstützung, Geduld und Verständnis bei der Abfassung der Arbeit und die Rücksicht, die sie auf mich genommen haben. Meinen Eltern Gerhild und Walter Waibel für ihren positiven Zuspruch und Ansporn sowie die fortwährende Unterstützung, die sie mir zu Teil werden lassen.

München, im März 2007 Moritz Waibel

Inhaltsverzeichnis

Einleitung

Auch wenn es ungewöhnlich erscheinen mag, sollen zu Beginn der Arbeit über den Universitätsprofessor Doktor Josef Berchtold zwei bezeichnende Nachrufe stehen.

Nach dem Tod Josef Berchtolds schrieb einer seiner Schüler in den Münchener Neuesten Nachrichten:[1]

„Mit Professor Doktor Josef Berchtold, dem kürzlich verstorbenen Rector magnificus der hiesigen Universität, ist einer jener in den akademischen Hörsälen immer seltener werdenden Gelehrtengestalten in's Grab gestiegen, denen ihr Lehrberuf Selbstzweck, die wissenschaftliche Förderung ihrer Schüler Lebensaufgabe und einseitiges Haschen nach äußeren Erfolgen fremd ist. Mit welch' liebevoller Sorgfalt verschenkte er sich besonders in rechtshistorischen Details, stets belehrend und anregend. Berchtold verstand es, das Interesse der Hörer an dem vorgetragenen Thema zu fesseln, und er hielt sich insbesondere von dem für den Lehrer wie für den Schüler eine Last bildenden „Herunterlesen" des Kollegienheftes ferne. Er las aus innerster Befriedigung; darum entwickelte sich zwischen ihm und den Hörern auch ein anderes Verhältnis, welches den Studenten nicht bloß zum Anfertigen eines Kollegienheftes und nebenbei zum Erwerb der Gunst des betreffenden Professors für das Examen diente, sondern demselben einen nachhaltigen Eindruck hinterließ. Berchtolds persönliches Wohlwollen dem Studierenden gegenüber, seine Unparteilichkeit, seine lautere Gesinnung, alles das lässt den Verlust, den die Universität München und vor allem die Studenten durch seinen Tod erlitten haben, selbst wenn man den wissenschaftlichen und politischen Anschauungen des Verstorbenen nicht ganz einverstanden sein sollte, gerade jetzt als höchst schmerzlich empfinden."

Dr. Birkmeyer, der damalige Dekan der juristischen Fakultät, charakterisierte Berchtold folgendermaßen:[2]

„Die Fakultät hat durch den Tod Berchtolds eines ihrer edelsten Mitglieder verloren ... Unter dem schweren Rüstzeug des Gelehrten, das der Verstorbene in seiner Lehrtätigkeit und in seinen literarischen Werken zeigte, lebte ein edler, kerniger Charakter, der alle Herzen gewann, und es schlug in ihm ein warmes,

1 Vgl. Friedrich, Berchtold, Seite 37: Nachruf eines Schülers Berchtolds (Dr. S.) in den Münchener Neuesten Nachrichten Nr. 490

2 Friedrich, Berchtold, Seite 40 f.

allen offenes Herz. Gerechtigkeit, die schönste Tugend des Menschen und der beste Prüfstein für den echten Juristen, sie war der Leitstern für Berchtold in allem seinem Denken, Streben und Handeln, und was er einmal als recht und gerecht erkannt hatte, dafür setzte er auch den ganzen Mann ein, unentwegt und unbeirrt durch irgend welche Nebenrücksichten; die Herzensgüte aber, die ihm eigen war, nahm zugleich auch seinem entschiedensten Auftreten stets den verletzenden Stachel. So haben wir ihn alle kennen gelernt. ... Edel, hilfreich und gut, so ist Berchtold sein Leben lang gewesen und darum geliebt von den meisten, geachtet auch von seinen Gegnern, eine Zierde unserer Fakultät und der ganzen Universität."

Die wissenschaftliche Auseinandersetzung mit Josef Berchtold gebietet es, sich mit derartigen Hymnen kritisch zu befassen. Dennoch soll durch die vorstehenden Nachrufe das Interesse an der Frage geweckt werden: Wer war dieser Josef Berchtold, dem so viele gute Eigenschaften und Fähigkeiten zugeschrieben werden und kann die reale Person dem oben gezeichneten Bild gerecht werden?

In der langen Reihe prominenter Münchener Rechtshistoriker fristet Josef Berchtold zu Unrecht nur ein Schattendasein. Aber er macht es zugegebenermaßen jedem schwer, der sich auf seine Spuren begibt, um etwas über ihn zu erfahren. Trotz seines erfolgreichen, wenn auch zu kurzen Lebenswegs, ist heute nicht mehr viel über ihn bekannt. Um so wichtiger erscheint es, in dieser Arbeit einen Menschen vorzustellen, der sich aus bescheidensten Verhältnissen bis zum Rector Magnificus der Ludwig-Maximilians-Universität in München hocharbeitete und sich die Anerkennung seiner Kollegen verdiente.

Als Mensch bescheiden und uneitel war er stets bemüht, nicht von dem als richtig erkannten Weg abzuweichen. Am deutlichsten zeigte sich seine unnachgiebige Haltung in der Frage der päpstlichen Unfehlbarkeit. Mit der Dogmatisierung der Unfehlbarkeit setzte er sich anlässlich des I. Vatikanischen Konzils in mehreren wissenschaftlichen Arbeiten auseinander. Da er das Dogma der Unfehlbarkeit ablehnte, kehrte er sich konsequenterweise von Rom ab und unterstützte aktiv die altkatholische Reformbewegung. Einer seiner Mitstreiter im Kampf gegen Rom, der Münchener Theologieprofessor Johannes Friedrich[3], verfasste dann auch den einzigen bekannten längeren Lebenslauf: „Josef Berchtold –

3 Friedrich, Johannes (1836-1917), katholischer Theologe, kam 1859 als Assistent Döllingers nach München, seit 1865 außerordentlicher Professor der Kirchengeschichte. Während des I. Vatikanischen Konzils theologischer Berater Kardinals Hohenlohe in Rom; Exkommunikation 1871 wegen seiner Weigerung, sich den Beschlüssen des Konzils zu unterwerfen; großer Anteil an der altkatholischen Bewegung. Wegen dieser Einstellung 1882 Versetzung von der theologischen in die philosophische Fakultät; DBE, Band 3, Seite 480

Das Lebensbild eines altkatholischen Geisteskämpfers“[4]. Es handelt sich um einen Nachruf eines engen Vertrauten zu Berchtolds Tod, in dem etwas unkritisch das Klischeebild eines makellosen Menschen gezeichnet wird. Andererseits regt diese überhöhte Charakterisierung Berchtolds, genauso wie die oben angeführten Nachrufe, zum Nachdenken an: Ist es gerechtfertigt, dass Josef Berchtold in Vergessenheit geriet?

Bei den Recherchen für diese Arbeit konnte neben Friedrich auf diverse archivalische Quellen zurückgegriffen werden, so dass sich der Lebenslauf im Wesentlichen anhand verschiedener Zeitdokumente nachzeichnen ließ. Lediglich über die Studienzeiten in Göttingen und Berlin konnten keine weiterführenden Belege ausfindig gemacht werden. Im Hinblick auf die Quellen ist der „Bericht über eine wissenschaftlich-genealogische Forschung für die Familie Berchtold“ erwähnenswert, die von Wolfgang Berchtold, einem Urgroßneffen Josef Berchtolds bei Pro Heraldica, Forschungsgesellschaft für Heraldik und Genealogie mbH, in Auftrag gegeben wurde. Außerdem stellte mir Herr Wolfgang Berchtold freundlicherweise eine von ihm zusammengestellte Familienchronik zur Verfügung. Die beiden Quellen lieferten zu den biographischen Passagen dieser Arbeit wertvolle Ergänzungen hinsichtlich der Herkunft und der Abstammung Josef Berchtolds.

In der Sekundärliteratur konnte dagegen nur wenig Unterstützung gefunden werden. Abgesehen von Friedrichs „Lebensbild“ existieren keine erwähnenswerten Materialien über das Leben Josef Berchtolds.

4 Friedrich, Berchtold, Seite 34 – 41

I. Kapitel: Herkunft aus einfachsten Familienverhältnisse

1. Der Familienname Berchthold

Selten kann die Bedeutung und Herkunft eines Namens mit Sicherheit festgestellt werden. Der Variationsbreite sprachlicher Formbildung ist es zuzuschreiben, dass die Wort- und sprachgeschichtliche Rekonstruktion ein Versuch bleibt. In der Regel gibt es mehrere Möglichkeiten einen Familiennamen zu deuten. Nahezu alle Familiennamen entstanden aus individuellen Beinamen, die man zur Unterscheidung und Kennzeichnung dem Personennamen (Rufnamen) hinzufügte. Sie bezeichneten Verwandtschaftsverhältnisse, bezogen sich auf den Herkunftsort des Namensträgers, auf dessen Wohnsitz oder gaben Beruf, Amt und Stand an. Als Vorläufer der Familiennamen erscheinen Beinamen bereits im Frühmittelalter und werden mit wachsendem Verkehr und zunehmender Bevölkerung immer häufiger. Zur Gruppe der aus Personennamen gebildeten Familiennamen zählt auch der Name „Berchtold".[5] Er entwickelte sich aus den Wortstämmen „berhtaz" (germanisch), „bairhts" (gotisch), „bercht, beraht" (althochdeutsch), „bercht" (mittelhochdeutsch) mit der Bedeutung „glänzend, leuchtend, berühmt, hell" und „walt, wolt", „waldan, waltan" (germanisch) zu übersetzen als „walten, herrschen, regieren, führen"; später wurde aus „wolt" „-hold" und „-old". Die ursprüngliche Übersetzung des Namens Berchtold lautet damit „der mit Pracht Waltende, der glänzende Herr(scher), erlauchter Gebieter".[6]

Vor allem in Österreich trifft man auf viele Familien mit Namen Bertold. Berthold war aber auch schon im Mittelalter im Bayerisch-Österreichischen als Perahtold / Perichtolt verbreitet und bei den Zähringern in Württemberg-Baden ein beliebter Vorname. Häufig tritt der Name in Tirol (Reutte, Lechtal) auf, der

---

5 Pro Heraldica, Teil 2, Seite 31

6 Pro Heraldica, Teil 2, Seite 32; Zu erwähnen ist auch der „Berchtoldstag". Dieser wird in der Schweiz mit verschiedenen Bräuchen am 2. Januar gefeiert. Veranstaltet werden rituelle Spiele, Umzüge, Tänze und Maskeraden. Mit dem Berchtoldstag wird die Zeit der Fastnacht eingeleitet. Strittig ist allerdings die Herkunft des Namens. Möglicherweise geht sein Ursprung auf die Göttin Berchta zurück. Sie ist eine bis in die vorchristliche Zeit zurückreichende mythologische Gestalt der Mitwinterzeit und führt, wie ihre Parallelgestalt Frau Holle, eine Schar dämonischer Wesen an, die zu bestimmten Zeiten umherziehen. Mit der Christianisierung wurde die Göttin Berchta personifiziert als die Nacht vor Dreikönig (althochdeutsch „ze demo perathin tage" bzw. „giperahta naht" = glänzender, strahlender Tag bzw. Nacht).

Gegend, aus der auch die Vorfahren Josef Berchtolds stammen. Namensvorkommen Berchtold im Bereich des Klosters Ettal finden sich ab dem 15. Jahrhundert.[7] Die verschiedenen Ausprägungen des Namens Berchtold sind: Perthold (österreichisch), Berchtold und Bergdolt (bayerisch), Barthold und Bartels (niederdeutsch), Bechtold und Bächtold (alemannisch).[8]

Inwieweit Josef Berchtold der ursprünglichen Übersetzung seines Familiennamens gerecht wurde und ob er zumindest im übertragenen Sinne ein „glänzender Herr" oder „ein mit Pracht Waltender" war, wird die Auseinandersetzung mit seinem Leben und seinem Werk erweisen.

2. Familie

Josef Berchtold entstammte einfachsten Verhältnissen. Am 20. September 1833[9] wurde er als jüngstes von neun Kindern geboren, drei Knaben und sechs Mädchen[10]. Seine Schwester Theresia war schon vor seiner Geburt im Jahr 1823 im Alter von neun Monaten verstorben[11]. Sein Vater, Karl Theodor Berchtold, geboren am 8. November 1778 in Murnau[12], entstammte einem alten Brauergeschlecht. Nachdem er im Kloster Ettal als Bräuknecht sein Handwerk erlernt hatte[13], wurde er königlicher Bräumeister auf dem Fohlenhof Schwaiganger in

7 Pro Heraldica, Teil 2, Seite 32

8 vgl. Pro Heraldica, Teil 2, Seite 32 f.: „Ältere urkundliche Belege für den Familiennamen Berchtold sind:
1266 Nicol. filius Bertoldi zu Hamburg (Quelle: Die hamburgischen niederdeutschen Personennamen des 13. Jahrhunderts. Hgg. von G. Mahnken. Dortmund 1925. Seite 32)
1275 Cuonr. Bertoldus aus Gutenberg bei Bonndorf (Quelle: Zeitschrift für die Geschichte des Oberrheins, Karlsruhe 1850 ff. und Neue Folge. Bd. III, Seite 359.)
1303 C. Berchtelmann aus Worms (Quelle: Hans Bahlow: Deutsches Namenlexikon. Frankfurt 1972.)
1550 Wolfgang berchdolt (pertholt), Hafner von draubing (Traubing) (Quelle: Blätter des bayerischen Landesvereins für Familienkunde. Beilage zu Band 13, 1976 – 1979.)"

9 Archiv des Erzbistums München und Freising, Münchener Matrikel 268 Pfarrei St. Ludwig Seite 136

10 vgl. im Einzelnen Stammbaum im Anhang

11 siehe vorangegangene Fußnote; Friedrich zählt die vorverstorbene Theresia nicht und gelangt deshalb nur zu einer Anzahl von acht Kindern, vgl. Friedrich, Berchtold, Seite 35

12 vgl. Kirchenbuch Murnau, Eheregister 1817; Pro Heraldica, Teil 1, Stammbaum, Generation V

13 Pro Heraldica, Teil 1, Stammbaum, Generation V

der Nähe von Murnau[14]. Maria Eva Berchtold, geborene Rendl, die Mutter Josefs, war die Tochter eines Söldners (Tagelöhners) und wurde am 30. Juni 1788 in Oberammergau geboren[15]. Ihre Familie väterlicherseits stammte aus Tirol[16].

Die Stammreihe der Berchtolds lässt sich zurückverfolgen bis ins 16. Jahrhundert. Der älteste bekannte Vorfahre ist Georg Berchtold, der um 1590 geboren wurde und wohl 1654 oder 1655 verstarb, da im Jahr 1655 seine Erben genannt werden. Sein Herkunftsort ist das westlich von Ettal gelegene Bauerndorf Graswang. Für 9 fl. 1 Kr. wurde Georg Berchtold 1604 als Bürger von Murnau aufgenommen und erweiterte seinen dortigen Besitz in den folgenden Jahren[17]. Mit ihm beginnt die lange Reihe von Bierbrauern in und um Murnau, insgesamt sechs Generationen[18].

Als Vater von Karl Theodor Berchtold und damit Großvater von Josef ist Johann Michael Berchtold bezeugt. Auch er war Brauer und lebte von 1727 bis 1796 in Murnau im Haus „Kem(b)serbräu". Dieses hatte er 1753 von Jakob Kembser bekommen, seinem Schwiegervater, der ebenso Brauer, sowie Bürgermeister und Ratsmitglied in Murnau war[19]. Beim Stadtbrand 1774 fiel das Gebäude den Flammen zum Opfer[20] und die Familie Berchtold verarmte. Johann Michael Berchtold sah sich außerstande, das Gebäude neu zu errichten und den Geschäftsbetrieb wieder aufzunehmen. Daher überließ er die Brandstätte der Stiftungspflege der benachbarten Maria Hilfskirche[21]. Fortan mussten sich die Berchtolds als angestellte Braumeister ihren Lebensunterhalt verdienen. Von den insgesamt 13 Kindern des Johann Michael trat neben Karl Theodor auch dessen älterer Bruder Joseph in die Fußstapfen des Vaters und wurde Brauer im Kloster Ettal[22]. Auch der Urgroßvater Josef Berchtolds Johann Balthasar, sowie dessen Vater Jonas, übten den Beruf des Bierbrauers aus und erlernten ihr Handwerk aller Voraussicht nach im Kloster Ettal[23]. Es ist nicht verwunderlich, dass Gene-

14 vgl. Friedrich, Berchtold, Seite 35, sowie vorangegangene Fußnote
15 Kirchenbuch Murnau, Eheregister 1817: Die Trauung der Eltern Josef Berchtolds fand am 27. Oktober 1817 in Murnau statt; Pro Heraldica, Teil 1, Seite 16
16 Friedrich, Berchtold, Seite 35
17 Pro Heraldica, Teil 1, Seite 22
18 eine Auflistung der Vorfahren Josef Berchtolds, soweit bekannt, befindet sich im Anhang
19 Pro Heraldica, Teil 1, Seite 17
20 Marktarchiv Murnau: Verzeichnis aller Hausbesitzer des Marktes Murnau 1636 – 1888, verfasst von Pfarrer Michael Schmid, Seite 227
21 Baumann, Murnau, Seite 142
22 Pro Heraldica, Teil 1, Seite 17
23 Pro Heraldica, Teil 1, Seite 19

rationen der Berchtolds die Braukunst in Ettal erlernten, da die frühesten Braustätten, die über den Eigenbedarf hinaus produzierten, in Klöstern entstanden[24].

Für Josef Berchtold, wie für seine Brüder, schien nach der langen Familientradition der Lebensweg hin zu einer Brauerlehre oder das Ergreifen eines anderen ehrbaren Handwerksberufs vorgezeichnet zu sein. Sein ältester Bruder Michael führte das Gewerbe des Vaters fort und wurde Braumeister[25]. Als Beruf des mittleren Bruders Theodor Karl Viktor ist Werkmeister, Gasmonteur und Meister für Gasapparatebau überliefert[26]. Dessen Sohn wiederum, Joseph Theodor heiratete Maria Augusta Greif und übernahm das Cafe Greif am Marienplatz in München[27].

Nur Josef Berchtold, der Jüngste, brach aus der Familientradition aus, ergriff keinen Handwerksberuf, sondern startete eine vor diesem Familienhintergrund noch höher einzuschätzende akademische Karriere, die ihn bis in das Rektorat der Ludwig-Maximilians-Universität in München führte. Den Grundstein zu diesem außergewöhnlichen Aufstieg an die Spitze ausgewählter Professoren der Ludwig-Maximilians-Universität legten Josef Berchtold und seine „Förderer" bereits in seiner Kindheit.

3. Kindheit und Jugend 1833 – 1852

Aufgewachsen ist Josef[28] Berchtold im oberbayerischen Murnau am Staffelsee, das zu dieser Zeit ca. 1100 Einwohner[29] zählte. Mit seinen Eltern und den sieben

24 Pro Heraldica, Teil 1, Seite 17 f.; Unter den Mönchen gab es Spezialisten, die das Brauen beherrschten und pflegten. Erst im Hochmittelalter entwickelte sich mit der Entstehung des Städtewesens das Braugewerbe. Davor hatte jeder Bürger das Recht, für den Eigenbedarf zu brauen. Die Brauer kontrollierten meist nur die Herstellung des Bieres und konzentrierten sich auf den Vertrieb desselben, während sie das Brauen Lohnarbeitern überließen, die die Brauarbeit als Nebenverdienst betrieben. Eine geregelte Lehrzeit bzw. Ausbildung gab es für die Brauknechte vom Lande erst im 17. und 18. Jahrhundert. In München entstanden vermutlich 1420 die ersten Bierbrauerzünfte, in Augsburg schlossen sich bereits 1368 Zünfte dieser Art zusammen. Im 17. und 18. Jahrhundert waren die Bierbrauer wegen der großen Konkurrenz meist kleinbetriebliche Produzenten, wie sie sich auch heute noch in den ländlichen Gebieten Oberbayerns finden

25 Pro Heraldica, Teil 1, Stammbaumreihe, Generation V

26 Pro Heraldica, Teil 1, Stammbaumreihe, Generation IV

27 Familienchronik von Wolfgang Berchtold

28 Karl von Prantl schreibt fälschlicherweise von „Joseph" Berchtold, in Geschichte der LMU, Seite 558

29 Schriftliche Information des Marktarchivs Murnau

Geschwistern wohnte er im Haus „Gundi", Hausnummer 169[30]. Sein Vater verdiente den Lebensunterhalt für die Familie als königlicher Bräumeister auf dem Fohlenhofe Schwaiganger. Die 1784 eingerichtete Brauerei diente zur Versorgung der Schwaiganger Belegschaft und der näheren Umgebung mit Bier[31]. Über die näheren Lebensumstände sagt Friedrichs farbige Schilderung nur aus, dass die arbeitsamen Eltern ihre Familie redlich ernährten. Die Verhältnisse änderten sich für Josef und seine Geschwister als der Vater am 27. September 1838 an Schlagfluss starb[32]. Lediglich das Wohnhaus und ein paar Grundstücke verblieben der Witwe und ihren Kindern[33]. Wie Berchtold später erzählte, ging es deshalb „oft knapp und karg her"[34].

Jose*ph* Berchtold, ein Neffe Josef Berchtolds, schreibt am Beginn seiner leider nicht vollständig fertiggestellten Familienchronik[35]: „In der Familie meines Vaters war durch frühzeitiges Ableben des Familienoberhauptes eine Notlage entstanden. 7 Kinder, wovon das Jüngste erst 2 Jahre alt war, fehlte der Ernährer[36]. Nur eines von ihnen, Josef, fand einen Gönner, der Mittel und Wege ausfindig machte, dass sein Schützling studieren konnte und es schließlich zum Rektor brachte. Mein Vater, ein sehr begabter Junge, hatte kein solches Glück. Er musste ein Handwerk (Drechslerei) erlernen, um frühzeitig seinen Lebensunterhalt selbst bestreiten zu können. Seine Geschicklichkeit in vielen technischen und künstlerischen Arbeiten lieferten den Beweis, dass er bei akademischen (Vor)Studien ein nicht alltäglicher Techniker oder Künstler geworden wäre."

Weiter berichtet *Joseph* Berchtold über den Werdegang seines Vaters[37]: „Von der Holz- ging er zur Metalldreherei über, verstand viel von der Spenglerei, beizte und polierte Möbel, leistete sehr Gutes in der Pyrotechnik, wozu er die nötigen Utensilien selbst herstellte, modellierte Wachs und Ton nach eigener Idee, malte Landschaften und Genrebilder und Portraits in Aquarell- und Ölfar-

30 Marktarchiv Murnau: Verzeichnis aller Hausbesitzer des Marktes Murnau 1636 – 1888, verfasst von Pfarrer Michael Schmid, Seite 206; Kirchenbuch Murnau, Eheregister 1817 zur Trauung der Eltern Josef Berchtolds

31 Berthold Karnbaum, Schwaiganger, Seite 11

32 Kirchenbuch Murnau, Sterberegister 1838, Theodor Berchtold

33 Friedrich, Berchtold, Seite 35

34 Friedrich, Berchtold, Seite 35

35 Joseph, 06.12.1860 – 05.03.1932, war der Sohn von Theodor Karl Viktor, 12.09.1830 – 16.03.1907, dem älteren Bruder von Josef Berchtold und gleichzeitig der Großvater von Wolfgang Berchtold, in dessen Besitz sich die Originalaufzeichnungen befinden (Familienchronik von Wolfgang Berchtold). Joseph ließ leider seine lange gehegte Absicht, eine Autobiographie abzufassen, fallen, wollte aber dennoch seinen Nachkommen „einiges Markante" aus seinem Leben erzählen.

36 Hinsichtlich der Zahl der Kinder und des Alters Berchtolds irrt sich der Verfasser

37 Aufzeichnung Joseph Berchtolds in Familienchronik von Wolfgang Berchtold

ben; (...) Auch in der Herstellung künstlicher Blumen, wozu er schon als Kind seitens der verwitweten Mutter angelernt worden war, leistete er nicht Alltägliches".

Die Aufzeichnungen des Neffen Josef Berchtolds charakterisieren und skizzieren die Lebensumstände der Familie Berchtold trefflich: Mit Rücksicht auf ihre spärlichen Mittel konnte sich die Mutter eine akademische Ausbildung für ihre Söhne nicht leisten. Im Gegenteil mussten die älteren Brüder Josefs alsbald ein Handwerk erlernen, um für ihren Lebensunterhalt selbst aufkommen zu können[38]. Auch für den Jüngsten schien der Weg in einen Handwerksberuf vorgezeichnet zu sein, hätte nicht ein „Gönner" sein offensichtliches Talent erkannt.

Von 1832 bis 1847 amtierte Karl Kreb als Ortspfarrer in der St. Nikolaus Kirche in Murnau[39]. Seine Kapläne machten ihn auf den „geistig geweckten, ungemein fleißigen und lernbegierigen Knaben" aufmerksam. Daraufhin nahm sich Ortspfarrer Kreb des jungen Talents an und überzeugte seine Mutter von der Richtigkeit einer akademischen Ausbildung. Er ließ Josef von einem seiner Kapläne auf das Niveau der 2. Lateinklasse bringen und brachte ihn anschließend selbst nach München zu Walburga Müller[40].

Walburga Müller, ledige Lehrerin an einer höheren Töchterschule[41], nahm Josef Berchtold im Jahr 1845 bei sich auf. In einer Zeit ohne sonstige Fördermaßnahmen war sie eine wohltätige Dame, die jungen begabten Studierenden Kost und Logis bot, um ihnen so ein Fortkommen zu ermöglichen, das ihnen ihre finanziellen Mittel nicht erlaubt hätten. Für Josef Berchtold wurde Walburga Müller zu einer Ersatzmutter, der er in langwährender kindlicher Zuneigung verbunden blieb[42]. Berchtold wohnte bis 1869 – zu diesem Zeitpunkt schon mit seiner Frau Marie – bei Walburga Müller in der Schönfeldstraße 15 1/23[43]. Auch dies ein Indiz für das gute Verhältnis zwischen Josef und seiner Pflegemutter, die 1881 im Alter von 82 Jahren starb[44].

---

38 Josefs Bruder Michael erlernte, wie oben erwähnt, das Brauen im Kloster Ettal

39 Schriftliche Information des Marktarchivs Murnau

40 Friedrich, Berchtold, Seite 35

41 vgl. Stadtarchiv München, Familienbogen für Walburga Müller; Adressbücher von München für die Jahre 1869 – 1888, einzusehen im Archiv des Erzbistums München und Freising

42 Friedrich, Berchtold, Seite 35

43 Adressbücher von München von 1869 bis 1888, Archiv des Erzbistums München und Freising

44 Familienbogen für Walburga Müller, Stadtarchiv München

Seine Gymnasialzeit absolvierte Josef Berchtold auf dem angesehenen Maximiliansgymnasium, das ihn 1852 als Ersten seiner Klasse und mit Auszeichnung entließ[45].

Verständnis, Einsicht und Verzicht seiner Mutter, das Engagement des Ortspfarrers Kreb sowie die finanzielle und mütterliche Fürsorge Walburga Müllers führten Josef Berchtold schließlich aus einfachsten, fast ärmlichen Verhältnissen, hin zu einer akademischen Laufbahn und legten das Fundament für einen, hinsichtlich des Familienhintergrundes, geradezu märchenhaften sozialen Aufstieg.

Josef Berchtold blieb zeit seines Lebens seinen Wurzeln verbunden. So schreibt der Neffe Berchtolds über die Stellensuche seines Vaters in der Familienchronik: „Onkel Professor hatte nun zufällig die Bekanntschaft des Vorstandes des Eisenbahnzentralwerkes in München gemacht und bei dieser Gelegenheit erfahren, dass man dort selbst einen Mann sucht, der zur Beaufsichtigung und Instandhaltung sämtlicher Gas- und Wasserinstallationen in diesem ausgedehnten Etablissement geeignet ist. Mein Vater bewarb sich um den Posten und erhielt ihn."

Das Haus „Gundi", in dem Berchtold seine Kindheit verbrachte, verkaufte seine Mutter im Jahr 1876 für 3085 Mark an Michael Hutter. Vom Kaufpreis überließ sie ihrem Sohn 1400 Mark. Die noch ledigen Geschwister Josefs, Michael, Anna, Eva und Theodor erhielten für die Dauer „ihres ledigen Standes das freie Herbergsrecht in dem im Erdgeschoss befindlichen hinteren Stübchen, wo sich auch die Verkäuferin ein lebenslanges Wohnrecht" vorbehielt[46].

45 Universitätsarchiv München, Signatur I–IX-15 (II Bd.), Akte des Akademischen Senats der Universität München, betreffend Kabinetts-Stipendien und Unterstützungen

46 Bayerisches Hauptstaatsarchiv, Bestand Not. Weilheim I, Jahrgang 1876, Nummer 966

II. Kapitel: Universitätslaufbahn zum Rector Magnificus

1. Studium und Amtspraxis

Im Anschluss an seine Gymnasialzeit begann Josef Berchtold im Jahr 1852 sein Studium an der Ludwig-Maximilians-Universität in München. Wie einem handgeschriebenen curriculum vitae[47] zu entnehmen ist, war das Studium der Rechtswissenschaften nicht seine erste Wahl. Vielmehr studierte er zunächst – unterbrochen von immer wiederkehrenden Krankheiten – ein Jahr Philosophie[48]. Die philosophischen Studien betrieb Josef Berchtold mit großem Erfolg, denn nach bestandenem Examen wurde ihm bereits im 1. Studienjahr ein Universitätsstipendium zuerkannt.

Sein Stipendium wurde ihm weiter gewährt als er 1853 das Studienfach wechselte und sich fortan die nächsten vier Jahre dem Studium der Rechtswissenschaften widmete[49]. Dabei begeisterte er sich insbesondere für das Öffentliche Recht[50]. So verwundert es nicht, dass Josef Berchtold eine von der Juristischen Fakultät im Wintersemester 1855 / 1856 gestellte Preisaufgabe mit dem Thema „Die Entwicklung der Landeshoheit in Deutschland in der Zeit von Kaiser Friedrich II. bis zum Tod Rudolfs von Habsburg, staatsrechtlich erörtert." löste. Am 26.06.1856 wurde seine Arbeit unter sechs eingegangenen Arbeiten allein und einstimmig mit dem Preis gekrönt[51]. Inwieweit sich der „Preis" für Josef Berchtold unmittelbar finanziell ausgewirkt hat, ist nicht bekannt. Zumindest bei seiner erfolgreichen Bewerbung für ein Stipendium im Jahr 1857 dürfte sich seine Auszeichnung aber positiv ausgewirkt haben. Außerdem stand für Josef Berchtold nach erfolgreicher Lösung der Preisfrage „der bereits vorher gehegte Plan, mich

47 Universitätsarchiv München, Signatur L-I-53, S.117, Akten der Königlichen Juristenfakultät München 1861/62

48 Die Aussage Friedrichs (Friedrich, Berchtold, S.35), Josef Berchtold habe vor seinem Jurastudium zwischen Theologie und Philologie geschwankt, wäre zwar nachvollziehbar für einen jungen Mann, der sein Fortkommen einem Pfarrer zu verdanken hat, lässt sich urkundlich aber nicht belegen.

49 Universitätsarchiv München, Signatur I–IX-15 (II Bd.), Akte des Akademischen Senats der Universität München, betreffend Kabinetts-Stipendien und Unterstützungen

50 Universitätsarchiv München, Signatur L-I-53, S.117, Akten der Königlichen Juristenfakultät München 1861/62

51 Bayerisches Hauptstaatsarchiv, MInn 31533, Akten des Königlichen Staatsministeriums des Inneren

dereinst ganz der Theorie zu widmen in meiner Seele fest"[52]. Für seine weitere juristische Laufbahn kann die Bearbeitung und Lösung der Preisfrage folglich als Schlüsselerlebnis gewertet werden. Um so mehr als Josef Berchtold das Thema der Preisschrift „Entwicklung der Landeshoheit" auch bei der Auswahl seines Dissertations-[53] und Habilthemas maßgeblich beeinflusste. Während er in seiner Dissertation die Landeshoheit in Österreich behandelt, übernimmt er das Thema der Preisschrift als Grundlage seiner Habilschrift nahezu wörtlich[54]. Leider liegt die Preisschrift im Wortlaut nicht mehr vor. Wie Josef Berchtold im Vorwort zu seiner Habilschrift ausführt, sei die Veröffentlichung der Preisschrift hauptsächlich unterblieben, „weil der Verfasser der genannten hohen Fakultät seinen tiefgefühlten Dank für jene Aufmunterung zu ferneren Studien auf dem weiten Gebiete der deutschen Staats- und Rechtsgeschichte durch eine mit etwas gereifteren Kräften unternommenen Umarbeitung jenes ersten schwachen Versuches zu erkennen geben wollte"[55].

Das Ergebnis seiner theoretischen juristischen Schlussprüfung, die er am Ende des Sommersemesters im Jahr 1857[56] ablegt, bezeichnet Josef Berchtold selbst als recht befriedigend[57]. Wie heute musste auch Mitte des 19. Jahrhunderts zur Erlangung der Befähigung zum Richteramt eine theoretische und nach zweijähriger „Amtspraxis" eine praktische Staatsprüfung abgelegt werden. Abweichend von der gegenwärtig geltenden JAPO[58] wurde Josef Berchtold bei seiner theoretischen Prüfung nach § 13 der „Allerhöchste(n) Verordnung vom 6. März 1830, die Konkurs-Prüfung der zum Staatsdienst aquirierenden Rechts-Kandidaten betreffend" über zwei Stunden ununterbrochen in zwölf möglichen Rechtsgebieten mündlich geprüft[59].

52 Universitätsarchiv München, Signatur I–IX-15 (II Bd.), Akte des Akademischen Senats der Universität München, betreffend Kabinetts-Stipendien und Unterstützungen; auf das Stipendium aus dem Jahr 1857 wird noch näher eingegangen.

53 „Die Landeshoheit Österreichs nach den echten und unechten Freiheitsbriefen"

54 „Die Entwicklung der Landeshoheit in Deutschland in der Periode von Friedrich II. bis einschließlich zum Tode Rudolfs von Habsburg, staatsrechtlich erörtert"

55 Josef Berchtold im Vorwort zu „ Die Entwicklung der Landeshoheit in Deutschland in der Periode von Friedrich II. bis einschließlich zum Tode Rudolfs von Habsburg, staatsrechtlich erörtert"

56 genauer Termin: 8. Oktober 1857; vgl. Universitätsarchiv München, Signatur L-I-49, Akten der Königlichen Juristenfakultät München 1857/58

57 Universitätsarchiv München, Signatur I–IX-15 (II Bd.), Akte des Akademischen Senats der Universität München, betreffend Kabinetts-Stipendien und Unterstützungen

58 Ausbildungs- und Prüfungsordnung für Juristen (JAPO) § 20, abgedruckt in Tremel, Verwaltungsgesetze, Stand 2005, Nr. 80

59 vgl. §§ 1, 12, 13, 14, 20, 22 Allerh. Verordnung vom 6. März 1830, die Konkurs-Prüfung der zum Staatsdienst aquirierenden Rechts-Kandidaten betreffend, abge-

Josef Berchtold wurde nach bestandener theoretischer Prüfung zur praktischen Vorbereitung für den Staatsdienst zugelassen, die er im Zeitraum von Oktober 1857 bis April 1858 sowie von Oktober 1859 bis November 1860[60] absolvierte[61].

Im Oktober 1857 trat Josef Berchtold beim Königlichen Bezirksgericht links der Isar in die Vorbereitungspraxis ein und bestand nebenbei unmittelbar vor Weihnachten das examen pro gradu[62] in der Absicht, im Lauf des Jahres 1857 die juristische Doktorwürde zu erwerben[63]. Friedrich vertritt die Ansicht, Josef Berchtold habe als Praktikant bei Gericht wenig Befriedigung gefunden, „da sein weiches, mitleidiges Herz sich namentlich gegen die strenge, wenn auch gesetzliche Behandlung armer Leute sträubte" und sei deshalb zu der Erkenntnis gelangt, dass er sich nicht für die Richterlaufbahn eigne[64]. Die Aussage Friedrichs muss als spekulativ gewertet werden. Wahrscheinlicher ist, dass Josef Berchtolds Entschluss, eine universitäre Laufbahn einzuschlagen bereits nach erfolgreichem Abschluss seiner Preisschrift feststand. Dafür spricht seine Bitte um ein Staatsstipendium, mit der er sich bereits am 31.10.1857 in einem Schreiben an König Maximilan II. wandte[65]. In seinem Antrag beschreibt Josef Berchtold anschaulich seine derzeitige Situation: Seit dem Weggang von der Universität gelange er

druckt in: Karl Weber, Gesetz- und Verordnungen-Sammlung, zweiter Band, Seite 525 ff.:

Die Kandidaten wurden über zwei Stunden ununterbrochen in den Rechtsgebieten philosophische Rechtslehre, römisches Zivilrecht, deutsches Privatrecht, Zivilprozess, Kriminalrecht, Kriminalprozess, allgemeines und besonderes bayerisches Staatsrecht, katholisches und protestantisches Kirchenrecht, Polizeiwissenschaft und Polizeirecht, Nationalwirtschaft und Staatsfinanzwirtschaft geprüft.

60 Josef Berchtold musste lediglich eine zweijährige Amtszeit absolvieren. Hiervon waren „zwölf Monate der Administrativ-Praxis bei einer Unterbehörde der innern oder der Finanzverwaltung, und zwölf Monate der Justizpraxis bei einem Untergerichte zu widmen.", vgl. § 20 Allerh. Verordnung vom 6. März 1830, die Konkurs-Prüfung der zum Staatsdienst aquirierenden Rechts-Kandidaten betreffend. Erst für die Kandidaten, welche die theoretische Prüfung 1879 absolvierten wurde der Vorbereitungsdienst auf drei Jahre verlängert, § 3 Königlich Allerhöchster Verordnung vom 25. April 1880, abgedruckt in: Karl Weber, Gesetz- und Verordnungen-Sammlung, Vierzehnter Band, Seite 421

61 Bayerische Staatsbibliothek, Handschriftenabteilung, Schulteana 13/78

62 auf den Inhalt des examen pro gradu wird im Rahmen der Behandlung der Dissertation Josef Berchtolds eingegangen

63 Bayerisches Hauptstaatsarchiv, MInn 31533, Akten des Königlichen Staatsministeriums des Inneren

64 Friedrich, Berchtold, Seite 35

65 Universitätsarchiv München, Signatur I–IX-15 (II Bd.), Akte des Akademischen Senats der Universität München, betreffend Kabinetts-Stipendien und Unterstützungen; vgl. Kopie im Anhang

nicht mehr in den Genuss des ihm zuvor gewährten Universitätsstipendiums. Die Ihm von der praktischen Vorbereitung auf den Staatsdienst verbleibende Zeit beabsichtige er, ungeteilt auf die theoretische Fortbildung zu verwenden, um sobald als möglich seine Dissertation abzuschließen. Da er aber als jüngster Sohn einer bald 70 jährigen Witwe vollkommen mittellos sei, müsse er einen beträchtlichen Teil der ihm noch verbleibenden Zeit auf „Instruktionen"[66] verwenden, um seinen Lebensunterhalt zu bestreiten[67].

Mit Bescheid des Innenministeriums vom 19. Januar 1858 wurde Josef Berchtold „auf seiner Majestät allerhöchsten Befehl" ein Stipendium in Höhe von 600 Gulden aus der Kabinettskasse gewährt, um dem Rechtspraktikanten eine Fortsetzung seiner Studien an den außerbayerischen Universitäten Göttingen und Berlin[68] zu ermöglichen. Der Rektor der Ludwig-Maximilians-Universität hatte dem Studierenden diese Nachricht mit dem Hinweis zu übermitteln, „dass die 2. Hälfte des allerhuldreichst gewährten Stipendiums erst dann ausbezahlt werden darf, wenn er [Josef Berchtold] nach Ablauf des ersten Semesters günstige Zeugnisse über sein Wohlverhalten und den Fortgang seiner Studien" vorlege[69]. Wie bereits angedeutet dürfte die Lösung der Preisaufgabe eine nicht unwesentliche Rolle für die Gewährung des Stipendiums gespielt haben. Friedrich berichtet des weiteren, Maximilian II. habe bei einer Josef Berchtold gestatteten Audienz seine besondere Freude darüber zum Ausdruck gebracht, „dass es ‚ein lieber Altbayer' sei, den er unterstützen könne"[70]. So gelangte Josef Berchtold in den Genuss der Wissenschaftsförderung der Wittelsbacher[71].

---

66 auch noch während seiner Privatdozententätigkeit an der LMU besserte Josef Berchtold seinen Lebensunterhalt durch Privatrepetitorien auf

67 Universitätsarchiv München, Signatur I–IX-15 (II Bd.), Akte des Akademischen Senats der Universität München, betreffend Kabinetts-Stipendien und Unterstützungen

68 auch Maximilian II. selbst studierte zunächst an der Universität in Göttingen (ab Oktober 1829) und wechselte ein Jahr später an die Berliner Universität, vgl. Die Memoiren König Maximilians II. von Bayern 1848 – 1864 mit Einführung und Kommentar von Achim Sing, Seite 130

69 Universitätsarchiv München, Signatur I–IX-15 (II Bd.), Akte des Akademischen Senats der Universität München, betreffend Kabinetts-Stipendien und Unterstützungen, Kopie des Schreibens im Anhang; siehe auch Bayerisches Hauptstaatsarchiv, MInn 31533; Friedrich, Berchtold, Seite 36

70 Friedrich, Berchtold, Seite 36

71 Während sein Vater König Ludwig I. als Kunstmäzen weiterlebt, setzte Maximilian II. kulturpolitische Akzente durch eine Wissenschaftspolitik, deren Ziele er bereits in seiner Kronprinzzeit wie folgt formulierte: „Was das Gebiet des Geistes betrifft, so will ich vor allem darauf sehen, dass alle Tore dem Geiste geöffnet werden, dass wir in der Entwicklung der Zeit nicht zurückstehen, sondern voranschreiten und so einen geachteten, verehrten Namen in Deutschland erhalten. Dann könnte Bayern im Süden von Deutschland werden, was Preußen im Norden ist...". Maximilian II. wollte

Während seines einsemestrigen[72] Studiums in Göttingen und seiner zwei Semester in Berlin widmete sich Josef Berchtold insbesondere dem allgemeinen und deutschen Staatsrecht, der deutschen Rechtsgeschichte und des Kirchenrechts sowie der mittelalterlichen und neueren Geschichte. Da er dem Staatsminister des Kultus, nach eigenen Angaben, die „ehrenvollsten" Zeugnisse seiner Göttinger und Berliner Professoren vorlegen konnte, wurde sein Stipendium erhöht und auf ein drittes Semester ausgedehnt[73]. Wie Friedrich zu berichten weiß, erfreute sich der Berliner Professor Homeyer, „endlich einmal von ihm [Josef Berchtold] Kobells[74] Gedichte in bayerischer Mundart auch bayerisch lesen zu hören"[75].

Im Herbst 1859 von Berlin nach München zurückgekehrt, trat Josef Berchtold beim Königlichen Landgericht München rechts der Isar in die Administrativpraxis ein. Daneben setzte er seine theoretische Tätigkeit fort und veröffentlichte die Artikel „Jagd und Fischereirecht" sowie „Katharina II."[76] in Bluntschlis[77] und Braters[78] Deutschem Staatswörterbuch. Nach Beendigung der Administrativpra-

„Bayern durch Pflege der Wissenschaften ... ein bedeutendes geistiges Gewicht" verleihen. Bis heute erinnert die 1852 ins Leben gerufene Maximilianeum-Stiftung sowie das Maximilianeum selbst an die Begabtenförderung durch Maximilian II.; Zitate bei Michael Doeberl, Entwicklungsgeschichte Bayerns III, 1931, Seiten 289, 291; über das Maximilianeum: Altmann, Maximilianeum; Zuber, Die Münchener Maximilianstraße; Gollwitzer, 100 Jahre Maximilianeum

72 Bayerische Staatsbibliothek, Handschriftenabteilung, Schulteana 13/78; Friedrich geht fälschlicherweise von einem zweisemestrigen Studium in Göttingen aus, Friedrich, Berchtold, Seite 36

73 Bayerisches Hauptstaatsarchiv, MInn 31533

74 Kobell, Franz Ritter von (geb. 1803 in München, gest. 1882 in München) , Mineraloge und Schriftsteller. Konservator bei der Mineralogischen Staatssammlung in München, ab 1842 ordentliches Mitglied der Akademie der Wissenschaften in München, verkehrte im Kreise König Ludwigs I. und Maximilians II. und trat hier als Gelegenheitslyriker in bayerischer Mundart auf, schrieb Singspiele und Volksstücke sowie Dialekterzählungen („Die G'schicht von' Brandner Kasper", 1871), DBE, Band 5, Seite 634.

75 Friedrich, Berchtold, Seite 36

76 Beide Themengebiete stellten einen einmaligen „Ausflug" Berchtolds dar.

77 Johann Caspar Bluntschli (1809-1881) lehrte seit 1833 Jura an der Universität Zürich, wo er auch als Politiker aktiv war und an der Ausarbeitung von Gesetzbüchern mitwirkte. 1848 erfolgte die Berufung nach München. Neben Arbeiten zum Staatsrecht gab er zusammen mit Karl Brater das elfbändige Staats-Wörterbuch (1857-1870) heraus. 1861 wurde Bluntschli nach Heidelberg berufen, wo er sich auch als Parlamentarier betätigte; über ihn: NDB 2, 337 f., ADB 47, 29-39

78 Brater, Karl (1819 – 1869) war als Jurist Mitglied der Gesetzgebungskommission des bayerischen Justizministeriums, Redakteur und Publizist bei der „Augsburger Abendzeitung" und gab seit 1859 die „Süddeutsche Zeitung" heraus, von 1858-1869 Mitglied der bayerischen Zweiten Kammer. Zusammen mit Bluntschli (siehe vorange-

xis im September 1860, führte er beim Königlichen Bezirksgericht München links der Isar seine im April 1858 unterbrochene Ausbildung in der Justiz bis zum 1. Dezember 1860 fort. Im Anschluss an seine Amtspraxis beteiligte er sich im Dezember desselben Jahres am Staatsconcours der Rechtspraktikanten[79], den er mit der Note II.[80], auf Platz 11 unter 53 Kandidaten, bestand[81].

Nach bestandener praktischer Prüfung wäre Josef Berchtold ein Jahr verblieben, um sich für eine Stelle im Staatsdienst zu bewerben und in die „Staatspraxis" einzutreten. Da er sich auf seine wissenschaftliche Laufbahn – insbesondere den Abschluss seiner Promotion und die Anfertigung seiner Habilitationsschrift konzentrieren wollte –, ohne zunächst gänzlich auf den Staatsdienst bei Justiz oder Verwaltung zu verzichten, reichte er am 27. September 1861 ein Urlaubsgesuch bei Maximilian II. ein. Mit Bescheid vom 18. Oktober 1861 wurde dem Rechtspraktikanten Josef Berchtold gestattet, zur Habilitierung für das Lehrfach „bis zum 1. Oktober 1862 unter Fortführung im Kreis Qualifikationsberufe außer Staatspraxis zu bleiben"[82]. Damit konnte sich Josef Berchtold auf seine wissenschaftliche Laufbahn konzentrieren und hielt sich dennoch die Option auf den Staatsdienst offen.

2. Promotion und Habilitation

Josef Berchtold forschte bei seiner Promotion, wie auch bei seiner Habilitation, auf dem Gebiet des öffentlichen Rechts und setzte sich mit der Entwicklung der

gangene Fußnote) Herausgeber des elfbändigen Staatswörterbuchs; DBE, Band 2, Seite 75.

79 Die zweite Prüfung der Rechtspraktikanten erfolgte teils schriftlich und teils mündlich und umfasste folgende Rechtsgebiete: Zivilrecht, mit besonderer Rücksicht auf die noch bestehenden Provinzialrechte jedes betreffenden Kreises; bayerischer Zivilprozess; bayerisches Kriminalrecht; bayerischer Kriminalprozess; bayerisches Staatsrecht; katholisches und protestantisches Kirchenrecht; Polizeiwissenschaft und Polizeirecht; Nationalwirtschaft; Staatsfinanzwirtschaft, vgl. hierzu und zum weiteren Ablauf der Prüfung §§ 22 ff. § 36 Allerh. Verordnung vom 6. März 1830, die Konkurs-Prüfung der zum Staatsdienst aquirierenden Rechts-Kandidaten betreffend, abgedruckt in: Karl Weber, Gesetz- und Verordnungen-Sammlung, zweiter Band, Seiten 525 ff.

80 zur Beurteilung der Leistung waren vier Notenstufen vorgesehen: I. der ausgezeichneten, II. der sehr guten, III. der guten, IV. der unzureichenden Befähigung; vgl. § 36 Allerh. Verordnung vom 6. März 1830, die Konkurs-Prüfung der zum Staatsdienst aquirierenden Rechts-Kandidaten betreffend, abgedruckt in: Karl Weber, Gesetz- und Verordnungen-Sammlung, zweiter Band, Seiten 525 ff.

81 Bayerisches Hauptstaatsarchiv, MInn 31533

82 Bayerisches Hauptstaatsarchiv, MInn 31533; vgl. Kopie im Anhang

Landeshoheit[83] auseinander. Während er in seiner Inauguralabhandlung die Entwicklung der Landeshoheit in Österreich erforschte, behandelte er in seiner Habilitation die Entwicklung der Landeshoheit in Deutschland, begrenzt auf die Periode Friedrich II. bis zum Jahr 1220.

Wie auch die Bewertung der Forschung des 20. Jahrhunderts zeigt, wählt Josef Berchtold für seine universitären Arbeiten damit ein bedeutendes verfassungsgeschichtliches und -rechtliches Thema: Mitteis hält die Bildung fürstlicher Landesherrschaften im Mittelalter für „das bedeutsamste Ereignis der gesamten deutschen Verfassungsgeschichte". Innerhalb des Reiches entstanden selbständige Staatsgebilde, die den Beginn der föderalistischen Staatsentwicklung in Deutschland markieren[84]. Auch wenn er der staufischen Kaiseridee einen großen Einfluss für die Ausbildung des modernen Souveränitätsbegriffs beimisst, vollzog sich nach Kroeschell der Durchbruch zum modernen Staat gerade auf der Ebene der Territorien und nicht auf der Ebene des Reiches. Angesichts der noch offenen Fragen der bundesstaatlichen Struktur Deutschlands kann deshalb, nach seiner

83 „Landeshoheit" bezeichnet die Herrschaft über ein Gebiet und dessen Leute im Sinne einer einheitlichen obrigkeitlichen Gewalt. Da der Begriff der Landeshoheit erst im 17. Jahrhundert geprägt wurde, bevorzugt die jüngere Mediävistik für das Mittelalter den Ausdruck „Landesherrschaft". Im Lauf des 12. Jahrhunderts kommt das Wort „Land" im Sinne von Herrschaftsgebiet auf. Unter Kaiser Friedrich II. wird der „Landesherr", dominus terrae, in den Sprachgebrauch des Reiches aufgenommen: Im Statutum in favorem principum (1231/1232) erkennt Friedrich II. wesentliche Rechte des Reiches zugunsten der Landesherren an. Die Entwicklung der Landeshoheit bzw. Landesherrschaft nahm im 12. / 13. Jahrhundert folglich ihren Anfang, stand aber nicht mit einem Schlage fertig da, sondern bildete sich nur ganz allmählich zu einer einheitlichen Staatsgewalt aus. Ihren (vorläufigen) Abschluss erreichte die Landeshoheit (superioritas territorialis) erst ein halbes Jahrtausend später im Westfälischen Frieden 1648: Die Landesherren erlangten nahezu die vollständige Unabhängigkeit von der kaiserlichen Gewalt und erhielten alle ihre Rechte und Freiheiten bestätigt. Durch die Auflösung des Deutschen Reichs 1806 wurde die Landeshoheit zur vollen Souveränität, die der Kaiser allen Rheinbundfürsten im Pressburger Frieden zuerkennen musste. Im Deutschen Bund (1815 – 66) konnten einige Bundesstaaten die Landeshoheit durch die Beseitigung der Landstände zur absoluten Herrschaft steigern. Dagegen wurde die Landeshoheit der Fürsten im Norddeutschen Bund und im Deutschen Reich von 1871 dadurch eingeschränkt, dass bestimmte Hoheitsrechte und Staatsaufgaben zwischen den Gliedstaaten und dem Reich geteilt waren. Träger der staatlichen Souveränität war außerdem das Reich. Das gleiche Nebeneinander von Bundeshoheitsrechten und Landeshoheitsrechten ist in der Weimarer Republik und der Bundesrepublik Deutschland zu beobachten. (vgl. Schwerin, Deutsche Rechtsgeschichte, Seiten 188, 191 f.; Reichert, Landesherrschaft, Seite 3; Gasser, Landeshoheit, Seite 216; Knapp, Geschichte der Landeshoheit, Seite 15; Mitteis-Lieberich, Deutsche Rechtsgeschichte, Seite 249)

84 Mitteis-Lieberich, Deutsche Rechtsgeschichte, Seite 241

Ansicht, „an der Bedeutung jener historischen Wende kein Zweifel bestehen“[85]. Knapp beginnt seinen Aufsatz über die Geschichte der Landeshoheit: „Reich und Länder – eine der brennendsten Fragen im deutschen Staatsleben der Gegenwart. Woher diese Eigentümlichkeit der deutschen Geschichte?“[86].

Wie bereits angedeutet, wurde Berchtold bei der Wahl seines Promotions- und Habilthemas durch die Ausarbeitung seiner früheren Preisschrift beeinflusst. Sein Promotionsthema „Die Landeshoheit Österreichs nach den echten und unechten Freiheitsbriefen“ lag für ihn, nach eigener Angabe, nahe, da ihm bei den Ausführungen zu seiner Preisschrift aufgefallen sei, „wie leicht eine irrige Auffassung der österreichischen Privilegien zu Folgerungen führe, welche auf die Entwicklung der Landeshoheit ein falsches Licht werfen müssten“[87]. In seiner Habilschrift beabsichtigt Josef Berchtold, seine erste wissenschaftliche Erörterung aus der Studienzeit mit demselben Titel grundlegend zu überarbeiten und zu ergänzen[88].

Als Erstgutachter bewertete Professor Maurer[89] beide Arbeiten.

2.1. examen pro gradu

Für die Zulassung als Doktorand an der juristischen Fakultät der LMU legte Josef Berchtold am 23. Dezember 1857 das examen pro gradu ab und wurde zur Erlangung des akademischen Grades beider Rechte für geeignet befunden[90]. In seiner schriftlichen Arbeit nimmt er zu der Frage Stellung, ob im Falle „mehrerer

85 Kroeschell, Deutsche Rechtsgeschichte, Seite 297

86 Knapp, Geschichte der Landeshoheit, S. 14

87 Berchtold im Vorwort zu „Die Landeshoheit Österreichs nach den echten und unechten Freiheitsbriefen“

88 Berchtold im Vorwort zu „ Die Entwicklung der Landeshoheit in Deutschland in der Periode von Friedrich II. bis einschließlich zum Tode Rudolfs von Habsburg, staatsrechtlich erörtert“

89 Maurer, Konrad von (1823-1902), Jurist und Rechtshistoriker studierte als Sohn Georg Ludwig von Maurers Geschichte und Rechtswissenschaften in München, Berlin und Leipzig. Seit 1846 außerordentlicher Professor, 1847-1888 ordentlicher Professor des deutschen Privat- und Staatsrechts in München, widmete sich insbesondere der nordischen Rechtsgeschichte. Seit 1865 auch Mitglied der bayerischen Akademie der Wissenschaften; DBE, Band 6, Seite 670.

90 In seinem Brief an die juristische Fakultät vom 2. Dezember 1857 bittet Josef Berchtold, ihn „behufs der Erlangung des akademischen Grades eines Doktors beider Rechte zu admitieren und hierfür einen Tag in der zweiten Hälfte dieses Monats zu bestimmen.“ Prof. Kunstmann terminierte daraufhin das examen pro gradu auf Mittwoch, den 23. Dezember 1857, 15 Uhr; vgl. Universitätsarchiv München, Signatur L-I-49, Akten der Königlichen Juristenfakultät München 1857 / 58.

Lehensherren oder Vasallen [...] auch mehrere Lehenseide (Fidelitates) oder Lehensdienste (servicia) geleistet werden müssen." Josef Berchtold geht in seiner Erörterung davon aus, dass mehrere Vasallen, die im Besitz eines Lehens seien, dem Lehensherrn nur einen Lehenseid und einen Lehensdienst zu leisten verpflichtet seien, solange sie das Lehen ungeteilt inne hätten. Die Begründung hierfür leitet er aus dem deutschrechtlichen Gesamteigentum ab, wonach die Teilhaber zwar untereinander als selbständig berechtigte Subjekte aufträten, Dritten gegenüber aber als eine geschlossene Einheit erschienen. Folglich müsse der Treueeid nur von einem Vasallen für die Gesamtheit geleistet werden. Sobald das Gesamteigentum durch Auflösung in mehrere Sondereigentümer, also mehrere Lehen, geteilt würde, müssten auch mehrere Lehenseide geleistet werden. Im Hinblick auf den Lehensdienst habe jeder Vasall nach Maßgabe seines Anteils zu leisten gehabt. Wie Josef Berchtold weiter ausführt dürften die Lehensherren in der Praxis nach Auflösung und Teilung des Gesamteigentums von jedem Vasallen den Dienst verlangt haben, welchen früher ein Vasall im Namen der Gesamtheit leistete. Im zweiten Teil der Arbeit erörtert Josef Berchtold eine Teilung auf Seiten der Lehensherren. Der Vasall, der sich nach der Teilung mehreren Lehensherren gegenübersah, durfte nach Ansicht Berchtolds durch die Teilung nicht schlechter gestellt werden. Folglich könne vom Vasall nur ein Eid verlangt werden. Des weiteren brauche der Vasall nicht jedem Herrn die vollen Dienste zu leisten, sondern nur solche die ohne besondere Beschwernis für ihn seien[91].

Seine Arbeit wurde von einem Professorenkollegium mit der Note 1 bewertet, und Josef Berchtold zur Promotion an der juristischen Fakultät der LMU zugelassen[92].

2.2. Dissertation

Zum Doktor beider Rechte (juris utriusque doctor) wurde Josef Berchtold am 31. Mai 1862 promoviert[93].

---

91 Die Arbeit Josef Berchtolds ist im Original erhalten, seine Handschrift aber – im Gegensatz zu seinem sonst sehr klaren Schreibstil – teilweise schwer lesbar. Grund hierfür könnte die zur Anfertigung der Arbeit knapp bemessene Zeit gewesen sein; vgl. Universitätsarchiv München, Signatur L-I-49, Akten der Königlichen Juristenfakultät München 1857 / 58

92 Zu den Professoren, die Josef Berchtolds Arbeit mit der Note 1 bewerteten zählten: Bayer, Fenger, Maurer, Pözl, Bluntschli; vgl. Universitätsarchiv München, Signatur L-I-49, Akten der Königlichen Juristenfakultät München 1857 / 58

93 Universitätsarchiv München, Signatur E-II-419, Akte des Akademischen Senats der Universität München den ordentlichen Prof. Dr. Berchtold betreffend, hier: Personalliste

2.2.1. Inhalt

In seiner Dissertation beschreibt Josef Berchtold die Landeshoheit Österreichs nach den echten und unechten Freiheitsbriefen[94]. Die Frage nach der Echtheit der österreichischen Freiheitsbriefe und die sich daran anschließende Frage nach der Entstehungszeit derselben zählt Berchtold zu „den interessantesten Streitfragen in der deutschen Staats- und Rechtsgeschichte"[95]. Wie er im Vorwort anmerkt, soll sich seine Arbeit aber nicht auf die Zusammenfassung der Forschungsergebnisse bzgl. Echtheit und Entstehungszeit der österreichischen Privilegien beschränken, sondern vor allem ihre Bedeutung für die Geschichte der Landeshoheit erhellen.

Zum besseren Verständnis der Privilegien erläutert Berchtold in einer „historischen Einleitung" ihren geschichtlichen Hintergrund. Ausgangspunkt war der sogenannte Frankfurter Vergleich von 1142, bei dem der noch unmündige Heinrich der Löwe zu Gunsten des Babenbergers Heinrich Jasomirgott auf Bayern verzichtete. Nach erlangter Mündigkeit forderte Heinrich der Löwe, dem nur das Herzogtum Sachsen verblieben war, von Friedrich Barbarossa das Herzogtum Bayern zurück, da der Vergleich von 1142 wegen seiner Unmündigkeit nicht rechtsgültig gewesen sei. Jahrelang verhandelte deshalb Kaiser Friedrich I. mit Heinrich Jasomirgott über die Abtretung Bayerns an den Welfen. Der Babenberger gab den Widerstand gegen den Verzicht auf Bayern erst im Jahr 1156 auf. Im September 1156 konnte auf dem Reichstag zu Regensburg der Streit geschlichtet werden. Heinrich der Löwe erhielt das Herzogtum Bayern zurück, dafür wurde die Mark Österreich zu einem eigenen Herzogtum erhoben, ihr Gebiet über die Enns nach Westen vergrößert und als Entschädigung auf Heinrich Jasomirgott übertragen. Darüber hinaus wurden dem neuen Herzog durch das sogenannte „Privilegium minus" vom 17. September 1156 weitreichende Vorrechte eingeräumt[96]. Zum Beispiel wurde verbrieft, dass das Herzogtum nicht nur in männlicher Linie, sondern auch in weiblicher Linie erblich sein sollte. Außerdem wurde Heinrich Jasomirgott und seiner Gattin Theodora das „jus affectandi" eingeräumt, d.h. das Recht im Falle eines kinderlosen Todes einen Nachfolger zu bestimmen. Auch die Lehenspflichten gegenüber dem Reich wurden eingeschränkt: Heinrich Jasomirgott musste lediglich an Heerfahrten in die an Österreich angrenzenden Gebiete teilnehmen und sich an königlichen Hoftagen nur in Bayern beteiligen[97]. Infolgedessen wurde Österreich zu einem „alle übrigen

94 Berchtold, Landeshoheit Österreichs
95 Berchtold, Landeshoheit Österreichs, Seite III
96 Berchtold, Landeshoheit Österreichs, München 1862, Seiten 8 f.; vgl. auch: Gebhardt, Handbuch der deutschen Rechtsgeschichte, Band 1, Seiten 304 f.
97 Gebhardt, Handbuch der deutschen Rechtsgeschichte, Band 1, Seiten 304 f./660

Fürstentümer durch seine Privilegien überstrahlendes Reichsland, dessen Besitzer die Landeshoheit rascher als irgend ein anderer Fürst entfalten konnten“[98].

In zwei verschiedenen Urkunden finden sich die von Kaiser Friedrich I. an Heinrich Jasomirgott verliehenen Privilegien. Die beiden Urkunden stimmen nur in der Wiedergabe des historischen Vorgangs überein, weichen aber im wesentlichen Inhalt entscheidend voneinander ab. Die eine Urkunde wird „privilegium majus“ genannt, weil sie „achtzehn zum Teil ganz exorbitante Privilegien“ für den neuen Herzog von Österreich enthält. Im Umkehrschluss wird die andere Urkunde, die lediglich fünf Privilegien gewährt, als „privilegium minus“ bezeichnet[99]. Da die beiden Urkunden grundlegend von einander abweichen, entzündete sich ein Gelehrtenstreit darüber, welche die unechte sei und wann diese entstanden sei.

Berchtold gibt eine ausführliche Literaturübersicht[100] über die Entwicklung des quellengeschichtlichen Streits und weist darauf hin, dass die Streitfrage mit der Bestätigung aller Privilegien (majus und minus) durch Kaiser Friedrich III. vom 6. Januar 1453 ihr praktisches Interesse verloren hat. Nach der Auswertung der bisherigen Forschung gelangt er zu der Überzeugung, dass das Privilegium majus im Winter 1358 / 1359 durch Herzog Rudolf IV. von Österreich gefälscht wurde und das Privilegium minus die echte Urkunde aus dem Jahr 1156 darstellt[101]. Für Herzog Rudolf als Urheber der Fälschungen spricht, dass die unechten Dokumente vor ihm nicht existierten und er sie unmittelbar nach Regierungsantritt geltend machte[102].

Berchtolds Einschätzung, beim privilegium minus handele es sich um die echte Urkunde, während das privilegium majus gefälscht sei, stimmt mit der heutigen Ansicht überein[103]. Aber auch die Bestimmungen des privilegium minus waren so ungewöhnlich, dass immer wieder der Verdacht geäußert wurde die Urkunde sei ebenso eine Fälschung, wie das von Herzog Rudolf IV. hergestellte privilegium majus. Julius Ficker, auf den sich Berchtold in seinem Vorwort beruft[104], wies schon um die Mitte des 19. Jahrhunderts die Echtheit nach, allerdings fochten Erben, von Dungern und später Steinacker die Echtheit wieder an. Schließlich erbrachte Heilig einen bis heute unbestrittenen Nachweis über die

---

98 Berchtold, Landeshoheit Österreichs, Seite 13
99 Berchtold, Landeshoheit Österreichs, Seite. 15 f.
100 Berchtold, Landeshoheit Österreichs, Seiten 18-27
101 Berchtold, Landeshoheit Österreichs, Seiten 23, 26
102 Berchtold, Landeshoheit Österreichs, Seite 28
103 Kroeschell, Deutsche Rechtsgeschichte, Seite 170; Gebhardt, Handbuch der deutschen Geschichte, Band 2, Seite 464
104 Berchtold, Landeshoheit Österreichs, Seite V

Echtheit der Urkunde[105]. Auch wenn ein großer Rechtshistoriker wie Eichhorn die Echtheit des privilegium majus zunächst nicht bezweifelte[106], setzte sich die Meinung durch, das privilegium majus sei eine Fälschung Herzogs Rudolf IV[107].

Im folgenden[108] untersucht Berchtold die Gründe für die Urkundenfälschung Herzogs Rudolf IV. Dabei verurteilt er Rudolf IV. nicht einseitig als Urkundenfälscher, sondern beleuchtet die Intentionen und Vorgehensweisen des Herzogs aus allen Blickwinkeln. Rudolf IV. gelangte 1358 an die Regierung, zwei Jahre nachdem sein Schwiegervater Kaiser Karl IV. den Kurfürsten ihre im Laufe der Zeit erworbenen weitgreifenden Rechte in der Goldenen Bulle bestätigte und ihre Zahl auf sieben festsetzte. Österreich, das sich durch das echte Privileg von 1156 zu einem mächtigen Fürstentum erhoben hatte, gehörte nicht zu den sieben Kurfürstentümern und fiel bzgl. seiner Stellung im Reich hinter diese zurück. Die geschichtliche Entwicklung vor Augen versuchte Rudolf durch seine Fälschungen die Machtstellung Österreichs zu wahren, indem er das privilegium minus mit den in der Goldenen Bulle verbrieften Vorrechten der Kurfürsten verband und im privilegium maius noch zu übertreffen suchte. Nach dem privilegium majus waren die „Erzherzöge" von Österreich – den Titel bildete Rudolf entsprechend den Erzämtern der Kurfürsten – nahezu souverän und fast aller Lehenspflichten gegenüber dem Reich entbunden, beanspruchten aber dessen Beistand gegen alle Widersacher[109]. Aus der Goldenen Bulle übernahm er das Prinzip der Unteilbarkeit der Kurfürstentümer und der Vererbung nach den Grundsätzen des Erstgeburtsrechts auch für Österreich[110].

Berchtold, der immer um Ausgleich und Objektivität bemüht ist, macht die Absicht Rudolfs begreifbar, ohne ihn von der Urkundenfälschung gänzlich freizusprechen. So war die Urkundenfälschung Rudolfs kein Einzelfall, vielmehr betrieben Geistliche und Laien das Fälschen wie ein Geschäft, da die Urkunde die zuverlässigste Art der Beweisführung ermöglichte[111].

Nachdem Berchtold die Beweggründe Rudolfs IV. ausführlich dargelegt hat, geht er zum Kernpunkt seiner Dissertation über. Er will herausfinden, wie sich die Landeshoheit in Österreich im Laufe der zwei Jahrhunderte entwickelte, die

105 Mayer, Würzburger Herzogsurkunde und Privilegium minus, Seite 247

106 Berchtold, Landeshoheit Österreichs, Seite 19; vgl. auch Eichhorn, Staats- und Rechtsgeschichte, § 238 not.c

107 Kroeschell, Deutsche Rechtsgeschichte, Seite 170; Schwerin, Deutsche Rechtsgeschichte, Seite 191; Schröder, Deutsche Rechtsgeschichte, Seite 575; Gebhardt, Handbuch der deutschen Geschichte, Band 2, Seite 464

108 Berchtold, Landeshoheit Österreichs, Seiten 27-34

109 vgl. auch: Gebhardt, Handbuch der deutschen Rechtsgeschichte, Band 1, Seite 464, Fußnote 5

110 Berchtold, Landeshoheit Österreichs, Seiten 63 ff.

111 so auch Kroeschell, Deutsche Rechtsgeschichte, Seiten 168 f.

zwischen dem echten privilegium minus 1156 und dem gefälschten privilegium maius 1359 liegen. Die beiden Privilegien sieht Berchtold als Marksteine, von denen aus er ergründet, wie „die Landeshoheit eines privilegierten deutschen Fürsten in der zweiten Hälfte des 12. Jahrhunderts wirklich beschaffen war, und wie weit andererseits nach den staatsrechtlichen Veränderungen innerhalb zweier Jahrhunderte die Tendenzen eines jungen aufstrebenden Reichsfürsten um die Mitte des 14. Jahrhunderts" reichten[112].

Berchtold vergleicht im weiteren jeden einzelnen Punkt des privilegium minus mit den Paragraphen des privilegium maius. In jedem Abschnitt behandelt er einen anderen staatsrechtlichen Gesichtspunkt, gibt zunächst einen geschichtlichen Überblick und stellt dann die Veränderungen dar, welche die Privilegien jeweils mit sich brachten. Bei seinem Vergleich begründet er gleichzeitig für jedes Vorrecht des privilegium majus, warum es sich dabei um eine Fälschung aus dem 14. Jahrhundert handeln muss.

Ferner erforscht Berchtold, inwieweit die gesteigerten Ansprüche des privilegium maius einem faktisch bereits begründeten Besitzstand entsprachen bzw. inwieweit Rudolf IV. tatsächlich den Versuch unternahm das privilegium maius geltend zu machen und mit welchem Erfolg[113]. Dabei unterscheidet er genau, welche Vorteile der Herzog sich gegenüber dem Kaiser zu verschaffen suchte, gegenüber seinen Untertanen und gegenüber seinen Mitkonkurrenten. Durch alle unechten Privilegien Rudolfs IV. zieht sich die Tendenz unabhängig vom Reich zu sein, was die Pflichten betrifft, aber eingebunden in das Reich zu bleiben, was die Rechte angeht[114]. Da Karl IV. die ihm verdächtig erscheinenden Privilegien nie bestätigte, konnte Rudolf IV. „nach oben" nicht viel erreichen, setzte sie aber gegen seine Untertanen innerhalb seiner Territorien oder gegenüber schwächeren Reichsständen mit Erfolg ein. Dennoch blieben die unberechtigten Souveränitätsgelüste des plänereichen Fürsten durch die Macht der realen Verhältnisse „auf ein erträgliches Maß" reduziert. Zu hoch gespannt waren die Ansprüche Rudolf IV., um alle verwirklicht zu werden[115].

Der Aufbau des Hauptteils der Dissertation, d.h. die Gegenüberstellung der Bestimmungen des Minus und des Majus, sowie die Untersuchung der einzelnen Privilegien in ihrer Wirkung gegenüber dem Kaiser bzw. gegenüber den unterworfenen Gebieten und Personen, ergibt sich aus der Vorstellung Berchtolds vom Begriff der „Landeshoheit".

---

112 Berchtold, Landeshoheit Österreichs, Seiten 37 f.

113 vgl. auch Erstgutachten Maurers, Universitätsarchiv München, Signatur L-I-53, Akten der Königlichen Juristenfakultät München 1861/1862

114 Berchtold, Landeshoheit Österreichs, Seite 122

115 Berchtold, Landeshoheit Österreichs, Seite 212; vgl. auch Gebhardt, Handbuch der deutschen Geschichte, Band 2, Seite 553

2.2.2. Landeshoheit

Die Ausbildung der Landeshoheit führte zum föderalistischen Aufbau Deutschlands und verhinderte einen zentralistischen Staatsaufbau wie in Frankreich. Der verfassungsgeschichtlichen Bedeutung des Themas entsprechend erfolgte eine umfangreiche Forschung, aus der sich mannigfache Theorien ergaben, welche die Entwicklung der Landeshoheit auf unterschiedliche Wurzeln zurückführen. Die Bedeutung der „Landeshoheit" beschäftigte die „Reichsjuristen" des 18. Jahrhunderts ebenso wie die Forschung des 19.[116] und des 20. Jahrhunderts.

Für Berchtold ist es „fast überflüssig daran zu erinnern", dass der Ausdruck „Landeshoheit" für die Bezeichnung der Machtbefugnisse der österreichischen Herzöge in der Zeit von der Mitte des zwölften bis zur Mitte des vierzehnten Jahrhunderts „keine Berechtigung hat, wenn man dabei an eine wahre Staatsgewalt nach philosophischer Auffassung denkt". „In diesem Sinne kann von Landeshoheit der deutschen Fürsten überall erst seit dem westfälischen Frieden (1648) gesprochen werden, welcher zuerst zur Bezeichnung ihrer an die volle Souveränität nahe hinstreifenden Staatsgewalt die generellen Ausdrücke „jus territoriale", „jus superioritatis", „jus territorii et superioritatis", gebrauchte". Davon waren aber die österreichischen Herzöge auch im 14. Jahrhundert noch verhältnismäßig weit entfernt. „Ihre Landeshoheit bestand nur in einem Inbegriffe, einem Aggregate einzelner, verschiedenartiger allodialer und feudaler Besitzungen, politischer und privatrechtlicher Befugnisse mannigfacher Art"[117]. Deshalb beabsichtigt Berchtold auch keine systematische Darstellung der Entwicklung der Landeshoheit, sondern will die bereits vorhandenen politischen Rechte der Herzöge nach zwei Richtungen hin untersuchen. „Da nämlich die Landeshoheit eine zwischen der höchsten Reichsgewalt, dem Königtume, und den Reichsuntertanen in Mitte stehende, den größten Teil der letzteren aus der unmittelbaren Verbindung mit dem Könige lösende Gewalt ist, so gibt es eigentlich gar kein landesherrliches Recht, das nicht nach beiden Seiten hin gewisse Wirkung äußerte"[118].

Die Einordnung der Arbeit Berchtolds – die zumindest hinsichtlich des Umfangs und der Rezeption einen gewichtigen Teil seiner wissenschaftlichen Forschung ausmachte – in den Gesamtzusammenhang der Forschungsergebnisse auf

---

116 Bader, Volk, Stamm, Territorium, Seite 266

117 Berchtold, Landeshoheit Österreichs, Seiten, S.38 ff. Auch Eichhorn sah als Grundlage der Landesherrschaft ein Gefüge verschiedener Herrschaftssphären und Amtsgewalten: „verliehene Amtsrechte (Herzogtum, Grafschaft, königliche Vogtei), lehnsherrliche Befugnisse sowie grund- bzw. vogteiherrliche Herrschaftsgewalt liegen in- und nebeneinander". (vgl. Böckenförde, Verfassungsgeschichtliche Forschung im 19. Jahrhundert, Seite 69)

118 Berchtold, Landeshoheit Österreichs, Seite 40

diesem Gebiet, lässt einen kurzen skizzenhaften Vergleich mit den bedeutenden Theorien zur Entwicklung der Landeshoheit aus dem 19. und 20. Jahrhundert notwendig erscheinen.

2.2.2.1. von Below[119]

Berchtold unterscheidet, im Gegensatz zur späteren Theorie von Belows, sehr genau zwischen mittelalterlichem und modernem Staat und sieht die „Landeshoheit“ als souveräne Staatsgewalt erst im Westfälischen Frieden begründet. In dem von ihm untersuchten Zeitraum reduziere sich die Landeshoheit, sofern man diesen Begriff überhaupt schon verwenden solle, auf ein Gefüge verschiedener politischer und privatrechtlicher Rechte.

Below dagegen geht aus vom Staatsgebriff des Absolutismus und des liberalen Zeitalters; er setzt die „Staatsgewalt“ des fränkisch-deutschen Reiches gleich mit der der spätmittelalterlichen Territorien und der des modernen souveränen Staates[120]. Die gesamte hoch- und spätmittelalterliche Ordnung wird bei Below nach dem am modernen Staat ausgebildeten Begriffs- und Unterscheidungssystem beurteilt[121]. Indem er die aus dem modernen Staatsrecht entwickelten Begriffe sowohl auf das fränkische Reich als auch auf die Territorien des späten Mittelalters anwendet, entwirft er ein geschlossenes Bild der staatlichen Verfassungsgeschichte[122]. Sein Ziel ist es, den Herrscher des deutschen Einzelstaates sowie seine Staatsgewalt vom fränkischen und deutschen König des Mittelalters abzuleiten[123].

---

119 Below, Georg von (1858-1927), Historiker, 1889 außerordentlicher Professor der Geschichte in Königsberg, 1889 ordentlicher Professor in Münster, lehrte des weiteren in Marburg, Tübingen, Freiburg/Breisgau. Beschäftigte sich mit der Entwicklung des Städtewesens und der Territorialverfassung und versuchte den staatlichen Charakter des Mittelalters durch die Übertragung moderner Rechtsbegriffe nachzuweisen; DBE, Band 1, Seite 411.

120 Schlesinger, Landesherrschaft, Seite 2

121 Böckenförde, Verfassungsgeschichtliche Forschung im 19. Jahrhundert, Seite 207

122 Schlesinger, Landesherrschaft, Seite 1

123 Nach Auffassung Belows steht am Anfang der deutschen Geschichte ein Reich, das sich in seiner Struktur nicht wesentlich von einem modernen Staat unterscheidet. Ausgangspunkt der Überlegungen ist die karolingische Verfassung, im Sinne eines einheitlichen Untertanenverbands mit ausgebildeter Organisation, zentralisierter Herrschaftsgewalt und abhängigen Ämtern in Gericht und Verwaltung. An der Spitze steht der König, der allein die „Staatsgewalt“ inne hat und das Reich durch seine „öffentlichen Beamten“, die Grafen, regiert. Der einheitliche Staatsverband wird durch das Lehenswesen nicht aufgelöst, sondern nur durchbrochen. Denn auch bei Verlehnung und Übertragung bleiben die verliehenen Ämter und Herrschaftsbefugnisse als solche staatliche und öffentliche, lediglich die Veräußerung selbst sowie

Below ist sich bewusst, dass er die Vergangenheit mit modernen Begriffen beschreibt, aber für ihn stellt das die einzig mögliche Methode verfassungsrechtlicher Erkenntnis dar. Wiederholt betont er, dass eine fruchtbare verfassungsgeschichtliche Forschung ohne die Begriffe der modernen Rechtswissenschaft nicht möglich sei[124]: „Um uns die Verhältnisse der Vergangenheit näher zu bringen, gibt es kein anderes Mittel, als sie an dem Begriff zu messen, den das Recht der Gegenwart aufstellt"[125]. „Die Vergangenheit aus sich selbst zu verstehen, bleibt uns versagt, und ebenso, irgendwelche allgemeinen Anschauungen an Hand der Geschichte zu gewinnen"[126].

Auch wenn Below ein geschlossenes Bild der deutschen Verfassungsgeschichte zeichnet, verbirgt seine Lehre Schwächen und wird heute nicht mehr in dieser Art und Weise vertreten. Seiner Forschung legt Below das Modell des neuzeitlichen Staates zugrunde, ohne einen wesentlichen Unterschied zwischen mittelalterlichem und modernem Staat zu machen[127]. Die an der Wirklichkeit des modernen Staates und der Trennung von Staat und Gesellschaft ausgebildeten Begriffe, erhalten den Charakter allgemeiner Kategorien und werden von ihrer historischen Gebundenheit völlig losgelöst[128]. Sie werden umgewandelt zu allgemeinen Ordnungsschemata und übergeschichtlichen Kategorien[129]. Dabei ist es ein aussichtsloses Unterfangen, im Mittelalter die Merkmale des modernen Staates wiederfinden zu wollen[130]. Landesherrlichkeit oder Landeshoheit bedeutete

---

ihre Form haben privatrechtlichen Charakter. Dadurch erlangt Below einen kontinuierlichen Zusammenhang zwischen dem Territorialstaat des späten Mittelalters und dem karolingischen Reich. Der König delegiert „öffentliche" Rechte an die Grafen, seine Beamten und diese steigern ihre Amtsbefugnisse im Feudalstaat zu Lehnrechten und ihre Bezirke zum Herrschaftsraum. Dabei bleibt das Kontingent an staatlichen Ämtern und Rechten gleich, nur die Träger wechseln. Durch die Belehnung werden die lehnrechtlichen Amtsinhaber aus Untertanen zu „staatlichen Personen" und folglich in den staatlichen Delegations- und Organisationszusammenhang eingegliedert. Die „Staatlichkeit" wandert somit aus dem Reich in die Territorien ab, die „Landeshoheit" gilt als eingetreten, sobald die Grafengerichtsbarkeit erworben wurde. Nach Below wuchs das Territorialfürstentum aus einer vom König verliehenen Grafengewalt heraus, auf die alle wesentlichen Hoheitsrechte zurückzuführen sind. Inhaber staatlicher Gewalt war deshalb derjenige, der eigenberechtigter Träger der Grafengewalt war. (vgl. Brunner, Land und Herrschaft, Seiten 152 f.; Schlesinger, Landesherrschaft, Seiten 1 f.; Böckenförde, Verfassungsgeschichtliche Forschung im 19. Jahrhundert, Seiten 207 f.)

124 Böckenförde, Verfassungsgeschichtliche Forschung im 19. Jahrhundert, Seite 205

125 Below, Der Deutsche Staat des Mittelalters, Seiten 108 f.

126 Below, Territorium und Stadt, Seite 155

127 Brunner, Land und Herrschaft, Seite 154

128 Böckenförde, Verfassungsgeschichtliche Forschung im 19. Jahrhundert, Seite 187

129 Böckenförde, Verfassungsgeschichtliche Forschung im 19. Jahrhundert, Seite 188

130 Mitteis, Land und Herrschaft, Seite 37

danach staatliche Gewalt im Sinne des 19. Jahrhunderts, d.h. volle Staatsgewalt. Beim ius teriitorii et superioritatis der frühneuzeitlichen bzw. mittelalterlichen Stufe handelt es sich aber gerade nicht um den Fall der Eigenstaatlichkeit oder gar der Souveränität. Vielmehr geht es um die Menge differenzierter Beziehungen zum Reichsverband, der ganz auf dem Personalitätsprinzip beruhte und keine im heutigen Sinn „staatliche" Struktur aufwies. Die Eigenart des deutschen spätmittelalterlichen Verfassungsrechts ist dadurch gekennzeichnet, dass neben spät entwickelten jüngsten auch älteste Formen standen. Deshalb ist es auch nicht möglich „staatsrechtliche" Begriffe des alten Reichs mit denen des heutigen Staatsrechts gleichzusetzen[131].

2.2.2.2. Otto Brunner[132]

Berchtolds Ziel ist es, durch genaue Beschreibung der einzelnen österreichischen Privilegien und ihrer Wirkung, den Fortschritt der Landeshoheit im Zeitraum von Mitte des 12. bis Mitte des 14. Jahrhunderts darzustellen. Dabei orientiert er sich nicht an allgemeingültigen Begriffen, sondern erläutert jedes einzelne Recht, indem er das Quellenmaterial dieser Zeit auswertet[133]. Seine beschreibende Metho-

131 Bader: Volk, Stamm, Territorium, Seite 267; Umgekehrt können vom Ausgangspunkt Belows die konkreten herrschaftlichen und genossenschaftlichen Bildungen der mittelalterlichen Welt, d.h. das eigentliche Bauprinzip, nicht mehr erkannt werden. Aufgrund der Eigenartigkeit der Vergangenheit ist es deshalb problematisch, alte Zustände mit neuen Begriffen zu beschreiben. Die mittelalterliche Verfassung kann nicht als „öffentlich-rechtlich" oder als „staatlich" bezeichnet werden, die Übertragung des Begriffpaares auf die mittelalterlichen Verfassungszustände ist nicht vorbehaltlos möglich. Mittelalterliche Adelsherrschaft war Herrschaft über Land und Leute, in der („öffentliche") Herrschaftsrechte und („private") Bodenrechte grundsätzlich miteinander verschmolzen. Schlesinger sieht in dem von Below geprägten Begriff der Landeshoheit daher weiter nichts als einen modernen juristischen „Ordnungsbegriff, der auf wissenschaftlicher Übereinkunft beruht". Mitteis erblickt den mittelalterlichen Staat in das „Prokrustesbett" der modernen Dogmatik eingespannt. (vgl. hierzu: Böckenförde, Verfassungsgeschichtliche Forschung im 19. Jahrhundert, Seite 209; Brunner, Land und Herrschaft, Seite 156; Reichert, Landesherrschaft, Seite 3; Schlesinger, Landesherrschaft, Seite 2; Mitteis, Land und Herrschaft, Seite 34)

132 Brunner, Otto (1898-1982), Historiker, 1931 außerordentlicher Professor an der Universität Wien, seit 1941 als ordentlicher Professor, lehrte mittelalterliche und österreichische Geschichte, seit 1944 wirkliches Mitglied der Österreichischen Akademie der Wissenschaften. Forschungen insbesondere auf dem Gebiet der Verfassungs- und Sozialgeschichte der frühen Neuzeit und des Spätmittelalters; DBE Band 2, Seite 170.

133 vgl. auch Erstgutachten Maurers, Universitätsarchiv München, Signatur L-I-53, Akten der Königlichen Juristenfakultät München 1861/1862

de, die den Zustand Österreichs nach den Privilegien anschaulich darstellt und aus den Quellen selbst schöpft, erinnert an die später entwickelte Methode Brunners.

Otto Brunner hat die Diskussion um den „Staat des Mittelalters" neu belebt und in seinem epochemachenden Buch[134] „Land und Herrschaft" der Einsicht den Weg geebnet, die mittelalterliche Rechts- und Verfassungsgeschichte grundlegend neu zu überdenken. Nach seiner Meinung hatte sich die bisherige Lehre allzu einseitig von den Gegebenheiten des konstitutionellen Staates leiten lassen[135]. Deshalb legte er in umfassender Weise die Unbrauchbarkeit des dem Staatsdenken des Liberalismus und des Absolutismus entnommenen Begriffsapparates für die Beurteilung des spätmittelalterlichen Landesstaates dar[136]. Brunner forderte eine Verfassungsgeschichte, die mehr ist als retrospektives Staatsrecht und die den inneren Bau der politischen Verbände wirklich darstellt. Die mittelalterliche Verfassung und Politik darf nicht über scheinbar allgemeingültige Begriffe interpretiert werden, sondern muss bis in alle Einzelheiten erläutert werden an Hand der Erkenntnisse von Staat und Recht ihrer Zeit[137]. Aus dem Sprachgebrauch der südostdeutschen Quellen versuchte er, eine den mittelalterlichen Anschauungen und Zuständen angemessene Terminologie zu entwickeln und damit das Wesen des spätmittelalterlichen Landesstaates zu beschreiben, der sich aus dieser Sicht deutlich von den souveränen Staaten neuerer Jahrhunderte abhebt[138].

Die bisherige Literatur definierte die Landeshoheit als Herrschaft über ein Land. Auf die Frage: was ist dann ein Land? entgegnete sie: Das Herrschaftsgebiet eines Landesherrn[139]. Für Brunner liegt darin ein Zirkelschluss, der durchbrochen werden kann, indem man einen eigenen Begriff des „Landes" aufstellt und „Land" nicht einfach mit der Herrschaft eines Landesherren gleichsetzt[140]. Landesherrschaft ist nach ihrem Wortlaut die Herrschaft über ein Land, deshalb ist zunächst festzulegen, was ein Land ist und erst in einem zweiten Schritt kann bestimmt werden, was die Landeshoheit ausmacht[141]. Brunner untersucht das Problem aus einem anderen Blickwinkel, da er die bisher geltende Definition der Landeshoheit als „einheitliche Gewalt" für unzureichend hält. Denn setzt man die Landeshoheit in diesem Sinne der modernen Staatsgewalt gleich, muss man auch

134 Kroeschell, Deutsche Rechtsgeschichte, Seite 298
135 Hahn, Fürstliche Territorialhoheit und lokale Adelsgewalt, Seite 7
136 Schlesinger, Landesherrschaft, Seite 5
137 Mitteis, Land und Herrschaft, Seite 38
138 Schlesinger, Landesherrschaft, Seite 5
139 Brunner, Land und Herrschaft, Seite 169
140 Mitteis, Land und Herrschaft, Seite 48
141 Brunner, Land und Herrschaft, Seite 176

ihre Vollendung konsequenterweise erst ins 18. oder 19. Jahrhundert verlegen[142]. Deshalb macht es sich Brunner zur Aufgabe, die konkrete Bedeutung der Worte Land, Herrschaft und schließlich Landesherrschaft im Spätmittelalter zu erforschen und die Beziehungen zwischen Land und Herrschaft zu ergründen[143].

„Land", im Latein der mittelalterlichen Urkundensprache terra, provincia, ist ein Gerichtsbezirk, in dem Landrecht gesprochen wird und in dem eine Landesgemeinde vorhanden ist. Landrecht und Landesgemeinde sind danach die Wesensmerkmale des „Landes". Erst wenn sich ein einheitliches Landrecht sowie eine Landesgemeinde gebildet haben, kann man von einem Land sprechen. Nicht ein Landesherr, dessen Staatsgewalt ein Staatsgebiet konstituiert und ein Staatsvolk schafft, begründet das Wesen eines Landes, sondern die Landesgemeinde, die nach Landrecht lebt[144]. Für Brunner stellt sich die Struktur des Landes als „Rechts- und Friedensgemeinschaft dar, die durch ein bestimmtes Landrecht geeint ist. Träger dieser Rechts- und Friedensgemeinschaft ist das Landvolk, sind die Landleute, die den politischen Verband des Landes bilden. Dieses Land kann muss aber nicht einen Landesherrn haben"[145].

Das „Land" ist eine Einheit, die sich unabhängig von einer „Herrschaft" entwickelt hat und die Voraussetzung schafft, auf der die Herrschaft aufbaut. Als Urbedeutung des Landes sieht Brunner die Rechtsgemeinschaft und noch genauer die Gemeinschaft der das Land beherrschenden und bebauenden Leute. Diese Deutung des Begriffes „Land" ist für ihn aus den Quellen ableitbar[146]. Brunner erteilt der bisherigen Theorie der Landeshoheit eine Absage. Zwar haben die Landesherren die Länder politisch geschaffen, aber sie haben sie nicht rechtlich konstituiert. Das Land ist eine Friedens- und Rechtsgemeinschaft unter einem Landrecht. Landesgemeinde und Landesherr zusammen bilden den Staat, die Staatsgewalt ist zwischen ihnen „aufgesplittert"[147]. Das Land des 13. Jahrhunderts war aus Brunners Sicht ein Rechtsverband, über den der dominus terrae erst als die Rechtsbildung schon abgeschlossen war, die Herrschaft erlangte[148]. Folglich ist das Landrecht nicht von oben, sondern von unten her geschaffen worden und auch die Landeshoheit nicht einseitig von oben her entstanden. Das Wesen der Landesherrschaft lässt sich nur aus der Beschreibung ihrer Struktur und ihrer Schichtung erschließen, sie ist jedenfalls keine souveräne Staatsgewalt[149].

142 Brunner, Land und Herrschaft, Seite 179
143 Brunner, Land und Herrschaft, Seite 180
144 Brunner, Land und Herrschaft, Seiten 194, 231
145 Brunner, Land und Herrschaft, Seite 234
146 Mitteis, Land und Herrschaft, Seite 48
147 Mitteis, Land und Herrschaft, Seiten 49 f.
148 Mitteis, Land und Herrschaft, Seite 52
149 Mitteis, Land und Herrschaft, Seite 60

Die Forschung Brunners verhalf einer sachgemäßen und fruchtbaren Methode zum Durchbruch, die es nicht bei den modernen Konstruktionen belässt, sondern ihre Erkenntnisse aus den Quellen selbst schöpft. Ihr kommt es darauf an, die Dinge zunächst einfach zu beschreiben und sie sodann organisch in eine Gesamtstruktur einzuordnen.

2.2.2.3. Grafschaftsrechte als Kern der Landeshoheit

Für den eigentlichen Kern der Landeshoheit hält Berchtold die Grafschaftsrechte, Gerichts- und Heerbann. Nach seiner Ansicht bildeten sie ein wesentliches Erfordernis für die Ausbildung der vollen Landeshoheit[150]. Mit dieser Einschätzung gibt er die überwiegende Auffassung der Literatur wieder, die der Hochgerichtsbarkeit unter den landesherrlichen Rechten ebenso eine herausragende Stellung beimisst und festgestellt hat, dass oft Grafen zu Landesherren aufgestiegen sind, da ihnen die Hochgerichtsbarkeit kraft ihrer Stellung zukam.

Nach Heinrich Brunner fiel die Staatshoheit „nach der inneren Seite des Staatslebens mit der Gerichtshoheit zusammen“[151]. Dabei handelte es sich nicht um die bürgerliche Gerichtsbarkeit, sondern um die Hochgerichtsbarkeit, die mindestens Blutgerichtsbarkeit sein musste und von der niemand im Territorium ausgenommen sein durfte[152]. Ebenso führt Knapp die Hochgerichtsbarkeit als Grundlage der Landeshoheit an: In der Regel hat allein der Gerichtsherr Aussicht Landesherr zu werden, in dessen Gebiet die Todesstrafe vollzogen wird[153]. Umgekehrt führt der Verlust der hohen Gerichtsbarkeit auch zum Verlust der Landeshoheit[154]. Unter den landesherrlichen Rechten kommt der Hochgerichtsbarkeit eine herausragende Stellung zu, da die „volle Herrschaft über Personen das Recht über Leben und Tod voraussetzt“. Zu Landesherren stiegen deshalb oft Grafen und Hochvögte auf, also Personen, denen die Hochgerichtsbarkeit kraft ihrer Stellung ohnedies zukam[155].

Jeder Monismus führt jedoch zu Verzerrungen, so dass es müßig ist, „die“ Wurzel der Entstehung der Landeshoheit ausfindig machen zu wollen. Nicht „die“ Gerichtshoheit oder „die“ Grundherrschaft[156] eröffneten für sich allein das

150 Berchtold, Landeshoheit Österreichs, Seiten 159/184
151 Brunner, Exemptionsrecht, Seite 1
152 Schwerin, Deutsche Rechtsgeschichte, Seite 188
153 Knapp, Geschichte der Landeshoheit, Seite 28
154 Knapp, Geschichte der Landeshoheit, Seite 45
155 Schwerin, Deutsche Rechtsgeschichte, Seite 188
156 Mitunter wurde die Grundherrschaft als Ausgangspunkt für die spätere Staatsbildung betrachtet. Der Gedanke liegt nicht fern: ein Grundherr verlieh einzelne Grundstücke oder ganze Güter an seine Grundholde und blieb berechtigt über sein

Tor zur Landesherrschaft. Wenn dem Gerichtsherrn grundherrliche Einkünfte fehlten und ihm damit die wirtschaftliche Grundlage entbehrte, fiel ihm der Weg zur territorialen Selbständigkeit schwer[157]. Zur Entwicklung der Landeshoheit bedurfte es des weiteren nicht *nur* der Hochgerichtsbarkeit, vielmehr waren noch andere Rechte nötig, die in der Grafengewalt vereinigt waren. Dazu gehörten das Recht auf Erhebung öffentlicher Abgaben (Bede), das Recht des Aufgebots zum Heer sowie Verwaltungs- und Polizeibann[158]. Auch dem Grundherrn gelang der Aufstieg zur Landesherrschaft nur, wenn er in seinem Gebiet zugleich Gerichtsherr werden und weitere Hoheitsfunktionen hinzuerwerben konnte. Ansonsten blieb der Grundherr, was er war. Dies beweisen die vielen geistlichen Grundherr-

geliehenes Eigentum zu entscheiden. Streitigkeiten über die sich aus dem geliehenen Grundbesitz ergebenden Pflichten oder über den Besitz als solchen, zog der Grundherr vor sein Hofgericht. Das Hofgericht hielt er selbst oder einer seiner Beamten auf einem seiner Herrenhöfe ab. Daraus entwickelte sich eine grundherrliche Gerichtsbarkeit, die rechtlich anerkannt war. Durch seine wirtschaftliche Überlegenheit gelang es dem Grundherrn, sich gegenüber seinen Grundholden immer weitergehende Rechte herauszunehmen. Diese mussten auch ihre sonstigen Rechtsstreitigkeiten vor dem Hofgericht des Grundherrn entscheiden lassen, besondere Abgaben bezahlen oder wurden zum Kriegsdienst berufen. Da die geliehenen Güter die wirtschaftliche Grundlage für die Grundholde bildeten, konnten sie sich nicht wehren, ohne Gefahr zu laufen ihre wirtschaftliche Existenz zu verlieren. So kam es vor, dass das Hofgericht auch die Aufgaben eines öffentlichen Gerichts übernahm und der Grundherr den öffentlichen Richter aus seinen Besitzungen verdrängen konnte. Im günstigsten Fall konnte der Grundherr damit eine grafenähnliche Stellung erlangen und diese zur Landesherrschaft ausbauen. Aber nur wenigen Grundherren gelang der Aufstieg zur Landesherrschaft. In der Regel gab es innerhalb eines von einem Landesherrn beherrschten Landes mehrere Grundherren. Diese blieben auf die Angelegenheiten beschränkt, welche die Grundherrschaft betrafen, während die öffentlichen Gerichte die anderen Rechtsstreitigkeiten behandelten. Ein Ausbau zur Landesherrschaft erfolgte grundsätzlich nur, wenn der Grundherr zusätzlich zu seiner grundherrlichen Gewalt auch die hohe Gerichtsbarkeit erwerben konnte. Dann war aber gerade die hohe Gerichtsbarkeit die eigentliche Grundlage der Landeshoheit. Die Grundherrschaft ist eine „unentbehrliche Stütze der werdenden Landeshoheit“, da sie die wirtschaftliche Grundlage für die Erlangung und Behauptung der landesherrlichen Stellung schuf; sie ist zwar nicht die Wurzel, aber der Nährboden für die sich entwickelnde Landesherrschaft. Außerdem konnte die grundherrschaftliche Gewalt auch ein Antrieb zum Erwerb der landesherrlichen sein, denn in seinem Gebiet oder in einem Teil davon war der spätere Landesherr meist zunächst Grundherr. Letztlich war aber der Aufstieg zur Landeshoheit „in keinem Fall Entwicklung der grundherrlichen Gewalt, die als nicht staatsrechtliche nicht zu einer staatsrechtlichen werden konnte“. (vgl. Mayer, Grundlagen des modernen deutschen Staates Seite 294; Knapp, Geschichte der Landeshoheit, Seiten 17, 18, 20 ff.)

157 Bader, Volk, Stamm, Territorium Seite 275

158 Schwerin, Deutsche Rechtsgeschichte, Seite 188 / Fußnote 3 und Seite 189

schaften, denen der Aufstieg zur Landesherrschaft nicht glückte, obwohl sie über Reichtum und große Einkünfte verfügten[159]. Auch das Lehenswesen als Mosaikstein der werdenden Landesherrschaft darf nicht außer Acht gelassen werden. Alle richterliche Gewalt ging im deutschen Reich vom König, dem obersten Gerichtsherrn, aus. Da er nicht überall selbst Rechtsprechen konnte, übertrug er die Gerichtsbarkeit auf andere. Ursprünglich waren diese von ihm bestellten Richter nur Beamte, die mit Lehensgut entlohnt wurden. Nach und nach verband sich aber das Amt mit dem Lehen und aus der Pflicht wurde ein Recht[160]. Im Laufe der Zeit wurden die als Lehen verliehenen Grafenrechte erblich und mit der Erblichkeit erreichten die Rechte die erste Stufe der Verselbständigung. Die Erblichkeit bildete die „Plattform, von der aus die Unabhängigkeit erworben werden konnte“[161]. Das Lehenswesen übte entscheidenden Einfluss darauf aus, dass aus absetzbaren Reichsbeamten erbliche Landesherren werden konnten[162], es beeinflusste die Emanzipation der Reichsbeamten von der Krone[163]: „Aus dem Lehensmann wurde der aus eigenem Recht handelnde Inhaber selbständiger Herrschaftsrechte“[164]. Die Forschung des 20. Jahrhunderts misst auch dem Landesausbau durch Rodung eine verfassungsrechtliche Bedeutung zu, der sich seit dem 12. Jahrhundert vor allem in den gebirgigen und waldreichen Gegenden vollzog[165]. Hierauf geht Berchtold in seiner Dissertation – entsprechend dem Forschungsstand des 19. Jahrhunderts – jedoch nicht ein.

159 Bader, Volk, Stamm, Territorium, Seite275

160 Brunner, Exemptionsrecht, Seiten 315 ff., zitiert nach: Abhandlungen zur Rechtsgeschichte, Hrsg. Karl Rauch, Weimar 1931, S. 1

161 Schwerin, Deutsche Rechtsgeschichte, Seite 190

162 Schröder, Deutsche Rechtsgeschichte, Seite 571

163 Schröder, Deutsche Rechtsgeschichte, Seite 574

164 Bader, Volk, Stamm, Territorium, Seite 274

165 Das Land bot in dieser Zeit weite Flächen, die besiedelt werden konnten. Mit der Ausweitung des Siedlungsraumes und der damit verbundenen Bevölkerungsvermehrung kam es zu einer Zunahme der kommunalen, verwaltungsmäßigen und staatlichen Aufgaben, die mit neuen Methoden bewältigt werden mussten. Leiteten herrschaftliche Gewalten den Siedlungsvorgang, entstand eine neue Art „Staat“. Die notwendige Intensivierung hoheitlicher Funktionen spielte dabei eine wichtige Rolle für die Entwicklung teilstaatlicher Kräfte. Infolge der Rodungen und des Landesausbaus bildete sich eine grundlegend veränderte Struktur der adeligen Herrschaften heraus. Die alte adelige Grundherrschaft war geprägt durch ihren Streubesitz, der eine zur Ausbildung staatlicher Räume erforderliche Geschlossenheit meist verhinderte. Zwar gewährte er wirtschaftliche Mittel, bot aber keine Grundlage für die territoriale Entwicklung. Dagegen entstanden im Ausbauland verhältnismäßig große Flächenherrschaften in Form völlig geschlossener Bezirke, in denen ein Herr alle Rechte in seiner Hand hielt. Der hohe Adel dehnte seine Grafschaftsrechte auf die neugewonnenen Gebiete aus und übte sie auf dem politischen und wirtschaftlichen Neuland aus. Folge des Landesausbaus waren somit große geschlossene adlige

2.2.2.4. Zusammenfassung

Mit Bestimmtheit lässt sich nur sagen, dass die Entwicklung der Landeshoheit einen verwickelten, komplizierten, nicht aus einem Gesichtspunkt heraus verständlichen und im einzelnen höchst verschieden verlaufenden Vorgang darstellt[166]. Wie kam es zur Umbildung eines Komplexes ursprünglich verschiedenartiger Rechte zu einer einheitlichen obrigkeitlichen Gewalt? Eine generelle Beantwortung dieser Frage ist nicht möglich ohne die Berücksichtigung und Kenntnis zahlreicher Einzelvorgänge. Allgemeingültige Entwicklungsfaktoren – wie etwa Grundherrschaft oder Gerichtshoheit – zu bestimmen, führt nur zu einer einseitigen Betrachtung und wird dem vielschichtigen historischem Ablauf nicht gerecht. Landesherrschaft entsteht aus der Verbindung gerichts- und grundherrlicher Funktionen mit den lehensrechtlichen und amtsrechtlichen Formen staatlicher Gewalt. „Landeshoheit" ist ein sehr dehnbarer Begriff[167] und der Inhalt des Begriffs ist aufgrund dieser Vermischung der Herrschaftselemente verschiedenster zeitlicher Phasen und unterschiedlichsten Ursprungs nur schwer bestimmbar[168].

Grundsätzlich lässt sich nur feststellen, dass die Entwicklung der Landesherrschaft gleichzeitig auf einem dreifachen Weg erfolgte. Zum einen musste sich der Landesherr von der königlichen Gewalt nach oben emanzipieren, zum anderen musste er nach unten in den Gesamtbesitz öffentlicher Macht über seine „Untertanen" gelangen und sich darüber hinaus seitlich im Kampf gegen die Mitbewerber durchsetzen[169]. Landeshoheit besaß der Landesherr, wenn es ihm gelang, sein Land und seine Leute von fremder Herrschaft frei zu machen und auf einem umgrenzten Gebiet sämtliche hoheitlichen Rechte in sich zu vereinigen.

Herrschaften, die Allodialgrafschaften. Dem Reich schuldete der adlige Lehensmann lediglich die lehensrechtliche Treue, während er seine Möglichkeiten und Aufgaben im eigenen Herrschaftsgebiet ständig vermehrte. Seinerseits fehlten dem Reich die fiskalischen Mittel, um die neuen Probleme zu bewältigen und die hoheitlichen Funktionen auszuüben. Ein Ausbau des Staatsapparates durch den Reichsverband, d.h. von oben her, konnte nicht erfolgen. Deshalb übernahm der Adel kraft eigenen Rechts einen Teil der Aufgaben des unfähigen Reichsverbandes und aus dem Herrschaftsinhaber wurde der Landesherr. Demzufolge trug auch der Landesausbau zur Entwicklung der Landeshoheit bei. Auf dem Rodungsland entstand eine staatliche Herrschaft völlig unabhängig vom König. (vgl. Schwerin, Deutsche Rechtsgeschichte, Seite 189; Bader, Volk, Stamm, Territorium, Seiten 271 ff.; Mayer, Grundlagen des modernen deutschen Staates, Seiten 301, 302; Schlesinger, Landesherrschaft, Seiten 3, 4)

166 Mitteis, Land und Herrschaft, Seite 50

167 Mayer, ZRG, S.504

168 Bader, Volk, Stamm, Territorium, S. 280

169 Schlesinger, Herrschaft und Gefolgschaft, Seiten 186 f.

Genau diese Ausgestaltung in drei Richtungen erkennt und beschreibt auch Berchtold und untersucht diesbezüglich folgerichtig jedes österreichische Privileg. Insbesondere kommt es ihm darauf an, die Wirkung der Privilegien nach oben hinsichtlich der königlichen Gewalt und nach unten bezüglich der Untertanen zu analysieren.

2.2.3. Universitäre Gutachten

Prof. Maurer wurde vom Dekanat zur Abgabe eines „Informativ-Votums" über die Abhandlung aufgefordert, die vom „Herrn Rechtspraktikanten Berchtold" vorgelegt worden war.

In seinem am 12. Dezember 1861 ausgefertigten Gutachten[170] betont Maurer zunächst, dass er die Wahl des Themas für eine „seines Erachtens sehr glückliche" halte, denn bekanntlich sei schon „seit längerer Zeit über die Echtheit und Unechtheit, dann die Entstehungszeit des in zweifacher Gestalt erhaltenen Österreichischen Hausprivilegiums von 1156" heftig gestritten worden. Da nun neuerdings dieser quellengeschichtliche Streit endgültig seine Erledigung gefunden haben dürfte, ist es nach Ansicht Maurers an der Zeit, „die Ergebnisse festzustellen, welche in Folge dessen für die materielle Rechtsgeschichte zu gewinnen stehen". Ein hierauf gerichteter Versuch dürfte „in der Tat einen dankenswerten Beitrage zur Geschichte der deutschen Landeshoheit machen", angesichts der „Bedeutung, welche Österreich unter den deutschen Fürstentümern zukommt" und angesichts der günstigen „Beschaffenheit der Quellen, welche für seine Verfassungsgeschichte zu Gebote stehen".

Maurer lobt im weiteren die sorgfältige Bearbeitung des ausgewählten Stoffes an Hand urkundlicher Belege: „... so scheint mir der Verfasser mit Fleiß und Umsicht das hierzu dienliche Material zusammengetragen zu haben, was um so mehr anzuerkennen sein dürfte, als dasselbe vielfach weit zerstreut liegt, und das Arbeiten aus Urkunden ebenso mühselig und zeitraubend, als unscheinbar und wenig glänzend genannt werden kann". Besondere Anerkennung zollt Maurer der Sorgsamkeit, mit der Berchtold „selbst untergeordnete Punkte in seiner Deduktion durch urkundliche Belege zu stützen sucht, statt über dieselben leicht hinweg zu gehen".

Die inhaltliche Behandlung des von Berchtold gesammelten Materials erscheint Maurer „im Allgemeinen eine besonnene, sachgemäße und verständige zu sein", auch wenn er nicht in allen Punkten mit Berchtold übereinstimmt und insbesondere nicht alle „lehensrechtlichen Erörterungen für absolut stichhaltig er-

---

170 Universitätsarchiv München, Signatur L-I-53, Akten der Königlichen Juristenfakultät München 1861/1862

klären kann“. Dafür hebt Maurer um so mehr die Gewissenhaftigkeit hervor, mit der Berchtold jeden einzelnen Punkt des privilegium minus mit dem privilegium majus vergleicht und schildert, inwieweit letzteres tatsächlich geltend gemacht wurde und mit welchem Erfolg. Maurer findet diese Sorgfalt um so verdienstlicher, da „selbst ein älterer Schriftsteller wie Zöpfl noch neuerdings frischweg“ behauptet, das privilegium majus gebe unbestreitbar den im 12. / 13. Jahrhundert faktisch bestehenden Zustand wieder, ohne sich die Mühe einer eingehenden Prüfung gemacht zu haben.

Die Darstellung findet Maurer „in einzelnen Punkten noch zu schüchtern, zu breit und namentlich nicht genug zwischen allbekannten und neuen oder bestrittenen Annahmen scheidend, doch im Allgemeinen gut fasslich“. Lob verdient seiner Ansicht „die verständliche Berichterstattung über den allmählichen Gang und derzeitigen Stand der Untersuchungen über die Echtheit des privilegium majus und minus“, da „solche Resumes nicht eben leicht zu geben“ seien.

Abschließend stimmt Maurer für die Genehmigung der Abhandlung des „Herrn Berchtold“, da sie durchaus den von der Fakultät zu stellenden Anforderungen entspräche.

Etwas kürzer fällt ein zweites Gutachten von Professor Bayer[171] aus, da ihm „die Studien ob deren Besitz es“ für die Beurteilung der Dissertation Berchtolds „ankommt zu ferne liegen“. Sein Eindruck war jedoch „sowohl was den Inhalt als die Anordnung und Form der Darstellung betrifft ein überaus günstiger“. Angesichts des Gutachtens „des Herrn Kollegen Maurer, eines anerkannt so gründlichen Könners und Bearbeiters der deutschen Reichs- und Rechtsgeschichte“ ist Bayer überzeugt, dass ihn sein Eindruck nicht getäuscht hat und stimmt ebenfalls für die Genehmigung der Abhandlung Berchtolds.

171 Bayer, Hieronymus (1792-1876), Jurist, Schriftsteller, Studium der Rechtswissenschaften und der Philosophie, 1819 a.o., 1822 o. Professor der Jurisprudenz an der Universität Landshut. Nach Verlegung der Universität nach München insgesamt fünfmal zum Rector Magnificus gewählt. Hofrat, Akademiemitglied, Geheimrat und Reichsrat, 1842 geadelt. Gehörte 1844 der Zivilgesetzgebungskommission an. Trat auch als Lyriker, Liedkomponist und Radierer in Erscheinung; DBE, Band 1, Seite 357

Der Genehmigung der beiden „Informativ-Voten“ schließen sich die Professoren Zenger[172], Kunstmann[173], Windscheid[174], Bolgiano[175] und Walther[176] an. Walther, seines Zeichens Professor für Strafrecht, erscheint das Votum des Kollegen Maurer „so ehrenvoll für den Verfasser der Abhandlung zu sein, dass ich mit besonderem Vergnügen für deren Genehmigung stimme“.

Bei den Professoren der „Hohen Juristischen Fakultät“ der Ludwig-Maximilians-Universität fand die Inauguralabhandlung Berchtolds folglich breite Zustimmung.

2.2.4. Rezeption in der Literatur

2.2.4.1. Allgemein

Berchtolds Dissertation über die Landeshoheit in Österreich nach den echten und unechten Freiheitsbriefen fand eine breite Aufnahme in der Literatur. Nicht nur die später erschienenen Schriften zur Entwicklung der Landeshoheit in Österreich setzten sich mit seinem Werk auseinander, auch in den allgemeinen Arbeiten zur deutschen Rechtsgeschichte wird er erwähnt. Luschin von Ebengreuth hebt in der Einleitung zu seiner Abhandlung „Geschichte des ältern Gerichtswesens in Österreich ob und unter der Enns“ namentlich Josef Berchtold als Verfasser von Streit-

172 Franz Xaver Zenger (1798 – 1871), seit 1832 Professor der Rechte an der Universität München; vgl. Bosl, Bayerische Biographie, Seite 873

173 Kunstmann, Friedrich (1811-1867), Jurist, Katholischer Theologe, 1847 a.o., 1848 o. Professor des Kirchenrechts an der Universität München. Veröffentlichte neben Studien zum kanonischen Recht auch Arbeiten zur Missions- und Entdeckungsgeschichte. Von 1842-1846 Lehrer von Amalia von Portugal in Lissabon; DBE, Band 6, Seite 170.

174 Windscheid, Bernhard (1817-1892), Jurist, studierte vor allem bei Carl von Savigny und wurde 1847 zum a.o. Professor für römisches Recht in Bonn benannt, im selben Jahr Ordinarius in Basel, anschließend 1852-1857 in Greifswald, in München bis 1874, anschließend in Leipzig. Mitarbeiter der 1. BGB-Kommission, starker Einfluss auf ersten Entwurf des BGB, insbesondere durch sein Werk „Das Lehrbuch des Pandektenrechts (3 Bände). Einer der wichtigsten Pandektisten im 19. Jahrhundert, der sich insbeosndere mit der Zivilrechtsdogmatik des römischen Rechts befasste. Führte den römischen Rechtsterminus des „Anspruchs“ in die deutsche Rechtslehre ein; DBE, Band 10, Seite 525

175 Bolgiano, Karl (1816-1897), Jurist, 1850 a.o. Professor, 1856 Ordinarius an der Universität in München für bayerischen Zivilprozess und französisches Zivilprozessrecht. Betrieb auch botanische Studien; DBE, Band 2, Seite 7 f.

176 Walther, Friedrich (1822-1874), Jurist, a.o. Professor 1854, 1860 o. Porfessor des Kriminalrechts und des Kriminalprozessrechts. War seit 1864 Mitherausgeber des „Gerichtssaals“. Veröffentliche u.a. ein Lehrbuch zum Strafprozessrecht, DBE, Band 10, Seite 323.

schriften über die Echtheit der österreichischen Hausprivilegien hervor[177]. Des weiteren übernimmt er bei der Darlegung der Fälschungen Rudolf IV. in Bezug auf das Privilegium Majus die Darstellung Berchtolds und verweist umfassend auf dessen Dissertation[178]. Schulte[179] und Siegel[180] zitieren in ihren Lehrbüchern zur deutschen Rechtsgeschichte Berchtolds Arbeit jeweils in der Literaturübersicht zu den einschlägigen Kapiteln über die Landeshoheit. Schröder belegt in seinem Kapitel über die Entwicklung der Territorien einige seiner Aussagen mit Zitaten aus der Dissertation Berchtolds und weist insbesondere bzgl. des Streits über die Echtheit der österreichischen Freiheitsbriefe auf die „Übersicht über die reiche Literatur“ bei Berchtold hin[181].

2.2.4.2. Gerichtsklausel im privilegium minus

Das Schrifttum zur Entwicklung der Landeshoheit in Österreich setzte sich im Übrigen vor allem mit Berchtolds Auslegung der sogenannten Gerichtsklausel im privilegium minus auseinander, die folgenden Wortlaut hat: „Statuimus quoque, ut nulla magna vel parva persona in eiusdem ducatus regimine sine ducis consensu vel permissione aliquam iusticiam presumat exercere“[182]. Obwohl der Satz klar zu sein scheint und die Übersetzung wenig Schwierigkeiten bereitet[183], bestand und besteht keine volle Einheitlichkeit über die Interpretation und Tragweite der einzelnen Angaben. Aufgrund der straffen Zusammenfassung der Gerichtsklausel und ihrer allgemein gehaltenen Formulierung, wurde immer wieder versucht, sie zeitlich festzulegen, zu deuten und ihr konkrete Einzelbestimmungen zu entnehmen und zu beweisen[184]. Fest steht nur, dass dem Herzog mit der Gerichtsklausel ein sehr wichtiges Recht übertragen wurde, über dessen Umfang und Ausgestaltung gehen die Meinungen auseinander.

Berchtold legt die oben angeführte Stelle des Minus als kaiserliche Zusicherung aus, „dass Niemand es wagen dürfe, im Gewaltbereiche des Herzogs, d.h. innerhalb der Grenzen des Herzogtums, irgendwelche Gerichtsbarkeit (oder daraus entspringende Rechte) ohne Erlaubnis und Zustimmung des Herzogs auszu-

177 Ebengreuth, Gerichtswesen in Österreich, Seite 10
178 Ebengreuth, Gerichtswesen in Österreich, Seiten 23 ff.
179 Schulte, Reichs- und Rechtsgeschichte, Seiten 193 ff.
180 Siegel, Deutsche Rechtsgeschichte, Seiten 241 ff.
181 Schröder, Deutsche Rechtsgeschichte, Seite 576; weitere Zitate: Seiten 571, 574, 575, 578, 579, 580 und 581
182 vgl. bzgl. des lateinischen Zitats: Berchtold, Landeshoheit Österreichs Seite 156
183 wörtliche Übersetzung: ..., dass niemand ohne Zustimmung und Erlaubnis des Herzogs Gerichtsbarkeit ausüben darf.
184 Theodor, Würzburger Herzogsurkunde und Privilegium minus, Seiten 247f.

üben. Mit anderen Worten, der Herzog von Österreich wurde zum obersten Inhaber der Gerichtsbarkeit in seinem Land erklärt". Folglich musste jeder Richter im Herzogtum den Gerichtsbann, d.h. das Recht die Gerichtsbarkeit auszuüben, vom Herzog erbitten[185].

Um die tiefere Bedeutung dieser Auslegung zu beleuchten, stellt Berchtold den geschichtlichen Zusammenhang her: In der karolingischen Universalmonarchie galt der König als Quelle aller Gerichtsbarkeit, als oberster Richter im Reich. Den Grafen als seinen Stellvertretern erteilte der König die Vollmacht zur Ausübung der Gerichtsbarkeit in Form des Königsbannes. Auch nachdem die Grafenwürde erblich geworden war und das Recht der Gerichtsbarkeit mit der territorialen Unterlage verwachsen war, hielten die Könige daran fest, dass jeder Erwerber eines mit der Gerichtsbarkeit versehenen Territoriums der Verleihung des königlichen Bannes bedürfe, der vom König jedoch nicht mehr verweigert werden konnte[186]. Wollten sich nun ihrerseits die mit dem Königsbann beliehenen Gerichtsherrn vertreten lassen, durften sie wiederum den Bann nicht einfach auf ihre Stellvertreter übertragen, sondern die Stellvertreter mussten den Bann erneut für sich vom König einholen[187]. Nach Berchtold schloss sich die Gerichtsbarkeit erst zu einem eigentlichen landesherrlichen Recht ab, als die Landesherren den Königsbann beliebig an ihre Stellvertreter übertragen durften und gerade darin sieht er die Bedeutung der Gerichtsklausel des Minus. Schon Herzog Jasomirgott wurde im Jahr 1156 „Inhaber des Königsbanns, d.h. der obersten Gerichtsbarkeit für den ganzen Umfang seines Herzogtums. Alle herzoglichen Richter, alle allodialen und feudalen Besitzer von Gerichtsbezirken und deren Beamte sollten den Bann nicht mehr vom König, sondern nur mehr vom Herzog empfangen." Ohne die Autorisation des Herzogs durfte also niemand in Österreich Richter sein[188].

Bereits drei Jahre nach der Veröffentlichung der Dissertation setzte sich Heinrich Brunner mit der Interpretation der Gerichtsklausel durch Berchtold in seiner Abhandlung über „Das gerichtliche Exemtionsrecht der Babenberger", die für die ältere Verfassungsgeschichte des Herzogtums Österreich quasi „kanonische Geltung"[189] erlangte, eingehend auseinander. Die Auslegung der Gerichtsklausel durch Josef Berchtold dahingehend, dass niemand in Österreich als Richter fungieren dürfe außer mit Autorisation des Herzogs, erscheint Brunner zwar auf den ersten Blick bestechend, bei näherer Untersuchung jedoch wenig stichhaltig. Brunner weist darauf hin, dass der Königsbann nur für die höhere Ge-

185 Berchtold, Landeshoheit Österreichs, Seite 158
186 Berchtold, Landeshoheit Österreichs, Seite 159
187 Berchtold, Landeshoheit Österreichs, Seite 160
188 Berchtold, Landeshoheit Österreichs, Seiten 163 f.
189 Dopsch, Reformkirche und Landesherrlichkeit in Österreich, Seite 26

richtsbarkeit geliehen wurde und folglich allenfalls die höheren Richter vom Herzog den Bann hätten einholen müssen. Das Privilegium Minus unterscheide jedoch nicht nach höherer und niederer Gerichtsbarkeit, sondern spreche schlichtweg von „nulla magna vel parva persona“[190]. Einen weiteren Widerspruch der Auslegung Berchtolds zum Wortlaut des Minus sieht Brunner darin, dass das dem Herzog verliehene Recht der Bannleihe nicht juristisch präzise mit dem Ausdruck „bannum“ beschrieben wurde, sondern von „permissio“ und „consensu“ die Rede ist. Des weiteren – so Brunner – könne wie der König so erst recht der Herzog demjenigen den Bann nicht verweigern, dem das Gericht geliehen ist. Es bliebe daher kein Raum für „permissio“ und „consensu“[191]. Neben den Wortlautargumenten wendet Brunner gegen die These Berchtolds ein, dass die königliche Verleihung dem Herzog kein Recht bis in jene Kreise hinab verleihen konnte, auf welche sich die öffentliche Gerichtsbarkeit nicht mehr erstrecke: Die Kreise des Hofrechtes und der grundherrlichen Gerichtsbarkeit. Ebensowenig könnten durch die Gerichtsklausel bereits vor 1156 verliehene Immunitäten beeinträchtigt werden. Der König könne kein Recht an den Herzog verleihen, das zu einer Beschränkung bereits bestehender fremder Rechte führe[192]. Nach Brunner wurde durch das Minus der politische Grundsatz zum Rechtssatz erhoben, dass der König innerhalb des Herzogtums – ohne Zustimmung des Herzogs – keine Immunitäten mehr verleihen konnte. Der Herzog wurde folglich durch die Gerichtsklausel gegen weitere Exemtionen des Königs geschützt und sicherte seine Gerichtsgewalt nach oben ab. Umgekehrt zu folgern, dass der Herzog von seiner Gerichtsbarkeit selbständig eximieren konnte bzw. über sein Gerichtslehen unumschränkt verfügen konnte, lässt sich aus dem Minus nach Brunner jedoch nicht ableiten[193].

Luschin von Ebengreuth, der in seiner Abhandlung „Geschichte des ältern Gerichtswesens in Österreich ob und unter der Enns“ die Hypothese Berchtolds der Auffassung Brunners gegenüberstellt[194], schließt sich der Argumentationslinie Brunners an, hebt aber hervor, dass Berchtold zwar „die Tragweite des Minus für die Ausbildung der Justizhoheit in Österreich“ überschätzt habe, jedoch „mit seiner Auslegung die Richtung bezeichnet, welche die Entwicklung wirklich nahm. Je mehr sich das Territorium abschloss, je mehr Rechte über dasselbe der Landesherr gewann, desto kräftiger erhoben die Herzoge den Anspruch, dass jede

190 Brunner, Exemptionsrecht, Seite 22
191 Brunner, Exemptionsrecht, Seite 23
192 Brunner, Exemptionsrecht, Seiten 25 f.
193 Brunner, Exemptionsrecht, Seiten 27 f.
194 Ebengreuth, Gerichtswesen in Österreich, Seiten 14 ff.

Übung der hohen Gerichtsbarkeit innerhalb der Landesgrenzen von ihrer Autorisation abhänge."[195].

Nach Hasenöhrl gründet die Gerichtshoheit des österreichischen Herzogs auf die Gerichtsklausel des Privilegium Minus[196]. Auch Hasenöhrl erwähnt die diesbezügliche These Berchtolds und den Widerspruch Brunners, lässt aber die Frage offen, ob neben der nach dem Minus „zweifellos notwendigen Einwilligung des Herzogs noch überdies eine besondere Erteilung des Bannes durch den König erforderlich war", da sich seine Forschung auf das Landesrecht des 13. und 14. Jahrhunderts bezieht und zumindest nach Belehnung der Habsburger mit Österreich im Jahr 1282 der Bann nicht mehr vom deutschen König eingeholt worden sei. Zur Zeit des Landesrechts hätten die Blutrichter den Bann nur noch vom Herzog einzuholen gehabt[197]. Damit bestätigt Hasenöhrl indirekt die Aussage Luschin von Ebengreuths, dass Berchtolds Auslegung der Gerichtsklausel zwar nicht die Sachlage zum Zeitpunkt der Entstehung des Privilegium Minus 1156 wiedergibt, wohl aber die tatsächliche Entwicklung beinhaltet hat.

Srbik schließt sich in Hinblick auf die Gerichtsklausel weitestgehend der Auslegung Brunners an und stellt fest, dass die Ansicht Berchtolds widerlegt sei[198]. Auch Dopsch spricht sich gegen die Auffassung Berchtolds und indirekt für Brunner aus[199].

So hat die Auffassung Berchtolds, mag sie auch die wahre Intention der Gerichtsklausel zum Zeitpunkt ihrer Entstehung im Jahr 1156 nicht exakt wiedergeben, doch zu einer umfassenden Diskussion angeregt.

2.3. Habilitation

Am 28. Juli 1863 um 10.00 Uhr habilitierte sich Josef Berchtold an der Ludwig-Maximilians-Universität in München mit seiner öffentlichen Thesenverteidigung in der kleinen Aula[200]. Seine Probevorlesung behandelte das Thema „Geschichte

195 Ebengreuth, Gerichtswesen in Österreich, Seite 16

196 Hasenöhrl, Österreichisches Landesrecht, Seite 38

197 Hasenöhrl, Österreichisches Landesrecht, Seite 39

198 Srbik, Beziehungen von Staat und Kirche in Österreich, Seiten 49 f.

199 Dopsch, Reformkirche und Landesherrlichkeit in Österreich, Seite 32

200 Bayerische Staatsbibliothek München, Schulteana 13, 78; LMU, Leopold Wenger Institut, Separatum XV: Theses Quas Ex Auctoritate Illustrissimi Jureconsultorum Ordinis Pro Impetranda Venia Legendi In Aula Universitatis Minore, Die XXVIII. Mensis Julii Anni MDCCCLXIII Hora X. Publice Defendet Josephus Berchtold, Juris Utriusque Doctor (Kopie im Anhang).

der Entstehung der deutschen Landstände mit besonderer Berücksichtigung der bayerischen“[201].

2.3.1. Inhalt

Im Vorwort seiner Abhandlung zur Erlangung der venia legendi nimmt Josef Berchtold Bezug zu der im Jahr 1856 von ihm gelösten Preisaufgabe, die denselben Titel trägt wie seine Habilschrift: „Entwicklung der Landeshoheit in Deutschland in der Periode von Friedrich II. bis einschliesslich zum Tode Rudolfs von Habsburg, staatsrechtlich erörtert“. Wie Josef Berchtold ausführt, sei die Veröffentlichung der Preisschrift hauptsächlich unterblieben, „weil der Verfasser der genannten hohen Fakultät seinen tiefgefühlten Dank für jene Aufmunterung zu ferneren Studien auf dem weiten Gebiete der deutschen Staats- und Rechtsgeschichte durch eine mit etwas gereifteren Kräften unternommenen Umarbeitung jenes ersten schwachen Versuches zu erkennen geben wollte“[202]. Seine „Umarbeitung“ umfasst, wie Josef Berchtold eingesteht, jedoch nur den ersten und kleinsten Teil des Themas der Preisschrift, nämlich die ersten Regierungsjahre Kaiser Friedrich II., 1212 – 1220. Seine angekündigte Absicht, die weiteren Abschnitte zur Vervollständigung des Gesamtwerkes dem ersten Teil „möglichst bald nachfolgen“ zu lassen[203], setzte Josef Berchtold nicht in die Tat um. Es blieb bei der fragmentarischen Bearbeitung des Themas, seine Arbeit endet mit dem ersten Abschnitt.

Josef Berchtold versucht, die Entwicklung der deutschen Landeshoheit im 13. Jahrhundert – unter Auswertung des urkundlichen Materials sowie der historischen und rechtshistorischen Literatur – in den Grundlinien darzustellen. In der Einleitung arbeitet Josef Berchtold die Zeit von Friedrich I. bis Friedrich II. historisch auf und deutet an, dass er den Investiturstreit zwischen Kaiser und Papst, deren Streben nach gegenseitiger Beherrschung, als einen der Hauptgründe für die Stärkung des Partikularismus ansieht[204]. Als den größten politischen

---

201 Universitätsarchiv München, Signatur L-I-54, Akten der Königlichen Juristenfakultät München 1862/1863: In einem Schreiben vom 7. Juli 1863 bat Windscheid die Kollegen der Juristenfakultät um Themen für die Probevorlesung aus dem Bereich deutsches Privatrecht oder öffentliches Recht. Er schlug unter anderem folgende Themen vor: Erläuterung des Art. 16 II der Bundesakte (Verfassung des Bundes von 1815), Lehre von der Amortisation, Lehre von den Inhaberpapieren und das von Berchtold schließlich behandelte Thema.

202 Berchtold im Vorwort zu „ Die Entwicklung der Landeshoheit in Deutschland in der Periode von Friedrich II. bis einschließlich zum Tode Rudolfs von Habsburg, staatsrechtlich erörtert“, Seite III

203 Berchtold, Landeshoheit in Deutschland, Seite IV

204 Berchtold, Landeshoheit in Deutschland, Seite 3

Fehler sieht Josef Berchtold die Erwerbung Siziliens durch die Staufer und die damit verbundene Bedrohung des Kirchenstaates an. Dieses Ereignis habe die Verbindung von Papst und Fürsten gegen den Kaiser gestärkt, die Kräfte des Kaisers aber hätten nicht ausgereicht, Papst und Fürsten gleichzeitig entgegenzutreten[205]. Das Papsttum habe den Partikularismus der deutschen Reichsfürsten gefördert, um dem Kaiser zu schaden, der Kaiser habe aufgrund der Auseinandersetzungen mit dem Papst die deutschen Angelegenheiten nicht mehr mit der gebührenden Sorgfalt behandeln können. Die deutschen Reichsfürsten ihrerseits seien „von dem Vorwurfe eines unersättlichen Strebens nach Erweiterung der eigenen Macht auf Kosten des Ganzen nicht freizusprechen“[206]. Keine Regierung sei „verhängnisvoller für die deutsche Monarchie“ und das Machtsreben der Fürstengewalt zu Lasten der königlichen Machtbefugnisse gewesen als die Kaiser Friedrichs II. Als begeisterter Patriot für die einstige Machtstellung des deutschen Reiches will Josef Berchtold die Gründe für diese „merkwürdige Erscheinung“ darlegen[207].

Im ersten Abschnitt[208] seiner Habilschrift beschreibt Josef Berchtold detailliert das Verhältnis Friedrich II. zu Papst und Kirchenstaat. Insbesondere stellt er dar, wie die königliche Autorität durch Zugeständnisse Friedrichs II. an den Papst eingeschränkt wurde und gleichzeitig die geistlichen Reichsfürsten auf Kosten des Reiches gestärkt wurden. Näher geht Josef Berchtold dabei auf den Verzicht Friedrich II. im Hinblick auf das Spolien- und Regalienrecht ein sowie auf weitere Konzessionen die dem Papst bzw. den Reichsfürsten durch die Goldene Bulle von Eger (1213) gemacht wurden[209].

Den größten Teil seiner Arbeit nimmt die Behandlung der Confoederatio cum princibus ecclesiasticis vom 26. April 1220 ein[210], in der Friedrich II. den geistlichen Fürsten umfassende Privilegien verleiht. Nach Josef Berchtold hat Friedrich II. „nicht ohne die allertriftigsten Gründe den Fürsten sehr wichtige Rechte der Krone geopfert“. Die Confoederatio sei „der vorher verabredete Kaufpreis für die Stimmen der geistlichen Fürsten zur Wahl“ seine Sohnes Heinrichs zum deutschen König gewesen und habe die Wahl letztlich entschieden[211]. Im Weiteren listet Josef Berchtold die Privilegien der Confoederatio auf, deren wichtigste nach seiner Ansicht neue und sehr bedeutende Konzessionen“ Friedrich II. an die

205 Berchtold, Landeshoheit in Deutschland, Seite 30
206 Berchtold, Landeshoheit in Deutschland, Seite 3
207 Berchtold, Landeshoheit in Deutschland, Seite 1
208 Ein zweiter Abschnitt wurde, wie oben dargelegt, nicht erstellt.
209 Berchtold, Landeshoheit in Deutschland, Seiten 70 – 73
210 Berchtold, Landeshoheit in Deutschland, vgl. Seiten 121 ff.
211 Berchtold, Landeshoheit in Deutschland, Seiten 122 f.

geistlichen Fürsten enthalten[212]. Josef Berchtold spricht deshalb der Confoederatio mit den Reichs- und Rechtshistorikern seiner Zeit für die Entwicklung der Landeshoheit fundamentale Bedeutung zu und ordnet sie unter den Territorialgrundgesetzen des deutschen Reiches ein[213].

Zusammenfassend lässt sich festhalten, dass Josef Berchtold in seiner Habilschrift den Nachweis zu erbringen versucht, inwiefern Friedrich II. zur Förderung der Machtstellung der deutschen Reichsfürsten in der Zeit von 1212 – 1220 beigetragen hat, indem er akribisch die den einzelnen Fürsten geistlichen wie weltlichen verliehenen Begünstigungen aufzählt, die nach seiner Einschätzung zur Schwächung der Zentralgewalt und zur Stärkung des Partikularismus geführt haben. Die Entwicklung der Landeshoheit sieht er begünstigt durch die Stärkung der Reichsfürsten auf Kosten der Monarchie.

2.3.2. Landeshoheit

Zur Darstellung der Gründe für die Entwicklung der Landeshoheit durch Josef Berchtold in seiner Habilitation ist ausgehend vom heutigen Forschungsstand kritisch Stellung zu beziehen.

2.3.2.1. Ursupation von Reichs-/ Hoheitsrechten

Im 19. Jahrhundert sah die Forschung – wie Josef Berchtold – in der Schwäche der deutschen Reichsgewalt den Grund für die Entstehung der deutschen Territorien. Das Reich, so lautete die Lehre, war mit außenpolitischen Aufgaben überlastet und verzehrte sich durch Italienpolitik und Romfeindschaft, anstatt den „partikularistischen“ Bestrebungen kräftig und ernsthaft entgegenzutreten. Hätten sich die deutschen Kaiser bzw. Könige diesen Bestrebungen nur widersetzt, dann wäre Deutschland ein Einheitsstaat geblieben wie Frankreich[214]. Diese verfassungsgeschichtlichen Darstellungen betrachteten die Entstehung der Landesstaaten in erster Linie unter dem Aspekt ihres Verhältnisses zum Reich[215] und entwarfen ein Bild der deutschen Verfassungsgeschichte, das im 19. Jahrhundert in verschiedenen Schattierungen hervortritt: Die ungezählten konkreten Herrschaftsbildungen, welche das Hoch- und Spätmittelalter kennzeichnen, sind das Resultat der Auflösung der fränkischen und karolingischen Monarchie, die über ein ausgebautes Verwaltungssystem verfügte; sie entstanden durch die Aneignung kö-

212 Berchtold, Landeshoheit in Deutschland, Seite 127
213 Berchtold, Landeshoheit in Deutschland, Seite 121
214 Bader, Volk, Stamm, Territorium, Seite 268
215 Reichert, Landesherrschaft, Seite 3; Riezler, Geschichte Baierns, Seite 3

niglicher Rechte und die Verselbständigung königlich-staatlicher Amtsbezirke[216]. Auf Kosten des Reiches erfolgte durch Ursupation ursprünglich königlicher Prärogativen eine Vereinigung hoheitlicher Rechte in den Händen der Landesfürsten[217]. Durch den Erwerb von Regalien bzw. Hoheitsrechten, die eigentlich dem Reich gehörten, bauten die (zukünftigen) Landesherren ihre Eigenherrschaft aus und vervollständigten diese schließlich zur Landeshoheit[218]. Für die Zerrissenheit Deutschlands machte diese Theorie den Partikularismus verantwortlich und versah die im 12. Jahrhundert einsetzende staatliche Entwicklung Deutschlands mit einem negativen Vorzeichen[219]. Demnach ist die Landesherrschaft, verstanden als Bündel von Regalien und Hoheitsrechten[220], auf Kosten des Reiches und des Einheitsstaates entstanden, gleichsam durch einen Raub der Fürsten am Reich.

Heute ist sich die Forschung darin einig, dass eine solche Deutung der geschichtlichen Abläufe nicht zutrifft[221]. Die Landesherrschaft ist nicht durch „rechtlose Bereicherung" auf Kosten des Reichs entstanden[222], sie kann zumindest nicht allein aus der Ursupation oder Übertragung königlicher Rechte abgeleitet werden[223]. Falsch ist die Vorstellung, die Territorien bzw. deren Fürsten hätten dem Reich Aufgaben und Hoheitsrechte folgerichtig und bewusst entfremdet. Für Bader ist der Gedanke der Ursupation zeitfremd und unhistorisch: „Dem Reich war nur wegzunehmen, was es besaß. Niemals aber besaß das Reich eine feste, durchgebildete Organisation, die in einer Zeit rasch zunehmender öffentlicher Aufgaben – der Zeit der Landfriedensgesetzgebung – den vollen und ausschließlichen Schutz der Friedensordnung, hätte übernehmen können. Die Friedensnot des 11. und 12. Jahrhunderts ist eben nicht nur eine Folge des Investiturstreits und der inneren Spaltung, eine Folge vielmehr auch und vor allem der ungenügenden und veralteten Organisation des Reichsverbandes. Gerade dieses Reich bedurfte, um sich als Hoheitsverband über ein loses Bündel lehnsrechtlicher Beziehungen hinaus zu behaupten, der von unten her kommenden helfenden Kräfte. Die Zunahme der Aufgaben aber führte, und zwar nicht wegen der Eigensucht der territorialen Gewalten, sondern wegen der Eigenart des Reichsverban-

216 Böckenförde, Verfassungsgeschichtliche Forschung im 19. Jahrhundert, Seite 40
217 Reichert; Landesherrschaft, Seite 3
218 Mayer, Grundlagen des modernen deutschen Staates, Seite 307; Böckenförde, Verfassungsgeschichtliche Forschung im 19. Jahrhundert, Seite 68; Schröder, Deutsche Rechtsgeschichte, Seite 571
219 Mayer, Grundlagen des modernen deutschen Staates, Seite 308
220 Bader, Volk, Stamm, Territorium, Seite 266; Siegel, Deutsche Rechtsgeschichte, Seite 292
221 Reichert, Landesherrschaft, Seite 4
222 Mitteis-Lieberich, Deutsche Rechtsgeschichte, Seite 243
223 Schlesinger, Herrschaft und Gefolgschaft, Seite 186

des selbst, zwangsläufig zur erneuten Festigung der Adelsherrschaft. Man kann daher mit gutem Recht sagen, dass die Ausbildung der Territorialherrschaften das Reich nicht etwa nur schwächte, sondern zu einem Teil doch auch festigte; dort nämlich, wo jetzt selbständige Ordnungsfunktionen von den Teilgewalten übernommen wurden, die das Reich als solches niemals mit gleicher Intensität erfüllen konnte"[224]. Die Fürsten übernahmen Aufgaben, die das Reich nicht hätte bewältigen können. Auch wenn sie Reichsregalien, wie Zoll, Geleit, Münze oder Gerichtsbarkeit, schließlich als eigene Rechte ausübten, taten sie es oft um einem Notstand abzuhelfen, d.h. aus einer wirtschaftlichen Notwendigkeit heraus[225].

Folglich darf die Entstehung der Territorien und die Entwicklung der Landesherrschaft, wie sie im 12. Jahrhundert eingeleitet wurde, nicht negativ als Untergang des Einheitsstaates gesehen werden. Vielmehr ist das Ergebnis der historischen Wende ein positiver Aufbau im Sinne einer staatlichen Neubildung[226].

Auch wenn es in der Zeit des Kampfes um die deutsche Einheit nahe lag, die Entwicklung der Landeshoheit über die Ursupation von Hoheitsrechten des Reiches zu erklären, war diese Theorie zu einseitig[227] und erfasste nicht die Vielschichtigkeit des geschichtlichen Vorgangs. Josef Berchtold vertrat damit in seiner Habilschrift die Thesen der Forschung des 19. Jahrhunderts im Hinblick auf die Entwicklung der Landeshoheit in Deutschland, die jedoch von der späteren Forschung widerlegt wurden.

2.3.2.2. Reichsgesetze Friedrich II.

Entsprechend der Ansicht Josef Berchtolds wurde teilweise auch den Reichsgesetzen Friedrich II. aus dem 13. Jahrhundert ein entscheidender Beitrag zur Entwicklung der Landeshoheit beigemessen. Kaiser Friedrich II. schuf sich durch Vereinbarungen mit weltlichen und geistlichen Fürsten die Rückendeckung für seine Italienpolitik[228] und erkaufte sich für die Wahl seines Sohnes Heinrich zum König die Zustimmung der geistlichen Fürsten[229]. In den Reichsgesetzen von 1220 (Confoederatio cum principibus ecclesiasticis) und 1231/1232 (Statutum in favorem principum) erkannte er Rechte der Landesherren an und nahm das Wort „Landesherr" (dominus terrae) in den Sprachgebrauch des Reiches auf[230]. Im Statutum in favorem principum sanktionierte er den Übergang ursprünglich kö-

224 Bader, Volk, Stamm, Territorium, Seite 269
225 Mitteis-Lieberich, Deutsche Rechtsgeschichte, Seite 243
226 Mayer, Grundlagen des modernen deutschen Staates, Seite 308
227 Kroeschell, Deutsche Rechtsgeschichte, Seite 298
228 Schwerin, Deutsche Rechtsgeschichte, Seiten 190, 191
229 Schröder, Deutsche Rechtsgeschichte, Seite 575
230 Knapp, Geschichte der Landeshoheit, Seite 15

niglicher Rechte (Wildbann, Judenschutz, Befestigung, Geleit, Markt, Zoll) an die Landesherren[231] und übergab ihnen die peinliche Gerichtsbarkeit[232]. Früher sah die Forschung – entsprechend den Ausführungen Josef Berchtolds – in den beiden Reichsgesetzen Friedrich II. den „Hauptwendepunkt in der Ausbildung der Landeshoheit“[233] und nahm an, dass diese „die Entwicklung der Landeshoheit hauptsächlich befördert haben“[234]. Dagegen geht die jüngere Forschung davon aus, dass die Reichsgesetze von 1220 und 1231/1232 tatsächlich kein neues Recht im Verhältnis zwischen Fürsten und König schuf[235], sondern lediglich einen schon lange Zeit bestehenden Zustand anerkannte[236]. Die Reichsgesetze zogen die Konsequenzen aus einer Entwicklung[237] und bestätigten bereits ausgebildetes Gewohnheitsrecht ausdrücklich als Reichsrecht[238]. Für die Ausbildung der Landeshoheit selbst hatten sie keine entscheidende Bedeutung, auch wenn sich die Reichsfürsten gelegentlich auf die Besitztitel berufen haben, um ihren Rechtsbestand gegenüber der monarchischen Spitze zu erweitern oder zu behaupten. Aus Sicht des Königs mögen die Zugeständnisse zwar einen Rechtsverlust darstellen, für die Landesfürsten bedeuten sie jedoch keinen Rechtszuwachs, da die Reichsgewalt nur bestätigte, was sie bereits besaßen. Insofern rechtfertigt es sich, dass die Forschung den Prozess der sich entwickelnden Landeshoheit aus den tatsächlichen Gegebenheiten zu ergründen sucht und in der Regel nicht die Reichsgesetze selbst zur Begründung heranzieht[239].

Josef Berchtold vertrat damit in seiner Habilschrift – im Einklang mit der Forschung des 19. Jahrhunderts – Thesen hinsichtlich der Entwicklung der Landeshoheit in Deutschland, die jedoch von der späteren Forschung kritisch beurteilt wurden.

2.3.3. Universitäre Gutachten

Im Gegensatz zur überaus positiven Beurteilung der Dissertation Josef Berchtolds fällt das Gutachten Maurers zu seiner Habilschrift[240] wesentlich kritischer aus.

231 Spindler, Bayerische Geschichte, Seite 574
232 Kroeschell, Deutsche Rechtsgeschichte, Seite 288
233 Schröder, Deutsche Rechtsgeschichte, Seite 575
234 Siegel, Deutsche Rechtsgeschichte, Seite 242
235 Bader, Volk, Stamm, Territorium, Seite 278
236 Mitteis-Lieberich, Deutsche Rechtsgeschichte, Seite 244
237 Bader, Volk, Stamm, Territorium, Seite 279
238 Knapp, Geschichte der Landeshoheit, Seite 36
239 Bader, Volk, Stamm, Territorium, Seiten 278 f.
240 Universitätsarchiv München, Signatur L-I-54, Akten der Königlichen Juristenfakultät München 1862/1863

Maurer stellt zu Beginn seines Gutachtens den Zusammenhang zu der von Josef Berchtold gelösten Preisaufgabe her und weist darauf hin, dass es sich bei der Habilschrift um ein bloßes Fragment handele, da lediglich die ersten Regierungsjahre Friedrich II. bis 1220 bearbeitet seien. Maurer sieht die Arbeit in folgendem Zwiespalt: Auf der einen Seite erforsche der Verfasser „in höchst detaillierter Darstellung" unter Auswertung des quellenmäßigen Materials die geschichtlichen Vorgänge, die für die Entwicklung der Landeshoheit bedeutsam seien, was „der Gründlichkeit der Forschung ungemein förderlich" sei. Auf der anderen Seite würde deshalb der äußeren Staatsgeschichte ein so breiter Umfang eingeräumt, dass die Habilschrift „mehr den Charakter einer Sammlung von Material als den einer rechtswissenschaftlichen Verarbeitung" annehme. Diesem „Übelstande" wäre aus Sicht Maurers durch zusammenfassende Rückblicke am Ende größerer Abschnitte bzw. am Ende des Werkes unter Herausarbeiten des „Ergebnisses mühsamer Detailforschung für die Rechtsgeschichte" abzuhelfen gewesen. Darüber hinaus vermisst Maurer zu Beginn der Arbeit eine Beschreibung des Zustandes der Territorialgewalten unmittelbar vor der Regentschaft Friedrich II. Allerdings gesteht er zu, dass dies beim damaligen Forschungsstand nicht „ohne die mühseligsten zeitraubendsten Vorstudien" möglich gewesen wäre und der Verfasser deshalb, „um nicht Unbefriedigendes zu geben, lieber gar nichts hat geben wollen". Dennoch übt er Kritik daran, dass Josef Berchtold „ein Stück einer im Flusse begriffenen Entwicklung gibt, ohne Stütz- und Ruhepunkt für das Auge, am Anfang wie am Ende". Maurer falle es schwer ein stichhaltiges Gutachten zu erstatten, da die Arbeit noch nicht verwertbare Ergebnisse liefere, sondern lediglich den geschichtlichen Unterbau hierfür. Auf die juristischen Fähigkeiten des Verfassers könne nur schwer geschlossen werden, da die Habilschrift eher einen historischen als einen juristischen Charakter trage.

Im zweiten Teil seines Gutachtens relativiert Maurer die geäußerte Kritik: Der Schwerpunkt der Arbeit auf der historischen Seite könne nicht dem Verfasser angelastet werden, da die Bearbeitung des Themas – soweit sie nicht nur oberflächlich erfolgen sollte – nicht anders zu bewerkstelligen gewesen sei. Vielmehr müsse es Josef Berchtold „entschieden zur Ehre angerechnet werden", dass er die Mühen des Quellenstudiums nicht scheute. Die Detailforschung zeuge „unstreitig von umfassender Quellen- und Literaturkenntnis, von treuestem Fleiße, klarem Blick und redlichem Streben nach Wahrheit". Der Verfasser habe im Rahmen des Themas eine gute Leistung erbracht. Josef Berchtold sei des weiteren der juristischen Fakultät wohl bekannt und habe sich bereits mehrfach „als ein tüchtiger, zumal auch in den juristischen Disziplinen wohlunterrichteter junger Mann ausgewiesen". Jeder Zweifel an der Zulassung Josef Berchtolds zur Habilitation sei daher auszuschließen.

Diesem Votum Maurers schlossen sich u.a. die Professoren Pözl[241], Bayer[242], Zenger, Kunstmann, Bolgiano, Windscheid an.

2.3.4. Rezeption

Im Gegensatz zu seiner Dissertation fand im Hinblick auf Josef Berchtolds Habilschrift keine eingehende Auseinandersetzung in der Literatur statt. Dies mag damit zusammenhängen, dass – wie Maurer kritisiert – der äußeren Staatsgeschichte ein zu breiter Umfang eingeräumt wurde und der Habilschrift deshalb weniger ein rechtswissenschaftlicher Charakter als einer Sammlung von Material beizumessen ist.

3. Vom Privatdozenten zum außerordentlichen Professor

Nach seiner Habilitation am 28. Juli 1863 wurde Josef Berchtold am 15.10.1863 zum Privatdozenten an die Ludwig-Maximilians-Universität berufen[243]. Neben Windscheid setzte sich insbesondere Pözl für die Ernennung zum Privatdozenten ein[244]. Mit Schreiben vom 16. Oktober 1863 an das Dekanat der Juristenfakultät bekundete Josef Berchtold seine Absicht, im Wintersemester 1863 / 64 täglich von 10 – 11 Uhr eine Vorlesung über deutsche Reichs- und Rechtsgeschichte zu

241 Pözl, Joseph (1814-1881), Jurist, 1845 a.o. Professor an der Universität München für Staatsrecht, 1847 o. Professur für bayerisches Verfassung- und Verwaltungsrecht, lehrte seit 1867 zusätzlich Polizeiwissenschaft. 1848 Mitglied des Frankfurter Parlaments, seit 1858 gehörte er der bayerischen Abgeordnetenkamer an, deren erster Präsident er 1865 wurde, seit 1872 Reichsrat der Krone Bayerns. Veröffentlicht Lehrbuch des bayerischen Verfassungsrechts; DBE, Band 8, Seite 16

242 Bayer, Hieronymus (1792-1876), Jurist, Schriftsteller, Studium der Rechtswissenschaften und der Philosophie, 1819 a.o., 1822 o. Professor der Jurisprudenz an der Universität Landshut. Nach Verlegung der Universität nach München insgesamt fünfmal zum Rector Magnificus gewählt. Hofrat, Akademiemitglied, Geheimrat und Reichsrat, 1842 geadelt. Gehörte 1844 der Zivilgesetzgebungskommission an. Trat auch als Lyriker, Liedkomponist und Radierer in Erscheinung; DBE, Band 1, Seite 357

243 Universitätsarchiv München, Signatur E-II-419, Akte des Akademischen Senats der Universität München den ordentlichen Prof. Dr. Berchtold betreffend; hier: Personalliste; Ernennungsurkunde des Staatsministeriums des Innern für Kirchen- und Schulangelegenheiten

244 Universitätsarchiv München, Signatur E-II-419, Akte des Akademischen Senats der Universität München den ordentlichen Prof. Dr. Berchtold betreffend, hier: Schriftsätze vom 30. Juli 1863 bzw. 8. August 1863

halten. Bereits eine Woche später bestätigte das Staatsministerium des Innern, dass hiergegen keine Bedenken bestünden[245].

Über die Jahre seines Privatdozententums kann als sichere Erkenntnis gelten, dass sich Josef Berchtold aufgrund der bescheidenen universitären Besoldung gezwungen sah, neben seiner Lehrtätigkeit an der Universität, private Repetitorien zu halten und als Hauslehrer zu fungieren, um seinen Lebensunterhalt zu verdienen. Wie von Schulte unterstreicht, erwarb Josef Berchtold durch die umfangreiche universitäre und private Lehrtätigkeit ein „hervorragendes Lehrtalent"[246]. Nach den Ausführungen Friedrichs war das Privatdozententum für Josef Berchtold besonders bewegt und abwechslungsreich, da er in der Zeit seiner Repetitorien Kontakte zu verschiedenen Persönlichkeiten knüpfen konnte, die später bedeutende Ämter bekleideten. So vermittelte Josef Berchtold in seinen Repetitorien, die nach Friedrich den Ruf genossen, „dass jeder Besucher derselben die theoretische Prüfung bestehe", Schülern wie Graf Arco-Valley[247], Graf Lerchenfeld Köfering[248] oder von Maffei[249] das juristische Rüstzeug. Die Bekanntschaften sollen Josef Berchtold zugleich den Zugang zu den vornehmen Häusern seiner Schüler ermöglicht haben. Er soll Herbstferien auf den Gütern der Familien verbracht und mit Graf Arco-Valley Rom, Neapel und Pompeji bereist haben.

---

245 Universitätsarchiv München, E-II-419, Akte des Akademischen Senats der Universität München den ordentlichen Prof. Dr. Berchtold betreffend; im Vorlesungsverzeichnis der Ludwig-Maximilans-Universität erscheint für das Wintersemester 1863/1864 keine Eintragung im Hinblick auf die angekündigte Vorlesung Josef Berchtolds. Möglicherweise war die Drucklegung des Vorlesungsverzeichnisses bereits erfolgt.

246 Schulte, Berchtold, Seiten 367, 368

247 Friedrich führt Graf „Louis" Arco-Valley an, bekannt ist jedoch nur Arco-Valley, Emmerich Graf von (1852-1909), Diplomat, nach dem Studium der Rechtswissenschaften von 1879-1888 als Rechtsanwalt in München tätig. Engagement auch in der altkatholischen Reformbewegung um Döllinger. Seit 1887 im diplomatischen Dienst tätig, Gesandter in Rio de Janeiro, Tokio und Athen; DBE, Band 1, Seite 164

248 Lerchenfeld-Köfering, Hugo Graf von (1843-1925), Diplomat, Studium der Rechtswissenschaften in Bonn und München, nach diplomatischem Examen 1869 zur Gesandtschaft in Paris. Seit 1870 im Außenministerium, Karriere u.a. als Legationsrat in Wien, Staatsrat im außerordentlichen Dienst in Berlin; DBE, Band 6, Seite 339.

249 Bekannt ist Maffei, Hugo von (1836-1921), der allerdings sein Jurastudium in München und Bonn abbrach und die Lokomotivfabrik seines Onkels übernahm. Seit 1879 Reichsrat der Krone Bayerns. Mitbegründer der Bayerischen Notenbank (1875), der Bayerischen Rückversicherungsgesellschaft (1880) und des Deutschen Museums, übernahm 1881 die Ammersee Dampfschifffahrt. Produzierte u.a. Lokomotiven, Dampfschiffe, Turbinen; DBE, Band 6, Seite 560.

Der spätere Reichskanzler Fürst von Hohenlohe[250] besuchte Josef Berchtold – nach Friedrich – in den Jahren 1863 / 64 regelmäßig, um ihn interessierende juristische Themen zu diskutieren. In späteren Jahren scheint Josef Berchtold als außerordentlicher Professor eine besonders gute Beziehung zum späteren König Otto von Bayern unterhalten zu haben, den er ebenfalls in den Rechtswissenschaften unterrichtete[251]. Außerdem soll er Vorträge vor dem Erbprinzen Leopold und dem Prinzen Friedrich von Anhalt gehalten haben[252].

Einzige Quelle für die zahlreichen illustren Bekanntschaften ist das Lebensbild, das Friedrich von Berchtold zeichnet. Auch wenn Friedrich möglicherweise die ein oder andere Ausschmückung anfügt[253], erscheint zumindest gesichert, dass Josef Berchtold aufgrund seines Lehrtalents und seiner Persönlichkeit auch in adeligen Kreisen einen guten Ruf genoss und Zugang zu vornehmen Familien fand.

Das Privatdozententum endete für Josef Berchtold am 25. Oktober 1867 mit der Berufung zum außerordentlichen Professor – Vertreter des Kirchenrechts[254].

4. Heirat und Familie

Nach der Verlobung am 31. Juli heiratete Josef Berchtold am 29. Dezember 1868 die zwölf Jahre jüngere Marie Contzen aus Würzburg, Tochter von Christina und Prof. phil. Contzen[255]. Hochzeit und Verlobung dürften bei der Braut in Würz-

---

250 Hohenlohe-Schillingfürst, Chlodwig Fürst zu (1819-1901), Staatsmann, Studium der Rechtswissenschaften, zog als erbliches Mitglied in die bayerische Kammer der Reichsräte ein und wurde nach dem Sieg Preußens über Österreich im Jahr 1866 zum bayerischen Ministerpräsidenten und Außenminister ernannt. Ablehnende Haltung gegenüber dem Unfehlbarkeitsdogma. Rücktritt nach Misstrauensvotum in beiden bayerischen Kammern. 1894 deutscher Reichskanzler und preußischer Ministerpräsident. 1900 Rückzug in den Ruhestand; DBE, Band 5, Seite 139 f.

251 Friedrich, Berchtold, Seite 37; Nach Friedrich soll König Otto sogar der Mutter Berchtolds in Murnau einen Besuch abgestattet haben und nicht in den Krieg des Jahres 1870 gezogen sein, „ohne sich zuvor von Berchtold verabschiedet zu haben".

252 Friedrich, Berchtold, Seite 40

253 Beim Vater des späteren Reichsrats und Großindustriellen Graf Pocci soll Berchtold beispielsweise die Erlaubnis erwirkt haben, der Jurisprudenz zu entsagen und sich der Forstwirtschaft zu widmen.

254 Universitätsarchiv München, Signatur E-II-419, Akte des Akademischen Senats der Universität München den ordentlichen Prof. Dr. Berchtold betreffend; hier: Personalliste

255 Archiv des Erzbistums München und Freising, Münchener Matrikel 268 Pfarrei St. Ludwig Seite 136; Marie wurde am 30.12.1845 geboren; Josef Berchtolds Ersuchen vom 21. Juli 1868 auf dienstliche Bewilligung seiner Verehelichung wurde entspro-

burg gefeiert worden sein, jedenfalls legt dies der Vermerk in den Münchener Pfarrmatrikeln „Verlobung und Heirat in Würzburg?" nahe. Nach seiner Hochzeit zog Josef Berchtold nach fast 25 Jahren bei Walburga Müller aus der Schönfeldstrasse 15 aus, um mit seiner Ehefrau im Jahr 1870 eine gemeinsame Wohnung in der Veterinärstrasse 11o zu beziehen[256].

Aus der nach Friedrich[257] glücklichen Ehe gingen ein Sohn, Theodor Hubert Maria geboren am 24. August 1871[258] und eine Tochter, Maria Anna geboren am 1. November 1872[259], hervor. Die Tochter verstarb bereits im Alter von 5 Monaten[260].

Theodor Hubert Maria Berchtold, benannt nach seinem Großvater väterlicherseits, trat in die Fußstapfen des Vaters und schlug als Jurist eine staatliche Laufbahn ein[261]. Im Alter von bereits 64 Jahren heiratete Theodor die 27 Jahre jüngere Amalie Plachetsky in Planegg, deren uneheliche Tochter Margot Maria

---

chen (vgl. Akte des Akademischen Senats der Universität München den ordentlichen Prof. Dr. Berchtold betreffend, Signatur E – II- 419, Universitätsarchiv München)

256 vgl. Adressbücher für die Jahre 1869 – 1888 (mit Ausnahme: 1875 und 1884 – 1887) einzusehen im Archiv des Erzbistums München und Freising sowie Steuerliste des Ehepaars Berchtold, Stadtarchiv München
Möglicherweise anlässlich der Geburt ihres Sohnes zog das Ehepaar Berchtold bereits 1872 in die Wiesenstrasse 1 um. 1876 wohnte Familie Berchtold in der Gartenstrasse 6 1/2, um sich ab 1877 endgültig in der Gartenstrasse 21 (1883 Umbenennung in Kaulbachstrasse nach Maler Wilhelm v. Kaulbach (1805-1874) / vgl. Dollinger, Die Münchener Straßennamen, 1997 zu „Kaulbachstrasse") niederzulassen.

257 Friedrich, Berchtold, Seite 40

258 Archiv des Erzbistums München und Freising, Münchener Matrikel 266 Pfarrei St. Ludwig Seite 31; einem der Geburt seines Sohnes unmittelbar vorausgehender Antrag auf Gehaltserhöhung Josef Berchtolds wurde vom akademischen Senat stattgegeben (vgl. Akte des Akademischen Senats der Universität München den ordentlichen Prof. Dr. Berchtold betreffend, Signatur E – II- 419, Universitätsarchiv München)

259 Archiv des Erzbistums München und Freising, Münchener Matrikel 266 Pfarrei St. Ludwig Seite 95

260 Archiv des Erzbistums München und Freising, Münchener Matrikel 272 Pfarrei St. Ludwig Seite 341; Maria Anna Berchtold verstarb am 10. April 1873 und wurde auf dem alten Nördlichen Friedhof beigesetzt.

261 Stadtarchiv München, Auszug aus der Hauptliste für den In- Reichs- Aus-Länder, Nr. 247455, angelegt für Theodor Berchtold am 22. Januar 1892: Neben dem juristischen Studium scheint Theodor Berchtold, auch Philosophie studiert zu haben. Jedenfalls wird unter „Standesbezeichnung" in [...] neben Rechtspraktikant, Zollassistent, Zollrechnungskommissär und königlicher Regierungsassessor auch „cand. phil." aufgeführt. Ab 01.04.1921 wird Theodor Berchtold als Ministerialrat geführt [...] (Stadtarchiv München, Karte zur allgemeinen Personalbestandsaufnahme, für Theodor Berchtold angelegt am 16. August 1926).

er nicht als Adoptivkind annahm[262]. Am 6. Mai 1945 verstarb Theodor in München[263].

5. Ruf nach Prag und Beförderung zum ordentlichen Professor

Der Ernennung Josef Berchtolds zum ordentlichen Professor der Juristenfakultät der königlichen Universität München am 16. April 1873[264] ging ein Ruf an die Universität Prag voraus.

Anfang April 1873 erhielt Josef Berchtold vom Ministerium für Kultus und Unterricht in Wien die Mitteilung, dass das Prager Professorenkollegium nach dem Abgang von Schultes[265] dessen vakante Professur für Kirchenrecht sowie deutsche Reichs- und Rechtsgeschichte mit zwei selbständigen Professoren – einen für jedes Fach – besetzen möchte. Der zuständige Minister habe sich bereits für Josef Berchtolds Berufung entschieden. Er möge deshalb erklären, ob er geneigt wäre, den Ruf nach Prag für das eine oder andere Fach oder eventuell für beide anzunehmen und ob er die Stelle bereits im Sommersemester antreten könnte. Sein Einkommen beliefe sich auf ca. 4.000 österreichische Gulden: 2.000 Gulden entsprächen dem normalen Fixgehalt eines Prager Professors, 800 Gulden Zulage sowie ca. 1.200 Gulden Kollegiengelder und Staatsprüfungstaxen. Der Verfasser des Schreibens – ein Dr. Hanauer aus dem Ministerium für Kultus und Unterricht in Wien – wirbt auch persönlich um Josef Berchtold: „Es würde mich freuen, als alten Bekannten zu Ihrer Berufung nach Österreich mitwirken zu können und ich hoffe auch, dass Sie die Berufung nicht verschmähen werden. [...] Wenn Sie eben auf ein paar Tage nach Wien kommen könnten, so ließe sich alles auf die kürzeste und beste Art mündlich in Ordnung bringen."[266]

---

262 Archiv des Erzbistums München und Freising, Münchener Matrikel 266 Pfarrei St. Ludwig Seite 31; Familienchronik von Wolfgang Berchtold; zu den Lebensdaten vgl. Stammbaum im Anhang

263 Einwohnermeldekarte, Signatur EWK 65 B 295, Stadtarchiv München

264 Universitätsarchiv München, Signatur E-II-49, Akte des Akademischen Senats der Universität München den ordentlichen Prof. Dr. Berchtold betreffend; hier: Personalliste

265 Schulte, Johann Friedrich Ritter von (1827-1914), Theologe, Kirchenrechtler, seit 1855 Professor des Kirchenrechts, später in Prag auch des Privatrechts sowie der deutschen Reichs- und Rechtsgeschichte; 1869 vom österreichischen Kaiser nobilitiert. Zählte zu den führenden Altkatholiken, Leitung der altkatholischen Kongresse in München und Köln, verantwortlich für die altkatholische Kirchenverfassung; DBE, Band 9, Seite 186

266 Universitätsarchiv München, Signatur E-II-49, Akte des Akademischen Senats der Universität München den ordentlichen Prof. Dr. Berchtold betreffend

Einen Tag nach Erhalt des Schreibens informierte Josef Berchtold Minister Dr. von Lutz[267] über das Angebot aus Wien, der ihn wegen der mit der juristischen Fakultät zu eröffnenden Verhandlungen an das Rektorat der Ludwig-Maximilians-Universität verwies. Nachdem Josef Berchtold am 4. April auch das Rektorat der Universität über die Anfrage des kaiserlich königlichen österreichischen Kultusministeriums in Kenntnis gesetzt hatte, wurde seine Beförderung zum ordentlichen Professor von der Universität im Eiltempo vorangetrieben. Bereits am 7. April stellte die juristische Fakultät den Antrag[268] an den Senat der Universität, dass „die zur Erhaltung des außerordentlichen Professors Josef Berchtold erforderlichen Vorkehrungen sofort getroffen werden mögen" und schlug die Beförderung zum ordentlichen Professor für Kirchenrecht und deutsche Reichs- und Rechtsgeschichte vor. Der ordentliche Senat der Universität beriet über die Beförderung Josef Berchtolds zum Ordinarius in einer am 9. April anberaumten Sitzung, stimmte in seiner Einschätzung mit der juristischen Fakultät überein und beantragte die Ernennung zum ordentlichen Professor bei seiner Königlichen Majestät. Zur Begründung führt das Protokoll über die Senatssitzung aus, dass Josef Berchtold in letzter Zeit das Kirchenrecht als außerordentlicher Professor alleine vertreten habe, eine Disziplin die besonders gegenwärtig von besonderer Wichtigkeit sei und deren Vertretung für zwingend erforderlich erachtet werde. An hierfür tauglichen Kräften sei derzeit jedoch „allenthalben Mangel". Die Ernennung zum Ordinarius sollte mit der Verpflichtung verbunden sein, im Bedürfnisfalle zusätzlich Vorlesungen über allgemeines Staatsrecht und Völkerrecht zu übernehmen und zugunsten der universitären Tätigkeit die Funktionen an der Kriegsakademie aufzugeben. Dem Senat erschien ein Jahresgehalt von 3000 Gulden als angemessen[269].

Wiederum eine Woche später ernannte König Ludwig II. Josef Berchtold am 16. April 1873 „zum ordentlichen Professor des Kirchenrechts und der deutschen Reichs- und Rechtsgeschichte in der Juristenfakultät unserer Universität München mit einem am 1. April beginnenden Gehalt von jährlich 3.000 Gulden"[270].

---

267 Lutz, Johann Friedrich von (1826-1890), Politiker, Studium der Rechtswissenschaften, seit 1861 im bayerischen Justizministerium tätig, 1865 Kabinettschef, Justizminister (1867), auch Kultusminister (1869) und von 1880 bis 1890 bayerischer Ministerpräsident. Versuchte im Kulturkampf, die Suprematie des Staates gegenüber der katholischen Kirche durchzusetzen; DBE, Band 6, Seite 540

268 Universitätsarchiv München, Signatur E-II-49, Akte des Akademischen Senats der Universität München den ordentlichen Prof. Dr. Berchtold betreffend, Seite 34

269 Universitätsarchiv München, Signatur E-II-49, Akte des Akademischen Senats der Universität München den ordentlichen Prof. Dr. Berchtold betreffend, Seiten 24 ff.

270 Universitätsarchiv München, Signatur E-II-49, Akte des Akademischen Senats der Universität München den ordentlichen Prof. Dr. Berchtold betreffend, Seite 40 (Original); Abschrift: Universitätsarchiv München, Signatur L-I-64, Akten der Kö-

Zehn Jahre nach Ernennung zum außerordentlichen Professor wurde Josef Berchtold damit zum ordentlichen Professor ernannt. Die zügige Umsetzung der Beförderung – innerhalb von 14 Tagen nach Eingang des Rufs aus Wien / Prag – zum Ordinarius spricht für die große Wertschätzung, die Josef Berchtold an der Universität genoss. Eine herausragende Lehrkraft, insbesondere für das Kirchenrecht, mit einem hohen Vorlesungspensum sollte an die juristische Fakultät gebunden werden. Josef Berchtold zog die Ernennung zum ordentlichen Professor in München einer Anstellung in Prag mit einem voraussichtlich höheren Gehalt vor.

6. Lehrtätigkeit

6.1. Übersicht

Die Einstellung Berchtolds zur Lehre und sein Verantwortungsbewusstsein gegenüber seinen Studenten klingt im Nachruf eines seiner Schüler – abgedruckt in der Einleitung – bereits an. Danach sah Berchtold seinen Lehrberuf als Selbstzweck und die Förderung seiner Schüler als Lebensaufgabe. Belehrend und anregend widmete er sich den rechtshistorischen Details und verstand es, die Hörer mit seinem Vortrag zu fesseln. Das „Herunterlesen" des Kollegienheftes lag ihm fern. Da er aus innerster Befriedigung las, entwickelte er zu den Hörern ein über das Normale hinausgehende Verhältnis und hinterließ einen nachhaltigen Eindruck bei denselben[271].

In seiner 30jährigen Dozentenlaufbahn absolvierte Berchtold ein hohes Pensum an Vorlesungen, mit dem Schwerpunkt auf den Gebieten Reichs- und Rechtsgeschichte sowie Staats- und Kirchenrecht, letzteres auch in Verbindung mit dem Eherecht[272]. Lediglich als Privatdozent „verirrte" er sich in den ersten beiden Semestern seiner Lehrtätigkeit ins Privatrecht[273]. Drei Vorlesungen in einem Semester waren für ihn keine Seltenheit und ein „Conservatorium" bzw.

niglichen Juristenfakultät München 1872/1873; am 17. April bestätigte der akademische Senat die Ernennung Josef Berchtolds zum Ordinarius gegenüber der juristischen Fakultät; Kopien siehe Anhang.

271 vgl. Friedrich, Berchtold, Seite 37 (Dr. S. in: Münchener Neueste Nachrichten Nr. 490)

272 Eine Übersicht seiner gesamten Vorlesungstätigkeit findet sich im Anhang.

273 Handels- und Wechselrecht im Sommersemester 1864, Deutsches Privatrecht im Wintersemester 1864/65, vgl. Vorlesungsverzeichnis im Anhang

Praktikum über ausgewählte Materien des Kirchen- und Staatsrechts hielt er im Sommersemester regelmäßig am Samstag bei sich zu Hause ab (privatissime)[274].

Neben seiner Lehrtätigkeit an der juristischen Fakultät las Berchtold zusätzlich Forstrecht und Rechtsenzyklopädie an der staatswirtschaftlichen Fakultät (1885 – 1894), Staatsrecht an der technischen Hochschule (1879 – 1886)[275] und hielt Vorlesungen an der Bayerischen Kriegsakademie.

6.2. Bayerische Kriegsakademie

In den Jahren 1868 bis 1873[276] nahm Josef Berchtold mit Unterbrechungen, neben seiner universitären, auch eine Lehrtätigkeit an der Bayerischen Kriegsakademie wahr.

6.2.1. Geschichte der Bayerischen Kriegsakademie

Im Jahre 1867 entschloss sich Bayern das bewährte Vorbild der preußischen Kriegsakademie zu übernehmen.[277] Kriegsminister von Pranckh orientierte sich

274 vgl. Vorlesungsverzeichnis im Anhang

275 Friedrich, Berchtold, Seite 40

276 vgl. Schulte, Geschichtliche Quellen und Literatur des Canonischen Rechts, Seite 417

277 Vorgeschichte: Etwa ein Jahr vor Beginn des Ersten Koalitions- bzw. Reichskrieges gegen Frankreich gründete der pfalz-bayerische Kurfürst Karl Theodor auf Antrag des Generalmajors Graf von Rumford am 10. Februar 1792 den bayerischen Generalstab aus „Offizieren von ausgezeichneten Fähigkeiten, wahrem Diensteifer und erprobter Treue“. Bei der Gründung versäumten es die Verantwortlichen, gleichzeitig eine Kriegsakademie für eine gründliche und vielseitige Generalstabsausbildung einzurichten. In Preußen wurde das militärische Ausbildungswesen nach den deutschen Befreiungskriegen und der Bildung des deutschen Bundes modifiziert. Die höchste Ausbildungsstätte für Offiziere in Berlin, die Allgemeine Kriegsschule, sollte „in einem dreijährigen Lehrgang einer Anzahl nach Erweiterung ihres Wissens und Könnens strebender Offiziere Gelegenheit zu höherer Ausbildung und zur Vorbereitung für den Generalstab“ vermitteln. Obwohl es in Bayern – wie in Preußen – darauf angekommen wäre, die in den Kriegen gewonnenen Erkenntnisse und Erfahrungen für die Ausbildung auszuwerten, wurde keine Institution für die höhere Ausbildung der Offiziere gegründet. Im Gegenteil: Unmittelbar nach seinem Regierungsantritt trat König Ludwig I. für die Sanierung der staatlichen Finanzen zu Lasten des stehenden Heeres ein. Die mangelnde Übung der Offiziere des Generalstabs wurde nicht behoben, obwohl es immer wieder kompetente Stimmen gab, die Vorschläge zur Beseitigung der Ausbildungsmängel machten. Im preußischen Heer wurde 1854 dem General der Infanterie von Peucker die Dienstaufsicht über das militärische Ausbildungswesen übertragen. General von Peucker nahm diese Auf-

bei den Grundlagen der Konzeption an der preußischen Anstalt. Die Ausbildungsmängel in der Führung der Armee sollten durch die Gründung der bayerischen Kriegsakademie behoben werden[278].

Der Entwurf der organisatorischen Bestimmungen sah für die Offiziere dreijährige Lehrgänge vor, die aus drei Kursen zu je neun Monaten bestehen sollten. Die Lehrgangsteilnehmer sollten ihre Ausbildung in drei jährlich aufeinander folgenden Kursen absolvieren. Lediglich zwölf Offiziere sollten, nach bestandener Aufnahmeprüfung, pro Lehrgang ausgebildet werden[279]. Die Ausbildung der Offiziere sollte sich nicht auf eine speziell militärische beschränken, sondern auch die allgemein-wissenschaftliche Bildung betonen. Als oberste Stufe des militärischen Bildungssystems sollte die Kriegsakademie militärisch nützliche Wissenschaften anbieten, aber auch allgemein wissenschaftliche Bildungsziele verfolgen. Detlef Bald beschreibt die zweifache Aufgabe als „die synoptische Konzeption einer militärisch-beruflich orientierten Ausbildung in Verbindung mit dem Ideal eines geistig gebildeten, durch wissenschaftliche Lehrtraditionen gefestigten Persönlichkeitsbildes: ein umfassendes Bild von einem militärischen Führer“[280]. Das militärische Lehrangebot umfasste Taktik und Kriegsgeschichte, Waffenlehre, Heeresorganisation, Feldbefestigung, Generalstabsgeschäfte, Militärgeografie und Militärverwaltung. Dagegen dominierten das horizont- und persönlichkeitserweiternde Bildungsangebot Geschichte, Geographie, Philosophie,

gabe als Generalinspekteur des Militär-Erziehungs- und Bildungswesens 18 Jahre lang wahr. Sein Ziel war, die militärfachliche Verengung der Ausbildung zugunsten einer breit angelegten Ausbildung umzugestalten. Das bayerische Heer war, als sich Anfang Mai 1866 die Kriegsgefahr abzeichnete, weder auf die Führung der Operationen in der bevorstehenden Auseinandersetzung noch auf die Mobilmachung vorbereitet. Die Mobilmachung zog sich lange hin und ging nur umständlich vonstatten. Offenkundig wurden die Folgen der vernachlässigten kriegsnahen Führerausbildung und die fehlende systematische theoretische Ausbildung. Die Offiziere des Generalstabs hatten keine Erfahrung in der Truppenführung und der Stabsarbeit. Sie waren nicht fähig, eine Lage kritisch und nüchtern einzuschätzen oder einen Entschluss in einen Gefechtsplan umzusetzen. Daraus erwuchsen eine allgemeine Unsicherheit bei der Durchführung und Planung der Operationen, unklare Entschlüsse und missverständliche Befehle. Die Überlegenheit der preußischen Armee zeigte sich deutlich. Deshalb kam es dem neuen bayerischen Kriegsminister Generalmajor Freiherr von Pranckh nach dem verlorenen Krieg darauf an, die Erfahrungen auszuwerten und die offenkundigen Mängel zu beseitigen. Insbesondere sollte die ungenügende Ausbildung der Offiziere des Generalquartiermeisterstabes durch die Gründung einer Generalstabsschule verbessert werden. (vgl. Hackl, Bayerische Kriegsakademie, Seiten 11 – 31)

278 Bald, Bayerische Kriegsakademie, Seite 227

279 Hackl, Bayerische Kriegsakademie, Seite 36

280 Bald, Bayerische Kriegsakademie, Seite 228

Physik und Chemie. Darüber hinausgehend wurden Staatsrecht, europäisches Völkerrecht oder Nationalökonomie angeboten[281]. Um dieses hohe Bildungsziel zu erreichen, bedurfte es Unterrichtsformen und -inhalte, die in enger Zusammenarbeit mit der Universität verwirklicht werden sollten[282].

Am 19. Juni 1867 genehmigte Ludwig II. den Antrag des Kriegsministeriums zur Errichtung der Akademie. In den 47 Jahren ihres Bestehens (1867-1914) bildete die Bayerische Kriegsakademie in 46 Lehrgängen über 600 Lehrgangsteilnehmer aus[283].

6.2.2. Lehrtätigkeit Josef Berchtolds

Aus Gründen der Sparsamkeit musste das Personal der Kriegsakademie von verschiedenen Stellen gewonnen werden. Weder für die Leitung noch für die Lehre wurden eigene Dienstposten geschaffen. Die Lehrkräfte setzten sich aus Offizieren und Zivilisten zusammen, die bei anderen staatlichen Institutionen angestellt waren und ihre Dienste an der Kriegsakademie in einer Zweitfunktion ausübten. In der Regel gehörten die Zivillehrer der Ludwig-Maximilians-Universität oder dem Polytechnikum an[284]. Als Lehrer sollten nur die besten Kräfte ausgewählt werden, die besonders geeignet waren und über große Erfahrung verfügten[285].

Josef Berchtold gehörte zu den Lehrern der ersten Stunde. Bereits die Offiziere des 1. Lehrgangs hörten seine Vorlesungen über Staatsrecht und europäisches Völkerrecht an der Ludwig-Maximilians-Universität. Allerdings erfüllten die allgemeinen universitären Vorlesungen nicht den gewünschten Zweck: Sie setzten zu viele juristische Fachkenntnisse voraus und behandelten die für die Lehrgangsteilnehmer besonders wichtigen Gebiete zu wenig. Deshalb wurde eine Umwandlung der universitären Vorlesungen Josef Berchtolds in ein „Privatissimum" an der Kriegsakademie beantragt und am 2. November 1868 genehmigt[286]. Für seinen speziell auf die Offiziere abgestimmten berufsbezogenen Unterricht an der Kriegsakademie erhielt Josef Berchtold ein jährliches Honorar von 700 Gulden[287]. Im Frühjahr 1870 wurde das Lehrangebot um die „Encyclopädie der

281 vgl. Lehrangebot des ersten Lehrgangs abgedruckt bei Hackl, Bayerische Kriegsakademie Seiten 41-43; Bald, Bayerische Kriegsakademie, Seite 231
282 Bald, Bayerische Kriegsakademie, Seite 229
283 Hackl, Bayerische Kriegsakademie, Seite36
284 Hackl, Bayerische Kriegsakademie, Seite 39
285 Hackl, Bayerische Kriegsakademie, Seite 41
286 Hackl, Bayerische Kriegsakademie, Seite 53
287 Bayerisches Hauptstaatsarchiv München/Heeresarchiv, Signatur OP 73206, Personalakte des königlichen Kriegsministeriums

Rechtswissenschaften" erweitert. Auch die Vorlesungen über dieses neue Fach wurden Josef Berchtold, „einer anerkannt tüchtigen Lehrkraft", übertragen[288].

Die erste Phase der Akademie war gekennzeichnet durch Liberalität und Freiheit der Bildung. Infolge enger Zusammenarbeit „mit der Universität entwickelte sich eine humanistisch-orientierte Persönlichkeitsbildung"[289]. Die Ausbildung verlief planmäßig bis im Juli 1870 der Deutsch-Französische Krieg ausbrach. Da Lehrgangsteilnehmer und militärisches Lehrpersonal in den Krieg zogen, wurde die Kriegsakademie am 17. Juli 1870 aufgelöst. Nach Ende des Krieges und der Reichsgründung 1871 setzte Bayern seine Bildungstradition im Heer fort und eröffnete die Kriegsakademie am 1. November 1871 erneut. Der Generalquartiermeisterstab bestätigte unter dem Eindruck des Krieges „die hohe Wichtigkeit der Kriegsakademie als einer Pflanzschule von Offizieren", für deren Ausbildung nur ganz tüchtige Lehrkräfte eingesetzt werden sollten[290].

Am 15. November 1871 trat Josef Berchtold als Lehrer für Militärrecht und Militärverwaltung wieder in die Kriegsakademie ein[291]. Sein Lehrangebot umfasste damit, neben dem Allgemeinen Deutschen und Bayerischen Staatsrecht, Europäischem Völkerrecht und der Encyclopädie der Rechtswissenschaften, zwei weitere Bereiche. Als einzigem Dozent für die juristischen Fächer oblag ihm allein die Verantwortung für die rechtliche Bildung der Offiziere in den Jahren 1871 – 1873.

Josef Berchtold trat am 22. April 1873 aus dem Dienst der Kriegsakademie aus[292], da sich die zusätzliche Belastung durch den Unterricht an der Akademie nicht mit der Ernennung zum ordentlichen Professor der Ludwig-Maximilians-Universität vereinbaren ließ: „Seine Majestät der König haben allergnädigst zu bestimmen geruht, dass der bisherige außerordentlichen Professor Dr. Berchtold dahier, welcher durch allerhöchstes Dekret vom heutigen Tag zum ordentlichen Professor des Kirchenrechts und der deutschen Reichs- und Rechtsgeschichte [...] ernannt worden ist, [...] zur besseren Konzentrierung seiner Kräfte für die eben nunmehr gesteckte erweiterte Lehraufgabe am Ende des Sommersemesters 1873 seine Stellung an der Militärakademie niederzulegen habe"[293].

---

288 Hackl, Bayerische Kriegsakademie, Seite 191

289 Bald, Bayerische Kriegsakademie, Seite 231

290 Hackl, Bayerische Kriegsakademie, Seite 59

291 vgl. Bayerisches Hauptstaatsarchiv München/Heeresarchiv, Signatur OP 73206, Personalakte des königlichen Kriegsministeriums; Hackl, Bayerische Kriegsakademie, Seite 198

292 vgl. Bayerisches Hauptstaatsarchiv München/Heeresarchiv, Signatur OP 73206, Personalakte des königlichen Kriegsministeriums

293 Schreiben des Staatsministeriums des Innern, Dr. Lutz; Universitätsarchiv München, Signatur L-I-64, Akten der Königlichen Juristenfakultät München 1872 /

6.3. Resümee

Berchtold widmete sich mit Hingabe der Lehre und versuchte, den Studenten sein Wissen als Rüstzeug für deren zukünftige Aufgaben zu vermitteln. Möglicherweise war die Triebfeder hierfür seine Herkunft aus einfachsten Verhältnissen. Berchtold wusste aus eigener Erfahrung, dass Grundlage für eine erfolgreiche Karriere – neben einer gewissen Begabung – eine fundierte Ausbildung ist. Die zeitintensive Konzentration auf die Lehre vermag eine Erklärung für die wenigen wissenschaftlichen Veröffentlichungen Berchtolds sein. Auf jeden Fall wird der bereits mehrfach zitierte Nachruf verständlich, der den Verlust den die Studenten durch den Tod Berchtolds aufgrund dessen persönlichen Wohlwollens für dieselben, seiner Unparteilichkeit und seiner lauteren Gesinnung als „höchst schmerzlich" bezeichnet[294].

7. Stipendienreferent

Bezeichnend für seinen Werdegang und den Einsatz für die Studenten ist auch, dass sich Berchtold neben der umfangreichen Lehrtätigkeit zusätzlich als Stipendienreferent den Belangen der Studierenden annahm. Das Amt des Stipendienreferenten an der Ludwig-Maximilians-Universität bekleidete er von 1886 bis 1893 unter großer persönlicher Anteilnahme[295].

Der Stipendienreferent wurde in der Regel jeweils für eine Amtszeit von drei Jahren gewählt und fungierte als Organ des Senats, den er in allen Stipendienangelegenheiten zu unterstützen und zu beraten hatte. In dieser Funktion sammelte Josef Berchtold die Gesuche potentieller Stipendiaten und prüfte sie auf ihre formelle Zulässigkeit. Nach Vorlage der Gesuche an die Fakultäten erfolgte die Stipendienprüfung, nach deren Abschluss der Stipendienreferent in einem Bericht ein Urteil über die wissenschaftliche Qualifikation sowie die „sittliche Würdigkeit" der Bewerber zu fassen hatte[296]. Es ist davon auszugehen, dass Josef

1873; Signatur E-II-419, Personalakt Josef Berchtold, Akten des akademischen Senats der LMU München

294 vgl. Friedrich, Berchtold, Seite 37 (Dr. S. in: Münchener Neueste Nachrichten Nr. 490)

295 Universitätsarchiv München, Signatur I-I-a, Akten des akademischen Senats der Ludwig-Maximilians-Universität München, betreffend Stipendienreferent, Seite 192; seine Vorgänger im Amt waren Konrad Maurer (1869-1877) und August Geyer (1877-1886), Karl Birkmeyer (1893-1898) folgte ihm nach.

296 Dienstinstruktion für den Referenten des ademischen Senats in Stipendiensachen, in: Akten des akademischen Senats der Ludwig-Maximilians-Universität München, betreffend Stipendienreferent, Signatur I – I- a, Universitätsarchiv München

Berchtold seine Vertrauensstellung als Stipendienreferent gewissenhaft und mit viel Engagement ausführte, da er sich in die Situation mittelloser Studenten aus eigener Erfahrung sehr gut versetzen konnte. Mit einem Zitat Berchtolds spiegelt Friedrich die Haltung wider, die seine Amtsführung begleitet haben dürfte: „Ihr glaubt gar nicht, wie groß die Armut und das Elend ist, das unter unseren Studenten herrscht!“[297].

8. Senator und Rector Magnificus

In den Senat der Ludwig-Maximilians-Universität wurde Josef Berchtold für die Jahre 1885 – 1887[298] sowie den Zeitraum 1893 – 1895[299] gewählt. Jede Fakultät stellte zwei Senatoren, die jeweils für zwei Studienjahre gewählt wurden. Der Senat bestand aus insgesamt 10 Senatoren und zwei „Ersatzsenatoren“[300].

Den Höhepunkt seiner akademischen Karriere erreichte Josef Berchtold mit seiner Wahl zum Rector Magnificus der Ludwig-Maximilians-Universität für das Studienjahr 1894 / 95. Zur Rektorenwahl am 18. Juli 1894 (Mittwochnachmittag / 1 Uhr) waren von 93 Wahlberechtigten 86 erschienen. Josef Berchtold erzielte mit 58 Stimmen ein respektables Ergebnis, während sich seine Konkurrenten – alle der juristischen Fakultät angehörig – mit 26 Stimmen, von Bechmann, bzw. jeweils einer Stimme, von Planck und von Sicherer, abfinden mussten[301]. Dieses Wahlergebnis legt die Vermutung nahe, dass sich Josef Berchtold im vorangegangenen Studienjahr als Senator die Achtung, Hochschätzung und Sympathie der übrigen Professoren erarbeitet und verdient hatte und sich deshalb als einziger nicht adliger Bewerber durchsetzen konnte. Mit seiner Wahl zum Rector Magnificus war der aus einfachsten Familienverhältnissen stammende Josef

297 Friedrich, Berchtold, Seite 40

298 Hauptstaatsarchiv München, MK 11173

299 Universitätsarchiv München, Signatur Sen. 416, Akten des akademischen Senats der Ludwig-Maximilians-Universität München, Rektor- und Senatoren-Wahl 18.08.1890 – 19.02.1908, Signatur Sen. 416

300 Insgesamt 5 Fakultäten: theologische, juristische, naturwissenschaftliche, medizinische und philosophische Fakultät; Akten des akademischen Senats der Ludwig-Maximilians-Universität München, Rektor- und Senatoren-Wahl 18.08.1890 – 19.02.1908, Signatur Sen. 416, Universitätsarchiv München / Protokoll über die Rektoren- und Senatorenwahl 1893/94 aufgenommen am 26. Juli 1893

301 Universitätsarchiv München, Signatur Sen. 416, Akten des akademischen Senats der Ludwig-Maximilians-Universität München, Rektor- und Senatoren-Wahl 18.08.1890 – 19.02.1908 / Protokoll über die Rektoren- und Senatorenwahl 1894/95 aufgenommen am 18. Juli 1894; die offizielle Bestätigung der Wahl ist im Anhang abgedruckt.

Berchtold an der Spitze der Professorenschaft der Ludwig-Maximilians-Universität angelangt und schloss damit seinen erstaunlichen und bewundernswerten sozialen Aufstieg ab.

Leider währte sein Rektorat nur eine Woche. Unmittelbar nach Ernennung zum Rector Magnificus am 15. Oktober 1894 starb Josef Berchtold am 22. Oktober 2003 infolge eines Darmgeschwürs mit Bauchfellentzündung[302]. Wie Friedrich mitfühlend beschreibt äußerten die Ärzte am 22. Oktober – nach schmerzvollen Tagen und Nächten –, dass nur eine Operation eine schwache Hoffnung auf Erhaltung des Lebens Josef Berchtolds böte. Nach Empfang der Sterbesakramente durch Friedrich ließ sich Josef Berchtold in die chirurgische Klinik bringen. Zuvor habe er sich von Friedrich und den Anwesenden mit den Worten „Ich bin auf alles gefasst, ob es gut geht oder schlecht geht" und „Habt alle Dank für alles!" verabschiedet. In die Klinik wurde er sterbend eingeliefert, und verschied um 15.30 Uhr[303].

Am 24. Oktober 1894 um 4 Uhr nachmittags fand auf dem nördlichen Friedhof die altkatholische Trauerfeier[304] für Josef Berchtold statt[305]. Zum ersten Mal in der Geschichte der Universität München wurde der amtierende Rector Magnificus zu Grabe geleitet. Unter den vielen prominenten Trauergästen des „ungemein großen Trauerzuges" fanden sich unter anderen Kultusminister von Müller, der erste Brügermeister Münchens Borscht oder der stellvertretende Direktor der Technischen Hochschule von Hoyer. Prinzregent Luitpold sprach sein Beileid

---

302 Die Sektion der Leiche ergab, dass Josef Berchtold an einem Geschwür am unteren Teil des Dickdarms litt, welches eine Bauchfellentzündung hervorrief. Ursache des Geschwürs war zu langes Sitzen, was die Münchener Neuesten Nachrichten zu der Bemerkung veranlasste, Berchtold sei einer Berufskrankheit erlegen (Münchener Neueste Nachrichten Nr. 490).

303 Friedrich, Berchtold, Seite 40

304 Berchtold als Anhänger der altkatholischen Reformbewegung und Mitglied der altkatholischen Gemeinde München galt als exkommuniziert im Sinne der römisch-katholischen Kirche und wurde deshalb in einer altkatholischen Trauerfeier bestattet; vgl. Archiv des altkatholischen Pfarramts München, Beerdigungsregister von 1894, Nr. 30; auf den Kampf Berchtolds gegen den Ultramontanismus wird im anschließenden III. Kapitel ausführlich eingegangen.

305 vgl. Universitätsarchiv München, Signatur E-II-419, Akte des Akademischen Senats der Universität München den ordentlichen Prof. Dr. Berchtold betreffend: Einladung des Prorektors Knöpfler an die Senatoren und Mitglieder des Verwaltungs-Ausschusses zur Trauerfeier für Josef Berchtold

aus[306] und schickte einen Kranz zum Grab[307]. Des weiteren nahmen der Vorstand der altkatholischen Gemeinde, Abordnungen des Magistrats und des Gemeindekollegiums mit ihren Vorständen, des akademischen Gesangsvereins, studentischer Verbindungen sowie Deputationen sämtlicher Fakultäten mit Ausnahme der römisch-katholischen Fakultät teil. Außer dem ihr angehörenden Prorektor Knöpfler blieb die katholisch theologische Fakultät der Trauerfeier fern[308]. Auch wenn sich in den Akten der theologischen Fakultät im Universitätsarchiv München kein schriftlicher Hinweis auf den Grund für das Fernbleiben finden lässt, ist doch offensichtlich, dass mit diesem Verhalten das Missfallen gegenüber dem Wirken Josef Berchtolds im Rahmen der altkatholischen Bewegung und seiner Auseinandersetzung mit dem Unfehlbarkeitsdogma zum Ausdruck gebracht werden sollte. Treffend zitiert Friedrich die Augsburger Abendzeitung: „es ist doch merkwürdig: alles, wenn notwendig selbst das Schlimmste, wird von diesen Lehrern der christlichen Liebe vergessen und verziehen, nur nicht das Bekenntnis zum Alt-Katholizismus. Freilich erinnert jeder solche Fall in unangenehmer Weise das Gewissen der Herren an die Tatsache, dass die ersten unter ihnen, Bischöfe und Gelehrte, seinerzeit selbst den gleichen Standpunkt einnahmen und erst später sich unterwarfen.“

Die Bedeutung Josef Berchtolds als Gegner des Unfehlbarkeitsdogmas und als geistiger Kämpfer in der altkatholischen Bewegung wird im anschließenden dritten Teil dieser Arbeit eingehend behandelt.

306 Universitätsarchiv München, Signatur E-II-419, Akte des Akademischen Senats der Universität München den ordentlichen Prof. Dr. Berchtold betreffend; weitere Beileidsbekundungen gingen u.a. ein von Magistrat und 1. Bürgermeister Borscht sowie der Technischen Universität

307 vgl. Zuber, Alter Nördlicher Friedhof: Die Lage der Grabstätte wird mit 12-6-1 angegeben. Photos der gut erhaltenen Grabstätte sind im Anhang abgebildet.

308 Friedrich, Berchtold, Seite 34

III. Kapitel: Unfehlbarkeitsdogma und altkatholische Reformbewegung

1. Erster Kontakt mit der Konzilsfrage

Neben seiner Forschung auf dem Gebiet der Entwicklung der Landeshoheit in seiner Promotion und Habilschrift setzte Berchtold seinen zweiten wissenschaftlichen Schwerpunkt im Kirchenrecht in der Auseinandersetzung mit dem auf dem I. Vatikanischen Konzil durch Papst Pius IX. verkündeten Unfehlbarkeitsdogma[309]. Wie darzustellen sein wird, berührte Berchtold dieses Thema in seiner Privatsphäre. Als aufrichtiger Katholik und gleichzeitig treuer Diener und Verfechter der Anliegen des bayerischen Staates wurde er durch die Auswirkungen des I. Vatikanischen Konzils in einen schweren Gewissenskonflikt gestürzt, in dessen Konsequenz er sich der altkatholischen Bewegung anschloss und diese tatkräftig unterstützte. Zum besseren Verständnis wird Berchtolds Rolle im Streit um das Unfehlbarkeitsdogma in den kirchenhistorischen Gesamtzusammenhang eingebettet.

1.1. Vorgeschichte und kirchenpolitische Bedeutung des 1. Vatikanischen Konzils

Mit dem 1. Vatikanischen Konzil, das von Papst Pius IX.[310] am 26. Juni 1869 öffentlich angekündigt wurde[311], verband die katholische Kirche und insbesondere ihre infallibilistischen Führer, weit über den kirchlichen Raum hinausgehende Erwartungen und Hoffnungen. Die Definition der päpstlichen Unfehlbarkeit[312] und des Jurisdiktionsprimats[313] zielte nicht in erster Linie auf die Zentralisierung

309 Abdruck der Dekrete (Bulle Pastor aeternus / „Constitutio dogmatica prima de ecclesia Christi“) vom 18. Juli 1870 in Schulte, Altkatholizismus: Seite 1-8 (deutsch), Seite 8-14 (lateinisch)

310 zur Persönlichkeit Papst Pius IX. vgl. Hasler, Pius IX., Seiten 125 ff. sowie Hasler, Wie der Papst unfehlbar wurde, Seiten 73 ff.

311 vgl. Grisar, Circulardepesche, Seite 217

312 eine ausführliche Auseinandersetzung mit dem Unfehlbarkeitsdogma erfolgt nachfolgend bei der Analyse der Schriften Berchtolds zu diesem Thema

313 Der Jurisdiktionsprimat betraf allein den kirchlichen Bereich und wird von Berchtold deshalb nicht intensiv diskutiert.

der Kirche ab, sondern bezweckte, über das Unfehlbarkeitsdogma das Autoritätsprinzip in der Gesellschaft zu erneuern und eine Trendwende gegen den Liberalismus einzuleiten[314]. Die Konzilsberufung manifestiert die Auseinandersetzung zwischen dem kämpferischen Katholizismus und einer modernen liberalen Staats- und Weltanschauung. Bereits mit seinem am 8. Dezember 1864 veröffentlichten Syllabus[315], dem Verzeichnis der „Hauptirrtümer unseres Zeitalters", hatte Pius IX. 80 als irrig erklärte Sätze verworfen, die der Liberalismus als Grundlage der modernen Welt ansah. Mit der Definition der päpstlichen Unfehlbarkeit beabsichtigte Pius IX. den Syllabus zu einer endgültigen Glaubensfeststellung zu erheben[316] und die weltliche Macht des Papsttums zu steigern. Damit war auch der Wunsch verbunden – im Rahmen der Wiederherstellung der alten Ordnung – den 1860 im Lauf des Risorgimento verlorengegangenen Kirchenstaat zurück zu gewinnen[317].

Grisar schildert den Konflikt zwischen Liberalismus und sich unterdrückt fühlender Kirche anschaulich und treffend durch die Gegenüberstellung einer Aussage Chlodwig Fürst zu Hohenlohe-Schillingsfürst[318] mit einem Artikel aus dem Mainzer „Katholik". Fürst von Hohenlohe rief seinen Gegnern bei einer Debatte am 5. Februar 1870 über einen gegen ihn vorgebrachten Misstrauensantrag zu : „... Die Entscheidung, welche Sie hier treffen werden, wird von weittragender Bedeutung sein, ... weil der Kampf, der hier seit einer Woche entbrannt ist, nur einen Teil des großen Kampfes bildet, der zurzeit die Welt bewegt. Es ist der Streit der beiden Anschauungen, deren eine im modernen Rechtsstaate und in der ganzen freiheitlichen Entwicklung der Gegenwart etwas zu Erhaltendes und zu Pflegendes erblickt und deren andere diesen modernen Staat und die ganze moderne Entwicklung perhorresziert und das Heil der Menschheit in einer Neuge-

314 Hasler, Pius IX., Seite 2

315 Pius IX. veröffentlichte den Syllabus (complectens praecipuos nostrae aetatis errores qui notantur in encyclicis aliisque apostolicis litteris sanctissimi domini nostri Pii Papae IX.) in seiner Bulle Quanta Cura; ein vollständiger Abdruck findet sich bei Friedberg, Aktenstücke zum ersten vaticanischen Concil, Seiten 898 ff.; in Thesis 80 des Syllabus wendet sich Pius IX. direkt gegen den Liberalismus: „Der römische Papst kann und muss sich nicht mit dem Fortschritt, mit dem Liberalismus und mit der modernen Kultur aussöhnen und verständigen."

316 Grisar, Circulardepesche, Seite 217

317 Hasler, Pius IX, Seite 3

318 Hohenlohe-Schillingfürst, Chlodwig Fürst zu (1819-1901), Staatsmann, Studium der Rechtswissenschaften, zog als erbliches Mitglied in die bayerische Kammer der Reichsräte ein und wurde nach dem Sieg Preußens über Österreich im Jahr 1866 zum bayerischen Ministerpräsidenten und Außenminister ernannt. Ablehnende Haltung gegenüber dem Unfehlbarkeitsdogma. Rücktritt nach Misstrauensvotum in beiden bayerischen Kammern. 1894 deutscher Reichskanzler und preußischer Ministerpräsident. 1900 Rückzug in den Ruhestand; DBE, Band 5, Seite 139 f.

staltung, welche durch die Kirche, und zwar eine in absolutistischem Sinne rekonstruierte Kirche, vervollständigt und getragen würde“[319].

Der Mainzer „Katholik“ fasst die Ziele der Ultramontanen[320] wie folgt zusammen: Seit dem Ende des Trienter Konzils ist in Europa „eine neue Ordnung der Gesellschaft herangewachsen. Von der ungläubigen Philosophie im 16. Jahrhundert erfunden, von despotischen Fürsten und Ministern gepflegt, von der Revolution mit Strömen Blutes introducirt, hat das System des Naturalismus sich aller socialen Verhältnisse bemächtigt. Das menschliche Recht ist losgerissen worden von der Grundlage des göttlichen Rechtes, an welche die Vernunft der antiken Philosophie, wie der Glaube des Christentums es gebunden hatte. Die Staatsgewalt hat sich für omnipotent erklärt und alle Institutionen, die Familien, die Standschaften und Corporationen ihrer Selbständigkeit beraubt. Unter dem Namen der Gewissensfreiheit, Unterrichtsfreiheit, Pressefreiheit hat sich eine Tyrannei etabliert, welche, indem sie die Leidenschaften entfesselt, gleichzeitig die Kirche und alle sittlichen Mächte nach Willkür behandelt. Dieser Welt steht das

---

319 Hohenlohe-Schillingfürst, Denkwürdigkeiten I 430; zitiert nach Grisar, Circulardepesche, Seite 218

320 Die Ultramontanen vertraten den sog. Ultramontanismus. Döllinger beschreibt den Ultramontanismus wie folgt: „Die Ultramontane Anschauung lässt sich in einem einzigen kurzen und klaren Satz zusammenfassen, aber diesem Satze entspinnt sich eine Lehre und Anschauung, welche nicht bloß Religion und Kirche, sondern auch Staat, Wissenschaft, Politik, Sitte und soziale Zustände, kurz das ganz geistige Leben des Menschen wie der Völker in ihren Bereich zieht. Der Satz lautet: Der Papst ist die höchste unfehlbare und darum auch einzige Autorität in allem, was Religion, Sitte und Moral betrifft; jedem seiner Ansprüche über diese Gegenstände gebührt unbedingte innerliche wie äußerliche Unterwerfung von seiten aller, der Kleriker wie der Laien. Ebendarum ist ihm auch die Macht des Papstes über die Kirche eine rein monarchische die keine Schranken kennt und duldet. Absoluter Alleinherrscher soll er sein und alle außer ihm sind nur seine bevollmächtigten Diener, im Grunde, mittelbar oder unmittelbar, nur die Vollstrecker seiner Aufträge, deren Gewalten er nach Belieben beschränken oder zurücknehmen kann.“ (vgl. Zirngiebl Eberhard, Zur religiösen Frage, Seite 163 f.). Franz Xaver Kraus' Definition lautet: „1. Ultramontan ist, wer den Begriff der Kirche über den der Religion setzt. 2. Ultramontan ist, wer den Papst mit der Kirche verwechselt. 3. Ultramontan ist, wer da glaubt, das Reich Gottes sei von dieser Welt, und es sei, wie das der mittelalterliche Kurialismus behauptet hat, in der Schlüsselgewalt Petri auch die weltliche Jurisdiktion über Fürsten und Völker eingeschlossen. 4. Ultramontan ist, wer da meint, religiöse Überzeugung könne durch materielle Gewalt erzwungen werden. 5. Ultramontan ist, wer immer sich bereit findet, ein klares Gebot des eigenen Gewissens dem Anspruch einer fremden Autorität zu opfern.“ (Kraus, Franz Xaver, Tagebücher, XVIII., zitiert nach Keßler, Friedrich, Seite 78). Vgl. auch die Zusammenfassung bei Keßler, Friedrich, Seiten 67-79 sowie weitere Literaturangaben bei Berlis, Frauen im Prozess der Kirchwerdung, Seite 25 / Fußnote 1.

Vaticanum gegenüber, ihr soll es die Grundsätze der christlichen Ethik verkünden. In dem Augenblick, da das moderne Staatsrecht in Italien alles historische und positive Recht umstürzt, da Österreich ihm zu huldigen beginnt; da es in Spanien seinen Triumph vollendet, soll es der Ehe ihren sakramentalen Charakter, der Kirche ihr Recht auf Schule, der Autorität der göttlichen Gesetze die öffentliche Anerkennung des Staates zurückfordern." Weiter enthält der Artikel folgende Aussage über die Wirkungsweise des bevorstehenden Konzils: „Mag es seine Decrete mit noch so viel Maß und Milde fassen, ein Conflict mit den liberalen Principien des modernen Europa wird unvermeidlich sein. ... Die Sprache des Concils wird stärker sein als die Paragraphen der modernen Gesetzbücher ... Das moderne Staatsrecht trägt die Anfänge seiner Zerstörung in sich und eine allgemeine Verwirrung wächst auf dem Boden, den es beherrscht"[321].

In diesen Aussagen spiegelt sich der Gegensatz zwischen Ultramontanismus und Liberalismus wider, zwei gegensätzlichen Primäranspruchsmodellen. Auf der einen Seite der liberale Staat mit dem gesetzlich untermauerten System der Staatshoheit über die Kirche, auf der anderen Seite die sich unterdrückt fühlende zur alten Ordnung zurückstrebende katholische Kirche. Vor diesem Hintergrund – das Konzil als Kampf gegen den Liberalismus – wird die überaus erregte Auseinandersetzung vor, während und nach dem Konzil verständlich und auch die abwehrende Haltung, welche die bayerische Staatsregierung, insbesondere in Person des Fürst von Hohenlohe, hierzu einnahm.

Josef Berchtold wurde bereits im Vorfeld des 1. Vatikanischen Konzils in die weltbewegende Diskussion durch eine Anfrage des eben erwähnten Fürst von Hohenlohe hineingezogen, die u.a. auch an die juristische Fakultät der LMU gestellt wurde.

1.2. Circulardepesche des Ministeriums Hohenlohe

Fürst von Hohenlohe, bayerischer Minister des Äußeren, übersandte am 9. April 1869 als Verteidiger der modernen Denkweise und des bayerischen Staatskirchentums eine Runddepesche[322] an die diplomatischen Vertretungen Bayerns im Ausland mit dem Ziel eines gemeinschaftlichen Vorgehens der europäischen Regierungen gegen die vermuteten, der liberalen Staatsauffassung widersprechenden zukünftigen Konzilsbeschlüsse[323]. Der Entwurf der Circulardepesche war

321 Der Katholik 49 II, 1869, Seite 719; zitiert nach Grisar, Circulardepesche, Seite 218

322 Ein Abdruck des Rundschreibens findet sich bei Friedberg, Aktenstücke zum ersten vaticanischen Concil, Seiten 296 f.

323 Grisar, Circulardepesche, Seiten 223 f.

von dem mit Fürst von Hohenlohe eng verbundenen Stiftspropst Ignaz von Döllinger[324] verfasst worden[325].

Im Rundschreiben Fürst von Hohenlohes wird die hohe Bedeutung des anstehenden ökumenischen Konzils und der Einfluss möglicher Dekrete für die öffentliche Meinung der katholischen Welt hervorgehoben. Die Regierungen der europäischen Staaten werden vor den Folgen einer Dogmatisierung der Unfehlbarkeit gewarnt: Die Frage der Unfehlbarkeit reiche „weit über das rein religiöse Gebiet hinaus und ist hochpolitischer Natur, da hiermit auch die Gewalt der Päpste über alle Fürsten und Völker (auch die getrennten) in weltlichen Dingen entschieden und zum Glaubenssatz erhoben wäre". Als weiterer kritischer Aspekt für die erforderliche Aufmerksamkeit und Besorgnis der angesprochenen Regierungen wird die Bildung eines Ausschusses, der sich ausschließlich um staatskirchliche (kirchlich-politische) Materien befassen werde, angesehen. Außerdem weist die Circulardepesche darauf hin, dass die von den römischen Jesuiten herausgegebene Zeitschrift „Civilta cattolica" fordere, die Verurteilungen des Syllabus auf dem Konzil zu bestätigen.

Die bayerischen Vertreter sollten deshalb den jeweiligen europäischen Regierungen das Rundschreiben zur Kenntnis geben und versuchen, die Staaten zu einem einvernehmlichen Vorgehen zu bewegen. Es erscheine zweckmäßig, vorab Protest gegen Konzilsentscheidungen einzulegen, die ohne Mitwirkung weltlicher

324 Döllinger, Johann Joseph Ignaz von (1799-1890), katholischer Theologe, Kirchenhistoriker, seit 1823 Professor des Kirchenrechts und der Kirchengeschichte, ab 1826 lebenslang an der Universität München. Gehörte in den dreißiger Jahren zum Münchener Kreis um Johann Joseph Görres; agitierte hier nicht zuletzt gegen die Reformation und die evangelische Kirche. Seit 1845 Mitglied des Bayerischen Landtags und ab 1847 einflussreicher Stiftspropst von St. Cajetan. Angeordneter bei der Frankfurter Nationalversammlung. Als Fachmann für Papstgeschichte erhob Döllinger, der 1860 geadelt wurde, gegen die Dogmatisierung der päpstlichen Unfehlbarkeit öffentlich scharfen Widerspruch; deshalb auch Exkommunikation im Jahr 1871. Daraufhin wichtiger Förderer der altkatholischen Bewegung. Fürst von Hohenlohe, der dem Konzil als überzeugter Anhänger des modernen Staatsrechts von Anfang an skeptisch gegenüberstand, fand in Döllinger einen Gesinnungsgenossen, der mit Rat und Wissen zur Seite Stand. In den Konzilsjahren könne daher von Döllinger nach Weber, Das I. Vatikanische Konzil, Seite 56 fast von der „grauen Eminenz" gesprochen werden, vgl. insgesamt Bischof, Döllinger, Seiten 172 f. Inwieweit Döllinger selbst den Anstoß zur Runddepesche gegeben hat, ist umstritten, vgl. hierzu die Literaturangaben bei Bischof, Döllinger Seite 170, insb.: Albrecht, Döllinger, Seite 800 f., der die Initiative zur Depesche im Gegensatz zu Brandmüller, Döllinger, Seiten 51-53 Hohenlohe selbst zuschreibt.

325 Hohenlohe-Schillingfürst, Denkwürdigkeiten, I 351

Vertreter in staatskirchlichen Fragen oder Themen gemischter Natur gefasst würden[326].

Dem mit der Circulardepesche verfolgten Plan Fürst von Hohenlohes, die europäischen Mächte zu staatlicher Vorsicht und einem gemeinsamen Vorgehen zu gewinnen, war jedoch kein Erfolg beschieden. Während sich Frankreich und Österreich ablehnend äußerten, sah Preußen – generell zustimmend – noch keine gesicherte Grundlage für konkrete Beratungen[327]. Die Reaktion der Kurie auf die Depesche wird unterschiedlich beurteilt. Während Betz[328] von einer großen Verstimmung in Rom ausgeht, welche die Circularnote ausgelöst habe, erklärt Grisar[329], man sei mit einer souveränen Nichtbeachtung über sie hinweggegangen. Nicht einmal das päpstliche Staatssekretariat sei auf Hohenlohes Angriff eingegangen.

1.3. Fünf Fragen des Ministeriums Hohenlohe

In einer zweiten Initiative holte Hohenlohe Gutachten der theologischen und juristischen Fakultäten der beiden Landesuniversitäten München und Würzburg über die Konsequenzen der vermuteten Dogmatisierung von päpstlicher Unfehlbarkeit und Syllabus auf das Verhältnis von Kirche und Staat ein. Die Anfrage an die Universitäten, die in engem Zusammenhang mit der Circularnote stand, sollte als flankierende Maßnahme zum politischen Vorpreschen Hohenlohes dienen und ursprünglich gleichzeitig mit der Depesche zur Ausführung gelangen. Nicht bekannt ist, warum eine zeitgleiche Aktion unterblieb[330]. Auf Veranlassung Hohenlohes richtete das Kultusministerium am 29. Mai 1869 fünf von Döllinger formulierte Fragen an die theologische und juristische Fakultät der Universität München mit der Bitte um zeitnahe Beantwortung derselben. Begründet wurde die Anfrage damit, dass die „Pflicht der Staatsregierung“ es gebiete, „rechtzeitig und sorgfältig in Erwägung zu ziehen, wie sie bei gewissen, über das rein religiöse Gebiet etwa hinausgreifende und wichtige Beziehungen zwischen Staat und

326 Friedberg, Aktenstücke zum ersten vaticanischen Concil, Seite 296; die ungewöhnliche Vorgehensweise Fürst von Hohenlohes, den großen Mächten den Weg zu weisen und sich als Rufer gegen das Haupt der Kirche zu betätigen diskutiert Grisar, Circulardepesche, Seiten 225 f.

327 zu den Reaktionen der Adressaten der Runddepesche vgl. im Einzelnen: Grisar, Circulardepesche, Seiten 233-235, Bischof, Döllinger, Seite 170 mit weiterer Literatur

328 Betz, Die Bayerische Gesandtschaft, Seiten 33-35

329 Grisar, Circulardepesche, Seite 231

330 Bischof, Döllinger, Seite 174

Kirche betreffenden Beschlüssen des bevorstehenden allgemeinen Konzils sich zu verhalten habe“[331].

Die Einholung der Universitätsgutachten durch Hohenlohe wurde durch die Mitteilung des Nuntius an den Heiligen Stuhl ironisch begleitet: „Man habe nach der so wohlverdienten Aufnahme der Circulardepesche, mit der ihr Verfasser sich erlaubt habe, die Aufmerksamkeit der Feinde auf das kommende Konzil zu lenken, erwarten dürfen, dass er es nicht wagen würde, sich noch weiter an die Spitze solcher Treibereien zu stellen; es erscheine aber, dass er trotz seines Misserfolges noch nicht auf die Idee verzichtet habe, weiteres ins Werk zu setzen“[332]. Kardinal Staatssekretär Antonelli äußerte über die Meldung zu den Anfragen an die Fakultäten, „aus diesem Akt könne man sehen wie Hohenlohe mit ausdauernder Feindseligkeit sich um Dinge kümmere, denen gegenüber andere weit bedeutendere Mächte bisher, wenigstens öffentlich, keine Vorurteile bekunden ... er hoffe aber, dass der neue Schritt des Münchener Kabinetts keine bessere Aufnahme finde wie die Circulardepesche“. Antonelli urteilt weiter, „dass von diesen beiden unerfreulichen Dingen das zweite viel bedauerlicher sei; das erste habe ja eine Aufnahme gefunden, wie es sie verdient habe“[333].

331 BHStA MA 636 (Nr. 61) zitiert nach Bischof, Döllinger, Seite 175
Die fünf Fragen Hohenlohes lauteten:
(1) Wenn die Sätze des Syllabus und die päpstliche Unfehlbarkeit auf dem nächsten Concilium zu Glaubenswahrheiten erhoben werden, welche Veränderungen würden hierdurch in der Lehre von den Beziehungen zwischen Staat und Kirche, wie sie bisher in Deutschland praktisch und theoretisch gehandhabt wird herbeigeführt?
(2) Würden in dem vorausgesetzten Fall die öffentlichen Lehrer der Dogmatik und des Kirchenrechts sich verpflichtet erachten, die Lehre von der göttlich angeordneten Herrschaft des Papstes über die Monarchen und Regierungen, sei es als potestas directa oder indirecta in temporalia als jeden Christen im Gewissen verpflichtend zu Grunde zu legen?
(3) Würden die Lehrer der Dogmatik und des Kirchenrechts sofort sich für verpflichtet erachten, die Lehre, dass die persönlichen und realen Immunitäten des Klerus juris divini seien, also auch zum Gebiete der Glaubenslehre gehören, in ihre Vorträge und Schriften aufzunehmen?
(4) Gibt es allgemein anerkannte Kriterien, nach welchen sich mit Sicherheit bestimmen lässt, ob einpäpstlicher Ausspruch ex cathedra, also nach der eventuell festzustellenden Conciliums-Doctrin unfehlbar und für jeden Christen im Gewissen verpflichtend sei? Und wenn es solche Kriterien gibt, welche sind dieselben?
(5) In wieweit dürften die angestrebten neuen Dogmen und ihre nothwendigen Consequenzen auch einen alterirenden Einfluss auf den Volksunterricht in Kirche und Schule und auf die populären Lehrbücher (Katechismus etc.) ausüben?

332 Grisar, Circulardepesche, Seite 231

333 Grisar, Circulardepesche, Seite 232

1.4. Gutachten der juristischen und der theologischen Fakultät

Als Vertreter des Kirchenrechts fertigte Berchtold das Gutachten der juristischen Fakultät der Universität München über das ökumenische Konzil[334] – mit Ausnahme des von Pözl herrührenden Schlusssatzes – allein an[335]. Zur wissenschaftlichen Auseinandersetzung bot der juristischen Fakultät lediglich die erste der von Hohenlohe gestellten Fragen[336] Anlass, wobei ausschließlich der Standpunkt des bayerischen Staates beleuchtet werden sollte. Die Stellungnahme Berchtolds behandelte damit folgende Fragestellung: „Wenn die Sätze des Syllabus und die päpstliche Unfehlbarkeit auf dem nächsten Concilium zu Glaubenswahrheiten erhoben werden, welche Veränderungen würden hierdurch in der Lehre von den Beziehungen zwischen Staat und Kirche, wie sie bisher in Bayern praktisch und theoretisch gehandhabt wird, herbeigeführt?"

Berchtold unterscheidet in seiner Antwort zwischen der unmittelbaren und der mittelbaren Wirkung der Dogmatisierung. Dabei sieht er unmittelbar keine Gefahr für das Verhältnis von Staat und Kirche: „Die Dogmatisierung der Syllabussätze und der päpstlichen Unfehlbarkeit vermag, an und für sich allein, gar keine Veränderungen zu bewirken in den Beziehungen zwischen dem Staat und der katholischen Kirche, wie sie zur Zeit verfassungs- und gesetzmäßig geregelt sind."[337] Denn so wenig staatliche Gesetze den kirchlichen Glaubensinhalt beeinflussen könnten, vermögen Glaubenssätze der Kirche für den Staat unmittelbar verbindliche Wirkung im Sinne von Rechtssätzen zu entfalten. Folglich könnten auch den gegenwärtigen verfassungsmäßigen Prinzipien widersprechende Beschlüsse des I. Vatikanischen Konzils allein keine Änderung des geltenden rechtlichen Status Quo bewirken. Der bayerischen Staatsgewalt stünde das Recht zu, auf einen Verstoß gegen geltendes Recht – unter Berufung auf die Konzilsbeschlüsse – mit den gesetzlich zulässigen Mitteln zu reagieren[338].

Im Gegensatz zur unmittelbaren begegnet Berchtold der mittelbaren Wirkung des Unfehlbarkeitsdogmas jedoch mit großen Bedenken, da die katholische Kirche und ihre glaubenseifrigen Laien bestrebt sein dürften, die kirchlichen Dogmen durch eine gesetzmäßige Änderung des gegenwärtigen Rechtszustandes umzusetzen. In einem Staat wie Bayern mit überwiegend katholischer Bevölkerung

334 zukünftig zitiert nach Friedberg, Aktenstücke zum ersten vaticanischen Concil; weiter abgedruckt in Oesterreichische Vierteljahresschrift für katholische Theologie, 8. Jahrgang, Seiten 623-632 sowie in Allgemeine Augsburger Zeitung Nr. 320, 321, 16. und 17. November 1869

335 Berchtold, Bulle unam sanctam, Seite 3 (Fußnote 1)

336 vgl. den Wortlaut der Fragen Hohenlohes unter Fußnote 331

337 Gutachten der juristischen Fakultät, Seite 623

338 Gutachten der juristischen Fakultät, Seite 624

könnten sich widersprechende Staats- und Kirchengesetze zu einer Gefährdung des religiösen Friedens und der Harmonie zwischen Staats- und Kirchengewalten führen. Hinsichtlich der mittelbaren Auswirkungen folgert Berchtold deshalb im Ergebnis: „Durch die Dogmatisierung der Syllabussätze und der päpstlichen Unfehlbarkeit würde das bisherige Verhältnis von Staat und Kirche prinzipiell umgestaltet, und beinahe die gesamte Gesetzgebung bezüglich der Rechtsverhältnisse der katholischen Kirche in Bayern in Frage gestellt“[339].

Ein dem Gutachten angefügtes Separat-Votum[340] von von Bayer enthält, wie Berchtold selbst ausführt, „nicht nur keinen principiellen Widerspruch, – was auch v.B. [von Bayer] in der Fakultäts-Sitzung auf Befragen des H. Dekans v. Windscheid ausdrücklich erklärt hat, – sondern es deutet die Gefahren von Beschlüssen, welche v. Bayer damals ‚für schlechthin unglaublich‘ hielt, noch drastischer an als das Gutachten selbst.“[341] Insbesondere sieht von Bayer eine Gefahr für die Kirche selbst von einem durch die Dogmatisierung ausgehenden „Indifferentismus“. Die Mehrheit der Katholiken würde sich zwar weiterhin der katholischen Kirche zurechnen lassen, aber die Dogmen nicht für verbindlich erachten, d.h. zwar nicht äußerlich, aber doch innerlich von der Kirche abfallen.

Mit ihrer Ausführung schloss sich die juristische Fakultät im Ergebnis dem im Wesentlichen von Döllinger beeinflussten Majoritätsgutachten der theologischen Fakultät an. Auch von Döllinger sieht als Folge der Dogmatisierung des Syllabus „nicht unerhebliche Alterationen in dem bisherigen Verhältnisse zwischen Kirche und Staat eintreten“[342]. Im Gegensatz hierzu sah Schmid[343] in dem von ihm allein unterzeichneten Minoritätsgutachten der theologischen Fakultät den Status Quo zwischen Staat und Kirche in keiner Weise gefährdet, da das „Dogma noch nicht die weitere, kirchlich irgendwie verpflichtende Lehre in sich schließen [würde], dass kraft göttlichen Gesetzes dem Papste ein unbedingtes Recht über die weltli-

339 Gutachten der juristischen Fakultät, Seite 625

340 Votum des Prof. Dr. v. Bayer in der Sitzung der Juristenfacultät am 2. November 1869 in Betreff der Conciliumsfrage

341 Berchtold, Bulle unam sanctam, Seite 3 (Fußnote 1); vgl. auch Friedrich, Berchtold, Seite 38: „Berchtolds Antwort wurde von der juristischen Fakultät approbiert, da das Separatvotum Bayers nicht im Gegensatze zu dem Berchtolds stand, sondern es ebenfalls bestätigte und in gewisser Richtung sogar verstärkte.“

342 Majoritätsgutachten der theologischen Fakultät, in: Friedberg, Aktenstücke zum ersten vaticanischen Concil, Seite 298

343 Schmid, Alois Ritter von, (1825-1910), Katholischer Theologe, Philosoph, seit 1866 als Professor für Dogmatik an der Universität München; 1893 in den persönlichen Adelsstand erhoben, 1903 zum königlichen Geheimrat ernannt; DBE, Band 8, Seite 698

chen Monarchen und Regierungen zustehe, sei es ein directes oder indirectes"[344]. Eine einheitlich geschlossene Meinung der theologischen Fakultät war mit den Antipoden von Döllinger und Schmid nicht zu erreichen, wenngleich Dekan Reithmayr die beiden Gutachten in seinem Begleitschreiben an das Rektorat als sich gegenseitig erläuternd und ergänzend verstanden wissen wollte[345].

Mit der Verfassung des Gutachtens war der Kirchen- und Staatsrechtler Berchtold in die Konzilsfrage hineingezogen und gehörte dem inoffiziellen Zirkel des von der Universität München ausgehenden Protests gegen die Auswirkungen des I. Vatikanischen Konzils an. Er befand sich als Laie im illustren Kreis der Theologen von Döllinger und Friedrich und unterstützte aus innerer Überzeugung die Anliegen der altkatholischen Reformbewegung. Fortan setzte sich Berchtold aus kirchenrechtlicher bzw. staatsrechtlicher Perspektive intensiv mit dem Unfehlbarkeitsdogma auseinander. Insbesondere seine Schriften „Die Unvereinbarkeit der neuen päpstlichen Glaubensdekrete mit der bayerischen Staatsverfassung“ aus dem Jahr 1871 sowie „Die Bulle Unam Sanctam. Ihre wahre Bedeutung und Tragweite für Staat und Kirche.“, herausgegeben im Jahr 1887, behandeln die Auswirkungen des Unfehlbarkeitsdogmas auf die Beziehung zwischen Staat und Kirche.

Im Folgenden soll deshalb in einer Gesamtschau der Werke Berchtolds zum Unfehlbarkeitsdogma seine argumentativ differenziert belegte Ansicht, wonach durch das Unfehlbarkeitsdogma das bisherige Verhältnis von (bayerischem) Staat und Kirche prinzipiell umgestaltet würde, im Einzelnen dargestellt werden und auf Wirkung sowie Resonanz seiner Schriften eingegangen werden.

2. Staats- und kirchenrechtliche Auseinandersetzung mit dem Unfehlbarkeitsdogma

2.1. Auswirkungen auf das Verhältnis Staat – Kirche

Berchtold hält seine im Gutachten der juristischen Fakultät dargelegte rechtliche Überzeugung hinsichtlich der Auswirkungen der Dogmatisierung auf die Beziehung zwischen Kirche und Staat auch in seiner 18 Jahre später erschienen Schrift „Die Bulle Unam Sanctam. Ihre wahre Bedeutung und Tragweite für Staat und Kirche.“ konsequent aufrecht. Wie in seiner Veröffentlichung „Die Unvereinbar-

344 Minoritätsgutachten der theologischen Fakultät, in: Friedberg, Aktenstücke zum ersten vaticanischen Concil, Seite 306

345 vgl. Bischoff, von Döllinger, Seite 181; Bischof schildert im Übrigen anschaulich das Ringen der theologischen Fakultät um die verschiedenen Positionen bei der Beantwortung der fünf Fragen des Fürst Hohenlohe

keit der neuen päpstlichen Glaubensdekrete mit der bayerischen Staatsverfassung" verfeinert er lediglich seine Argumentationslinie und widerlegt seine Kritiker.

Berchtold bewertet das System der „indirekten" Gewalt des Papstes in weltlichen Dingen als ebenso staatsgefährlich, wie das der „direkten" Gewalt[346]. Das bisherige Verhältnis zwischen Staat und Kirche werde zwar nicht unmittelbar kraft Existenz der Dogmen, aber mittelbar in Folge der praktischen Durchführung prinzipiell umgestaltet[347]. Ausgangspunkt ist für Berchtold die Definition des Unfehlbarkeitsdogmas, nach der auch sämtliche kathedralen Aussprüche der Päpste in der Vergangenheit als unfehlbar zu gelten hätten[348]. Problematisch sei insbesondere die dogmatische Bulle Unam sanctam des Papst Bonifaz VIII., nach der die weltliche Gewalt der Kirche untergeordnet werde[349]. Abschwächende Auslegungen seitens der Kirche, die lediglich dem Schlusssatz[350] der Bulle einen dogmatischen Charakter beilegen[351], lässt Berchtold nicht gelten. Wie die Bulle Unam sanctam enthalte auch die Bulle Quanta cura aus dem Jahr 1864 mit dem Syllabus errorum päpstliche Lehrentscheidungen[352].

2.1.1. Widerlegung der Abschwächungstheorie

Um die Gläubigen zu beruhigen und die Brisanz aus den sich an das I. Vatikanische Konzil anschließenden kirchenrechtlichen Diskussionen zu nehmen, versuchten kirchentreue Theologen und Juristen die Wirkung des Unfehlbarkeitsdogmas abschwächend zu erläutern. Dargelegt wurde, dass selbst in dogmati-

346 Berchtold, Bulle Unam Sanctam, Seite 47;

347 Berchtold, Bulle Unam Sanctam, Seite 3; wie auch im Gutachten der juristischen Fakultät, Seite 625

348 Berchtold, Unvereinbarkeit der Glaubensdekrete mit der bayerischen Verfassung, Seite 5

349 Berchtold, Bulle Unam Sanctam, Seite 4; die praktischen Auswirkungen der Zwei-Schwerter-Lehre aus der Bulle Unam Sanctam auf Kaiser Ludwig den Bayern schildert Jürgen Miethke anschaulich in seinem Aufsatz „Der Kampf Ludwigs des Bayern mit Papst und avignonesischer Kurie in seiner Bedeutung für die deutsche Geschichte", abgedruckt in Nehlsen, Ludwig der Bayer, Seiten 39-74

350 Wortlaut des Schlusssatzes in lateinisch: „Porro subesse Romano Pontifici omni humanae creatutae declaramus, dicimus, diffinimus et pronuniciamus omnino esse de necessitate salutis." Deutsche Übersetzung: „Demnach erklären, sagen, definieren und verkünden wir als ganz und gar zur Nothwendigkeit des Heils gehörig für jede menschliche Schöpfung dem römischen Papste unterworfen zu sein.", abgedruckt bei Berchtold, Bulle Unam Sanctam, Seite 12

351 Berchtold, Bulle Unam Sanctam, Seite 49

352 Berchtold, Unvereinbarkeit der Glaubensdekrete mit der bayerischen Verfassung, Seite 21

schen Bullen und Dekreten nicht sämtliche Passagen als Gegenstand der Unfehlbarkeit anzusehen seien. Dies gälte insbesondere für Textstellen, die als Einleitung oder Begründung dienen[353]. Im Fuldaer Hirtenbrief aus dem Mai 1871[354] wird einschränkend behauptet, dass von allen bisher als staatsgefährlich bezeichneten Bullen lediglich die Bulle Unam sanctam dogmatisch sei, beschränkt auf die Lehrentscheidung im Schlusssatz[355]. Die Lehrentscheidung über den Primat im Schlusssatz[356] wiederum hätten bisher alle Katholiken ohne eine davon ausgehende Staatsgefährdung geglaubt. Der Primat des Papstes bezog sich nach dieser Auslegung lediglich auf die geistliche Sphäre, nicht aber auf die päpstliche Obergewalt in weltlichen Dingen[357]. Berchtold, der den Fuldaer Hirtenbrief als direkte Entgegnung und Kritik auf sein Gutachten für die juristische Fakultät wertet[358], führt dagegen u.a. folgende Argumente an.

Historisch betrachtet hätte die Bulle Unam sanctam keinen Sinn gemacht, da Ende des 13. und Anfang des 14. Jahrhunderts niemand die päpstliche Obergewalt in geistlichen Angelegenheiten in Abrede gestellt hätte. Vielmehr wollte Bonifaz VIII. endgültig in dogmatischer Form festlegen, dass er auch in weltlichen Dingen oberster Herr der Christenheit sei[359].

Zweitens sei die Bulle der Natur der Sache nach nicht in einen dogmatischen Schlusssatz und beigefügte Motive und Begründungen zerlegbar. Denn daraus würde folgen, wie Berchtold süffisant bemerkt, „dass ein Papst, der sich niedersetzt, um eine dogmatische Bulle zu schreiben, in der einen Zeile sich der Gabe der Unfehlbarkeit zu erfreuen hätte, in der anderen aber wieder nicht; wir wüssten aber nie, in welcher Zeile das eine oder andere der Fall gewesen"[360]. Berchtold scheint die Annahme an Blasphemie zu grenzen, „der heilige Geist stehe sozusagen auf Commando dem Papste zu Gebote"[361]. Dem persönlichen

353 Feßler, Unfehlbarkeit, Seite 24 f.

354 abgedruckt bei Friedberg, Aktenstücke zum ersten vaticanischen Konzil, Seiten 713-725

355 in grundsätzlicher Übereinstimmung mit den Bischöfen: Feßler, Unfehlbarkeit, Seite 24 ff.; Hergenröther, Anti-Janus vindicatus, Seiten 751 ff.; Martens, Beziehungen zwischen Kirche und Staat, Seiten 45 ff. (Literatur aufgelistet bei Berchtold, Bulle Unam Sanctam, Seite 52)

356 vgl. Fußnote 349 hinsichtlich des Wortlauts des Schlusssatzes in lateinisch.

357 Berchtold, Bulle Unam Sanctam, Seite 53

358 Berchtold, Bulle Unam Sanctam, Seite 50

359 Berchtold, Bulle Unam Sanctam, Seite 53 und 57

360 Berchtold, Unvereinbarkeit der Glaubensdekrete mit der bayerischen Verfassung, Seite 20 / 1. Fußnote

361 Berchtold, Bulle Unam Sanctam, Seite 54

Einwand und Angriff Hergenröthers[362], jeder angehende Jurist wisse doch zwischen den Entscheidungsgründen und dem Urteil zu unterscheiden[363], hält Berchtold entgegen, dass sich dieselben in einem weltlichen Urteil auch durch entsprechende Überschriften eindeutig trennen ließen. Berchtold verweist auf den Wortlaut des Schlusssatzes, der mit dem lateinischen Wort „porro" eingeleitet wird, das Hergenröther mit „nun" übersetzt[364], während Berchtold porro unter Berufung auf Lexika die Bedeutung „weiterhin, ferner, sodann" beilegt. Damit argumentiert Berchtold, füge Bonifaz VIII. allen vorangehenden Lehrsätzen zusammenfassend noch den letzten Lehrsatz hinzu[365].

Neben der eigenen Begründung führt Berchtold auch die Civiltà cattolica an, die unter Berufung auf die Bulle Unam sanctam lehre, dass die Kirche dem Staat auch in allen weltlichen Dingen übergeordnet sei[366].

Basierend auf dieser Erkenntnis ordnet Berchtold – in Übereinstimmung mit Schulte und Döllinger[367] – die Dekrete des I. Vatikanischen Konzils als staatsge-

---

362 Hergenröther, Joseph (1824-1890), katholischer Theologe, Kardinal, seit 1852 a.o. Professor der Kirchengeschichte und des Kirchenrechts an der Universität Würzburg, 1855 Ordinarius. 1868 Berater zur Vorbereitung des I. Vatikanischen Konzils, 1877 päpstlicher Hausprälat, 1879 Kardinal und Präfekt des Vatikanischen Archivs; DBE, Band 4, Seite 614

363 Hergenröther, Anti-Janus vindicatus, Seite 753; Hergenröther zitiert wörtlich das Argument Berchtolds aus seiner Schrift Unvereinbarkeit, Seite 20 / 1. Fußnote

364 Hergenröther, Anti-Janus vindicatus, Seite 304

365 Berchtold, Bulle Unam Sanctam, Seite 55

366 Berchtold, Unvereinbarkeit der Glaubensdekrete mit der bayerischen Verfassung, Seite 20

367 Schulte nimmt direkt Bezug auf die Schrift Berchtolds über die Unvereinbarkeit der neuen päpstlichen Glaubensdekrete mit der bayerischen Staatsverfassung. Für Bayern sei mit diesen Ausführungen bereits „der specielle Nachweis von der Unverträglichkeit in einer Weise erbracht, dass ich mich demselben durchweg anschließen kann". (Schulte, Denkschrift, Seite 71); Schulte leitet die Staatsgefährlichkeit ebenso wie Berchtold aus der Bulle Unam sanctam wie dem Syllabus ab (vgl. hierzu Schulte, Macht der römischen Päpste, sowie zur Staatsgefährlichkeit allgemein Denkschrift, Seiten 71 ff.). Döllinger verweist im Disput mit Bischof Scherr vor seiner Exkommunikation auch auf den Widerspruch der Dekrete mit der bayerischen Verfassung und dem von ihm als Reichsrat geleisteten Eid. Dabei beruft er sich auf das von Berchtold erstellte Gutachten der juristischen Fakultät (vgl.Schulte, Altkatholizismus, Seite 194). Das im Wesentlichen von Döllinger verfasste Majoritätsgutachten der theologischen Fakultät geht auch von „nicht unerheblichen Alterationen in dem bisherigen Verhältnisse zwischen Kirche und Staat" aus (Majoritätsgutachten der theologischen Fakultät, in: Friedberg, Aktenstücke zum ersten vaticanischen Concil, Seite 298).

fährlich ein und begründet die Unvereinbarkeit des Unfehlbarkeitsdogmas mit den Vorgaben der bayerischen Verfassung[368].

2.1.2. Unvereinbarkeit der päpstlichen Glaubensdekrete mit der bayerischen Verfassung

Nachdem die in den Bullen Unam sanctam und Quanta cura enthaltenen päpstlichen Lehrsätze als unfehlbar zu gelten hätten, kann aus Sicht Berchtolds von einer Unabhängigkeit der beiden Organismen Staat und Kirche, der Aufrechterhaltung der freiheitlichen Grundsätze des modernen Staates und der Koordination der beiden Gewalten keine Rede mehr sein[369]. Von der Kernaussage des Gutachtens ausgehend, dass durch die päpstliche Unfehlbarkeit das Verhältnis zwischen Kirche und Staat grundlegend umgestaltet werde[370], vergleicht Berchtold in seiner 1871 erschienen Schrift über die Unvereinbarkeit explizit die Grundsätze des bayerischen Verfassungsrechts mit den unfehlbaren päpstlichen Lehren. Berchtold hält es dabei mit dem Matthäus-Evangelium[371] „Niemand kann zweien Herren dienen“ und weist nach, dass es „schlechterdings unmöglich ist, an die neuen Dekrete zu glauben und darnach im staatlichen und privaten Leben zu handeln, – und zugleich ein ehrlicher und verfassungstreuer Unterthan des bayerischen Staates sein zu wollen“[372].

Als Antwort auf die Thesen Berchtolds erschien im selben Jahr die polemische, aber wenig stichhaltige Schrift eines anonymen Juristen[373] mit dem Titel „Die Glaubens-Decrete des Vaticanischen Concils und die bayerische Staatsverfassung. Eine Entgegnung auf Dr. J. Berchtold's Schrift: die Unvereinbarkeit der neuen päpstlichen Glaubensdecrete mit der bayerischen Staatsverfassung.“ Diese Entgegnung, nach Absätzen und Titeln der Gliederung und dem Aufbau von Berchtolds Werk folgend, eignet sich zur vergleichenden Darstellung der ultra-

---

368 Verfassung vom 26. Mai 1818. Zusammen mit der Verfassung wurden zehn verfassungsergänzende Edikte verkündet, darunter auch ein Religionsedikt (II. Verfassungs-Beilage).

369 Berchtold, Unvereinbarkeit der Glaubensdekrete mit der bayerischen Verfassung, Seite 24

370 Gutachten der juristischen Fakultät, Seite 631

371 Matthäus-Evangelium Kapitel VI. / 24

372 Berchtold, Unvereinbarkeit der Glaubensdekrete mit der bayerischen Verfassung, Seite 25

373 Der Urheber der Schrift konnte leider nicht festgestellt werden.

montanen Sichtweise. Bei Berchtold selbst findet diese Schrift keine Erwähnung[374].

Im Einzelnen greift Berchtold folgende Verfassungsgrundsätze auf[375]:

2.1.2.1. Unvereinbarkeit mit dem Verfassungseid

Mit dem Verfassungseid werde vom König bis zum einfachsten Bürger jeder auf die Einhaltung der Verfassung und die weltlichen Gesetze verpflichtet. Da zwischen den kirchlichen und weltlichen Gesetzen jedoch zahlreiche und tiefgreifende Widersprüche bestünden, sei ein Konflikt mit den Thesen 42 und 57 des Syllabus[376] unausweichlich[377]. Während Nr. 57 des Syllabus[378] manifestiere, dass die bürgerlichen Gesetze „von der göttlichen Offenbarung und der Autorität der Kirche nicht abweichen" sollen, setze Nr. 42[379] fest, dass im Falle eines Widerspruchs zwischen den Gesetzen der beiden Gewalten das kirchliche Recht vorgehe. Folgerichtig müsse jeder bayerische katholische Staatsbürger bei einem Widerspruch zwischen Staats- und Kirchengesetz das letztere befolgen und damit zwangsläufig den Verfassungseid brechen[380]. Die bayerischen Katholiken befänden sich deshalb in einem fortwährenden Konflikt zwischen ihren staatlichen und kirchlichen Pflichten[381].

---

374 Bei Berchtold findet die Veröffentlichung des Anonymus keine Erwähnung. Entweder hatte Berchtold hiervon keine Kenntnis erlangt oder aber er empfand eine anonyme Stellungnahme als nicht würdig darauf einzugehen.

375 Die Argumente Berchtolds und die Erwiderung des anonymen Juristen werden beispielhaft, nicht vollständig, zur Verdeutlichung der Gegenpole dargestellt.

376 Der Syllabus (complectens praecipuos nostrae aetatis errores qui notantur in encyclicis aliisque apostolicis litteris sanctissimi domini nostri Pii Papae IX.) ist abgdruckt in Friedberg, Aktenstücke zum ersten vaticanischen Concil, Seiten 898-906

377 Berchtold, Unvereinbarkeit der Glaubensdekrete mit der bayerischen Verfassung, Seite 27

378 Thesis Nr. 57: Philosophicarum rerum morumque scientia, itemque civiles leges possunt et debent a divina et ecclesiastica auctoritate declinare; vgl. Syllabus im lateinischen Original in Friedberg, Aktenstücke zum ersten vaticanischen Concil, Seite 904

379 Thesis Nr. 42: In conflictu legum utriusque potestatis jus civile praevalet; vgl. Syllabus im lateinischen Original in Friedberg, Aktenstücke zum ersten vaticanischen Concil, Seite 902

380 Berchtold, Unvereinbarkeit der Glaubensdekrete mit der bayerischen Verfassung, Seite 27

381 Berchtold, Unvereinbarkeit der Glaubensdekrete mit der bayerischen Verfassung, Seite 26

Den Ausführungen Berchtolds hält der anonyme Verfasser das biblische Wort „Man muss Gott mehr gehorchen als den Menschen" entgegen. Eine der göttlichen Autorität und Wahrheit entgegenwirkende weltliche Gesetzgebung führe zu einem gottlosen Staat. Die bayerische Verfassung selbst erkenne die Autorität Gottes und die Kirche als Bewahrerin dieser Autorität an[382]. Eine Anordnung des unfehlbaren Papstes beruhe auf der Wahrhaftigkeit Gottes, auf die sich auch jeder beim Schwur des bayerischen Verfassungseides berufe. Ein der göttlichen Anordnung widersprechendes weltliches Gesetz komme deshalb selbst mit dem Verfassungseid in Konflikt[383].

Die Argumentationskette der Entgegnung gründet sich auf die Ableitung des Unfehlbarkeitsdogmas von der göttlichen Wahrhaftigkeit: Der Papst verkündet unfehlbar göttliche Anordnungen. Berchtold, der diese Schlussfolgerung nicht gelten lässt, weil er das Unfehlbarkeitsdogma verneint, wendet sich auch nicht gegen die göttliche Autorität, sondern gegen die als unfehlbar erklärte kirchliche Autorität. Dies macht er deutlich, indem er im Zitat der Nr. 57 des Syllabus ein Ausrufezeichen hinter die kirchliche Autorität setzt[384].

2.1.2.2. Unvereinbarkeit mit der Souveränität des bayerischen Staates

In der dogmatischen Bulle Unam sanctam werde der Papst durch Bonifaz VIII. als der Souverän der Staaten konstituiert, der die weltliche und geistliche Gewalt in sich vereinigt. Der weltliche Herrscher leite seine Autorität allein vom Papst ab[385]. Nach Thesis 54 des Syllabus[386] fielen sämtliche Handlungen auch der weltlichen Herrscher unter die unmittelbare oberste Gerichtsbarkeit des Papstes[387]. Weiter stehe auch Nr. 24 des Syllabus[388] der Souveränität des bayeri-

382 Anonymer Jurist, Entgegnung auf Josef Berchtold, Seite 22 f.

383 Anonymer Jurist, Entgegnung auf Josef Berchtold, Seite 25

384 Berchtold, Unvereinbarkeit der Glaubensdekrete mit der bayerischen Verfassung, Seite 27: „Nach Nr. 57 des Syllabus ist es Glaubenssatz, dass die bürgerlichen Gesetze von der göttlichen und kirchlichen (!) Autorität nicht abweichen sollen und dürfen".

385 Berchtold, Unvereinbarkeit der Glaubensdekrete mit der bayerischen Staatsverfassung, Seite 28

386 Thesis 54: Reges et Principes non solum ab Ecclesiae jurisdictione eximuntur, verum etiam in quaestionibus jursidictionis dirimendis superiores sunt Ecclesia, vgl. Syllabus im lateinischen Original in Friedberg, Aktenstücke zum ersten vaticanischen Concil, Seite 904.

387 Berchtold, Unvereinbarkeit der Glaubensdekrete mit der bayerischen Verfassung, Seite 33

388 Thesis 24: Ecclesia vis inferendae potestatem non habet, neque potestatem ullam temporalem directam vel indirectam, vgl. Syllabus im lateinischen Original in Friedberg, Aktenstücke zum ersten vaticanischen Concil, Seite 901.

schen Staates entgegen, nach der die Kirche neben einer direkten und indirekten zeitlichen Gewalt auch ermächtigt sei, äußeren Zwang anzuwenden[389]. Neben weiteren Belegstellen führt Berchtold ein praktisches Beispiel dafür an, dass Papst Pius IX. selbst von seinem päpstlichen Eingriffsrecht Gebrauch gemacht habe. Mit der Erklärung vom 22. Juni 1868 habe der Papst in die Souveränität der österreichischen Regierung eingegriffen, indem er das österreichische Staatsgrundgesetz vom Dezember 1867 und das konfessionelle Gesetz vom Mai 1868 für nichtig erklärt habe[390].

Der Anonymus hält Berchtold entgegen, dass der Papst in seiner Allokution vom 22. Juni 1868 lediglich eine geistliche Strafe, nämlich die Exkommunikation androhte und der über König Viktor Emanuel verhängte Bann seiner Souveränität praktisch nicht geschadet habe[391]. Aus Nr. 54 des Syllabus folge nicht die Jurisdiktionsgewalt im Bereich des Staates, sondern lediglich das geistliche Primat des Papstes aufgrund seiner Stellung innerhalb der Kirche[392].

In der Entgegnung wird unterschlagen, dass die Androhung der Exkommunikation die katholischen Staatsbürger in einen Gewissenskonflikt hinsichtlich der Beachtung der Staatsgesetze stürzen dürfte und damit, wie Berchtold allgemein propagiert, zumindest mittelbar in die Souveränitätsrechte des Staates eingegriffen wird.

2.1.2.3. Unvereinbarkeit mit der Glaubens-, Gewissens, Kultus- und Pressefreiheit

Während die bayerische Verfassung die Glaubens- und Gewissensfreiheit unter Einschluss der Parität der Konfessionen normiere, versuche Pius IX. über die Thesen des Syllabus den Katholizismus als Staatsreligion zu manifestieren. Seine Aussage untermauert Berchtold mit ausgewählten Thesen des Syllabus. Die freie Wahl des Glaubensbekenntnisses werde verworfen durch Nr. 15 des Syllabus ‚Es steht nicht jedem Menschen frei, jene Religion anzunehmen und zu bekennen, welche er, durch das Licht der Vernunft geführt, für die wahre hält‘. Die Thesen

389 Berchtold, Unvereinbarkeit der Glaubensdekrete mit der bayerischen Verfassung, Seite 34

390 Berchtold, Unvereinbarkeit der Glaubensdekrete mit der bayerischen Verfassung, Seite 36 f.: Den Zorn des Papstes dürfte die liberale Grundeinstellung dieser Gesetze hervorgerufen haben, nach denen beispielsweise die Glaubensfreiheit, der Wechsel des Glaubens oder auch die Gleichstellung anerkannter Religionsgesellschaften manifestiert wurde.

391 Anonymer Jurist, Entgegnung auf Josef Berchtold, Seite 34 f.

392 Anonymer Jurist, Entgegnung auf Josef Berchtold, Seite 31 f.

17, 77, 78 und 79[393] stünden der Parität der großen christlichen Konfessionen entgegen und beabsichtigten ein „exklusives Staatskirchentum für die katholische Religion"[394]. Neben dem Syllabus bekräftigt Berchtold seine Argumentation mit Zitaten aus dem päpstlichen Organ Civiltà cattolica, die ‚aus der Unterordnung des Staates unter die Kirche [...] die Pflicht der bürgerlichen Gewalt [folgert], die materielle Macht gegen die Verletzer der Religion dienstbar zu machen'. Der Staat habe nach den Jesuiten der Civiltà die Pflicht, die wahre Religion anzunehmen und ‚das äußere Bekenntnis der falschen Culte' zu verbieten[395].

In seiner Entgegnung führt der anonyme Jurist aus, dass die Parität der Konfessionen es der katholischen Religion nicht verbiete, ihre Unterscheidungsmerkmale zu anderen Konfessionen bei ihren Angehörigen zu lehren und „innerhalb ihres eigenen geistlichen Gebiets zur Geltung" zu bringen. Die katholische Kirche sei „in Bayern so gut wie jede andere Confession verfassungsmäßig berechtigt, und in diesem Rechte vom Staat geschützt, sich nach ihren Dogmen, nach der Anordnung Gottes und den kanonischen Satzungen zu entfalten"[396]. Da der anonyme Verfasser die von Berchtold angeführten Thesen tatsächlich nicht widerlegen kann, flüchtet er sich zusätzlich in allgemeine Ausführungen gegen den Liberalismus, der kein Gewissen kenne, „das mit dem Glauben, und keinen Glauben, der mit dem Gewissen auf einer Wurzel ruht, welche nicht aus dem Boden des sogenannten ‚natürlichen Rechtes eines jeden Menschen', sondern aus dem Boden der göttlichen Offenbarung ihre Nahrung erhält". Hiervor aber müsse Papst Pius IX. selbstverständlich warnen[397].

393 Die Thesen lauten wie folgt: Thesis 17 „Saltem bene sperandum est de aeterna illorum omnium salute, qui in vera Christis Ecclesia nequaquam versantur."; Thesis 77 „Aetate hac nostra non amplius expedit, religionem catholicam haberi tamquam unicam status religionem, ceteris quibuscumque cultibus exclusis"; Thesis 78 „Hinc laudabiliter in quibusdam catholici nominis regionibus lege cautum est, ut hominibus illuc immigrantibus liceat publicum proprii cujusque cultus exercitium habere."; Thesis 79 „Enimvero falsum est, civilem cujusque cultus libertatem, itemque plenam potestatem omnibus attributam quaslibet opiniones cogitationesque palam publiceque manifestandi conducere ad populorum mores animosque facilius corrumpendos ac indiferentissimi pestem propagandam."; zitiert nach Friedberg, Aktenstücke zum ersten vaticanischen Concil, Seiten: 900 (Thesis 17), 906 (Thesen 77-79)

394 Berchtold, Unvereinbarkeit der Glaubensdekrete mit der bayerischen Verfassung, Seite 39

395 Berchtold, Unvereinbarkeit der Glaubensdekrete mit der bayerischen Verfassung, Seite 41

396 Anonymer Jurist, Entgegnung auf Josef Berchtold, Seite 38

397 Anonymer Jurist, Entgegnung auf Josef Berchtold, Seite 37

Die Analyse Berchtolds zu den angeführten Thesen des Syllabus, die auf den Katholizismus als Staatsreligion abzielen und die Parität der Konfessionen in ihren Grundfesten erschüttern will, vermag der Anonymus nicht anzugreifen.

2.1.2.4. Unvereinbarkeit mit den Kirchenhoheitsrechten der bayerischen Krone

Berchtold führt als durch die Dekrete bedrohte verfassungsmäßige Rechte u.a. die appelatio tamquam ab abusu und das placetum regium[398] an. Sowohl das verfassungsmäßige Recht des Königs (placet) wie auch das Schutzrecht seiner katholischen Untertanen (appelatio) würden durch die Thesen 28 und 41 des Syllabus explizit verworfen. Danach steht es den Bischöfen zu, „‚ohne Erlaubnis der Staatsregierung selbst apostolische Schreiben zu veröffentlichen', und ‚sie (die Staatsgewalt) hat also weder das Recht des Exequatur, noch das Recht der Appelatio, welche ab abusu genannt wird'"[399].

Der anonyme Jurist will hingegen die von Berchtold angeführten Thesen im Sinne einer teleologischen Reduktion verstanden wissen und zwar beschränkt auf die Appelatio in geistlichen Dingen. Sofern die geistliche Gewalt aber die Grenzen ihres eigenen Wirkungskreises überschreite, hätten die Katholiken weiterhin das Recht, sich bei der Staatsgewalt zu beschweren[400]. Im Hinblick auf das placetum sei der Syllabus ebenfalls rein deklaratorisch zu verstehen, denn die Staatsregierung selbst habe verlautbart, eine Placetierung sei nur erforderlich, soweit kirchliche Erlasse die politische oder bürgerliche Sphäre mitberührten[401].

Die Feststellungen des Anonymus sind (abgesehen von der einschränkenden Auslegung des Syllabus) grundsätzlich richtig. Nur bleibt die Frage offen, warum Pius IX. mit seinen Thesen „Irrtümer" der damaligen Zeit anprangern wollte, wenn insoweit ein Konsens zwischen Kirche und Staat bestand. Weder der Wortlaut der von Berchtold angeführten Thesen noch die Intention Pius' IX. bieten im Übrigen einen Anhaltspunkt für eine entsprechend einschränkende Auslegung.

398 Nach dem Recht der „appelatio" konnten königliche Untertanen, die durch Handlungen der kirchlichen Gewalt unrechtmäßig beschwert wurden, den königlichen Schutz anrufen. Unter „placet regium" ist das königliche Recht zu verstehen, kirchliche Verlautbarungen vor ihrer Publikation/Vollzug zu prüfen und zu genehmigen. Definitionen bei Berchtold selbst, Unvereinbarkeit der Glaubensdekrete mit der bayerischen Verfassung, Seite 43

399 Berchtold, Unvereinbarkeit der Glaubensdekrete mit der bayerischen Verfassung, Seite 44

400 Anonymer Jurist, Entgegnung auf Josef Berchtold, Seite 41

401 Anonymer Jurist, Entgegnung auf Josef Berchtold, Seite 44 f.

Im Gegensatz zu den Ausführungen des anonymen Juristen überzeugt Berchtolds wissenschaftliche Analyse. Berchtold legt die Staatsgefährlichkeit des sich im Syllabus und der Bulle Unam sanctam spiegelnden Fundamentalismus der Kirche nachdrücklich dar. Die wissenschaftliche Auseinandersetzung Berchtolds mit dem Unfehlbarkeitsdogma und seiner Wirkung auf das Verhältnis zwischen Staat und Kirche blieb deshalb auch nicht ohne Nachhall im kirchlichen und staatlichen Bereich sowie in der altkatholischen Reformbewegung.

2.2. Resonanz und Wirkung

Berchtold selbst beschreibt in seinen Werken die persönlichen Anfeindungen, die alle diejenigen erlitten, welche sich kritisch mit dem Unfehlbarkeitsdogma auseinander setzten und auf die nachteiligen Folgen für den modernen und liberalen Staat hinwiesen. Diese Kritiker wie er selbst seien als böswillige Menschen, Verleumder und Lügner bezeichnet worden, die „durch Erregung eitler Besorgnisse und durch Aufstellung von bloßen Phantasiegebilden die Staatsgewalt gegen die Kirche aufzureizen suchten“[402]. Ohne jede Begründung sei Ihnen von kirchlicher Seite Unwissenheit und Böswilligkeit vorgeworfen worden, um sie in den Augen des Volkes unschädlich zu machen[403]. In seinem Werk über die Bulle Unam sanctam anlässlich des Doktor-Jubiläums von Professor Planck geht Berchtold ausdrücklich auf seine persönliche Situation ein: „Wenn auch Er [von Planck] fände, dass wir keine Ursache haben, heute irgend Etwas von unseren damaligen Aufstellungen zurückzunehmen, so wäre mir das eine reiche Entschädigung für alle Anfeindungen, welche ich wegen dieses Gutachtens und der daran geknüpften Schrift ‚Die Unvereinbarkeit etc.‘ seit einer Reihe von Jahren, theilweise sogar von alten und lieben Freunden, zu erdulden hatte“[404]. Berchtold

402 Berchtold, Bulle Unam Sanctam, Seiten 4, 47

403 Berchtold, Unvereinbarkeit der Glaubensdekrete mit der bayerischen Verfassung, im Vorwort, Seite 2; als Beispiel einer polemischen Schmähschrift kann Reindls „Die Altkatholiken oder Döllingers Anhänger aus dem Klerus und Volke“ angeführt werden. Indirekt wirft Reindl den Gelehrten maßlose Überschätzung vor, wie sie nur Halbgebildeten eigen sei, „und nach Goethe sind ‚die Halbnarren und die Halbweisen die gefährlichsten Leute‘“. Viele Gelehrte würden sich Urteile in theologischen Fragen anmaßen, während sie die theologische Terminologie nicht beherrschten. Weiter zitiert er mit beißender Polemik Heine : ‚Wenn die Hindu´s Lazarette für invalide Affen stiften in der Art unserer Akademien, so kann es wohl sein, dass in jenen Affen die Seelen großer Gelehrten wohnen, da es doch bei uns ganz sichtbar ist, dass in gar vielen Gelehrten große Affen stecken‘. Vgl. Reindl, Altkatholiken, Seiten 32 f.

404 Berchtold, Bulle Unam sanctam, Seite 7

spürte folglich die Auswirkungen seiner konsequenten Haltung bis tief in seine Privatsphäre.

2.2.1. Indexierung

Neben der allgemeinen Diskriminierung und Ächtung setzte die Kirche weitere Mittel gegen die kritischen Stimmen aus den eigenen Reihen ein: Indexierung von Schriften[405] und Exkommunikation. Berchtolds Werk „Die Unvereinbarkeit der neuen päpstlichen Glaubensdekrete mit der bayerischen Staatsverfassung" wurde noch im Erscheinungsjahr am 20. September 1871 auf den Index Romanus gesetzt[406] und befand sich damit in guter Gesellschaft mit Schriften anderer führender Altkatholiken wie Döllinger und Schulte[407]. Mit seinem Werk hatte Berchtold zumindest gegen das indexrelevante Verbot verstoßen, einen katholischen Glaubenssatz anzugreifen und die vom Papst verurteilten Irrtümer in Schutz zu nehmen[408]. Als Verfasser eines indexierten Buches war Berchtold mit

405 Hasler gibt in Pius IX., Unfehlbarkeit und 1. Vatikanum, Seiten 518 f. Einblick in die Vorgehensweise der Indexkongregation, die unliebsame Bücher auf den Index librorum prohibitorum setzte: „Rom begnügte sich nicht damit, die Konzilsgeschehnisse in seinem Licht darzustellen und die gegenteiligen Ansichten durch Schriften zu bekämpfen. Es benutzte zudem das bewährte Mittel des Bücherverbots. In der unmittelbaren Zeit nach dem 1. Vatikanischen Konzil entfaltete die Indexkongregation eine rege Tätigkeit. Bei bischöflichen Konzilschriften ging sie einigermaßen behutsam vor. [...] Darstellungen des 1. Vatikanischen Konzils jedoch, die mit der offiziellen Ansicht nicht konform gingen, wurden nicht verschont. [...] Obwohl die Intention deutlich wird, alle gegnerischen Schriften über das 1. Vatikanische Konzil zu indizieren, so traf der Bannstrahl aus Rom doch keineswegs sämtliche Publikationen. Er blieb wie üblich willkürlich und wenig systematisch. Die Nuntiaturen leisteten die gewohnten Zuträgerdienste und empfahlen die einzelnen oppositionellen Schriften in Rom zur Verurteilung."

406 vgl. Hilgers, Index, Seite 469 sowie Sleumer, Index Romanus, Seite 143

407 Döllinger war auf dem Index Romanus vertreten mit seiner Schrift Janus. Der Papst und das Concil aus dem Jahr 1869 (Sleumer, Index Romanus, Seite 157). Folgende Werke Schultes waren durch die Kirche indexiert: Die Macht der römischen Päpste über Fürsten, Länder, Völker und Individuen (1871); Denkschrift über das Verhältnis des Staates zu den Sätzen der päpstlichen Constitution vom 18. Juli 1870 (1871); Die Stellung der Concilien, Päpste und Bischöfe vom historischen und canonistischen Standpunkte und die päpstliche Constitution vom 18. Juli 1870 (1871); Der Cölibatszwang und dessen Aufhebung (1876) sowie Le pouvoir des papes depuis la proclamation du dogme de l'infallibilté (1879). Deutsche Verfasser mit altkatholischer Färbung werden insgesamt ca. 20 im Index aufgezählt (vgl. Holgers, Index, Seite 131).

408 Das Verbot ist aufgeführt in den Erläuterungen von Sleumer, Index Romanus, Seite 115

der Strafe der Exkommunikation belegt, konnte die heiligen Sakramente nicht mehr empfangen, keine kirchliche Beerdigung erlangen[409] und war damit als tief gläubiger (Alt-)Katholik offiziell aus seiner Kirche ausgeschlossen.

2.2.2. Placetum regium

Das von Berchtold angefertigte Gutachten für die juristische Fakultät dürfte zumindest mitursächlich dafür gewesen sein, dass Kultusminister Lutz am 22. März 1871 – entgegen den Syllabus-Thesen 28 und 41[410] – den vatikanischen Beschlüssen offiziell das verfassungsmäßige placetum regium, d.h. die königliche Genehmigung ihrer öffentlichen Verkündung, verweigerte. Begründet wurde diese Entscheidung mit dem Hinweis, dass die vatikanischen Dekrete eine Gefahr für die sozialen und politischen staatlichen Grundlagen seien, da sie Fundamentalsätze des bayerischen Verfassungsrechts in Frage stellen würden[411]. Die neuen Dogmen veränderten das Verhältnis zwischen Staat und Kirche und seien deshalb „staatsgefährlich“ [412].

Das auf Bitten der Staatsregierung angefertigte Gutachten Berchtolds begründet diese Sichtweise wissenschaftlich und dürfte zur Meinungsbildung bei Minister Lutz entscheidend beigetragen haben. Für den Einfluss der wissenschaftlichen Einschätzung Berchtolds spricht auch, dass sich Döllinger, dessen Stimme als Stiftsprobst und Reichsrat bei der Staatsregierung großes Gewicht hatte[413], explizit auf das Gutachten Berchtolds berief[414].

---

409 Sleumer, Index Romanus, Seite 125; da Berchtold selbstverständlich auch die indexierten Bücher Döllingers oder Schultes las und sich teilweise auf sie berief, ließe sich auch hieraus bereits der Kirchenbann ableiten.

410 Siehe oben 2.1.2.4

411 Friedberg, Aktenstücke zum ersten vaticanischen Concil, hier: Entschließung des Baier. Staatsministeriums, Seiten 670 – 672

412 Kopp, Altkatholizismus, Seiten 12 f.

413 Döllingers Ansehen am bayerischen Hof war beträchtlich und wurde durch die Ernennung zum Reichsrat 1868 eindrücklich bestätigt. Hohenlohe äußerte sich über Döllinger: „Es würde auch nicht wohl ein besserer Berather der wichtigsten Interessen der Krone und des Landes Bayern gefunden werden können, als der ausgezeichnete Gelehrte, der berühmte Schriftsteller, der ergebene Anhänger seiner Kirche und der treue bayerische Patriot, für welchen Dr. von Döllinger selbst seine Feinde anerkennen müssen“ (Hohenlohe an den bayerischen Gesandten in London, München, 2. Dezember 1868, hier zitiert nach Bischof, Döllinger, Seite 172). König Ludwig II. und die bayerische Staatsregierung orientierten sich in ihrer Stellung gegenüber dem Unfehlbarkeitsdogma an seinen Ratschlägen, so dass von Döllinger als grauer Eminenz gesprochen wurde. (vgl. Bischof, Döllinger, Seite 172 f.)

414 Döllinger verweist im Disput mit Bischof Scherr vor seiner Exkommunikation auch auf den Widerspruch der Dekrete mit der bayerischen Verfassung und dem von ihm

Berchtold lieferte mit seinem Gutachten folglich indirekt seinen ersten großen Beitrag zur Unterstützung der altkatholischen Reformbewegung in Bayern. Denn die bayerische Regierung verweigerte nicht nur die Mitwirkung beim Vollzug von kirchlichen Anordnungen gegen die Altkatholiken, sondern versagte auch kirchlichen Maßregeln jede Wirkung auf die bürgerliche oder politische Stellung der Betroffenen[415]. Konsequenterweise wurden die von den Kirchenorganen aus der katholischen Kirche ausgeschlossenen Altkatholiken von staatlicher Seite weiterhin als Kirchenmitglieder betrachtet und geduldet[416].

2.2.3. Freunde und Gegner

Wie bereits erwähnt teilten die führenden Köpfe der altkatholischen Reformbewegung – Döllinger und Schulte – nicht nur die Ansicht Berchtolds zur Problematik der Unfehlbarkeitslehre , sondern beriefen sich beide auch auf die Schriften Berchtolds. Schulte nimmt direkt Bezug auf die Veröffentlichung Berchtolds über die Unvereinbarkeit der neuen päpstlichen Glaubensdekrete mit der bayerischen Staatsverfassung: Für Bayern sei mit diesen Ausführungen bereits „der specielle Nachweis von der Unverträglichkeit in einer Weise erbracht, dass ich mich demselben durchweg anschließen kann“[417]. Schulte leitet die Staatsgefährlichkeit ebenso wie Berchtold aus der Bulle Unam sanctam wie dem Syllabus ab[418]. Döllinger verweist im Disput mit Bischof Scherr vor seiner Exkommunikation auch auf den Widerspruch der Dekrete mit der bayerischen Verfassung und dem von ihm als Reichsrat geleisteten Eid. Dabei beruft er sich auf das von Berchtold erstellte Gutachten der juristischen Fakultät[419].

Auch die Gegner Berchtolds nehmen seine Ausführungen ernst und setzen sich wie Hergenröther, der anonyme Jurist oder die Fuldaer Bischofskonferenz intensiv mit seinen Ansichten auseinander.

2.2.4. Resümee

Berchtold behält in der Auseinandersetzung mit dem Unfehlbarkeitsdogma den im Gutachten 1869 dargelegten wissenschaftlichen Standpunkt in seinen nachfol-

als Reichsrat geleisteten Eid. Dabei beruft er sich auf das von Berchtold erstellte Gutachten der juristischen Fakultät (vgl.Schulte, Altkatholizismus, Seite 194).

415 Kopp, Altkatholizismus, Seiten 12 f.

416 Schulte, Vorgehen gegen Altkatholiken, Seite 3

417 Schulte, Denkschrift, Seite 71

418 vgl. hierzu Schulte, Macht der römischen Päpste, sowie zur Staatsgefährlichkeit allgemein Denkschrift, Seiten 71 ff.

419 Schulte, Altkatholizismus, Seite 194

genden Werken konsequent bei und lässt sich durch persönliche Anfeindungen, Indexierung und Exkommunikation in der Sache nicht beirren. An der Staatsgefährlichkeit des Unfehlbarkeitsdogmas, das er wie Döllinger kirchenhistorisch für widerlegt ansieht[420], hält er auch in seiner Veröffentlichung über die Bulle Unam sanctam 17 Jahre nach Verkündung der Dogmen auf dem I. Vatikanischen Konzil fest[421]. In diesen Dogmen erkennt Berchtold „die Sanktionierung eines schrankenlosen Absolutismus der päpstlichen Gewalt über Staat und Kirche“[422]. Seine persönliche Enttäuschung über die fundamentalistische Gesinnung der katholischen Kirche bringt er zum Ausdruck, wenn er resigniert feststellt: „Einzig auf dem Boden des Rechts uns haltend verzichten wir auf jeden Ausdruck des Schmerzes, der das christliche Gemüth ergreifen muss bei der Wiedererneuerung von Lehren, durch deren praktische Anwendung die christliche Geschichte früherer Jahrhunderte mit – selbst der Heidenwelt kaum bekannten – Gräueln des Fanatismus befleckt worden ist“[423].

---

420 Berchtold stellt logisch fest: „Denn wenn bewiesen werden kann, dass sich auch nur ein Papst seit dem hl. Petrus in Sachen des Glaubens oder der Sitten ‚ex cathedra loquens‘ geirrt hat, so ist ja die ganze Lehre unhaltbar“. Den Beweis führt Berchtold, indem er Widersprüche zwischen der Bulle Unam sanctam und den Lehren früherer Päpste aufzeigt. U.a. habe Papst Leo X. auf der fünften lateranischen Synode unter Zustimmung des Konzils die Bulle Unam sanctam zwar bestätigt, aber mit einer Änderung im unstreitig dogmatischen Schlusssatz: Während Bonifaz VIII. die Unterwerfung aller Menschen unter den Papst fordere, schränke Leo dies auf alle Christen ein. Aus dem Widerspruch folgert Berchtold, dass einer der Päpste demnach fehlbar gewesen sein müsste. (vgl. Berchtold, Bulle Unam sanctam, Seite 88 sowie Seiten 93 ff.). Auch Döllinger geht von der Ungeschichtlichkeit der Dekrete aus, denn sie widersprächen der Geschichte, wie sie durch die authentischen und unverfälschten Dokumente der Vergangenheit bezeugt würden: „Um die Lehre von der päpstlichen Unfehlbarkeit aus der Kirchengeschichte zu erweisen, ist nichts weniger erforderlich als eine durchgängige Verfälschung derselben“ (Döllinger Papstum, Seite 299). Zusammenfassend stellt Döllinger fest: „Das Dogma hat die Geschichte besiegt.“, vgl. hierzu insgesamt Küry, Altkatholische Kirche, Seiten 58 f.

421 Berchtold, Bulle Unam Sanctam, Seite 100 f.: „Ich muss hier zu dem bereits Gesagten noch ergänzend hinzufügen, dass ich von der Berechtigung des Urtheils, welches ich über die Bedeutung der neuen Dogmen in meiner ‚Unvereinbarkeit‘ S. 9 ausgesprochen habe, auch noch heute und zwar mehr als vor 16 Jahren auf das Lebhafteste überzeugt bin.“

422 Berchtold, Bulle Unam Sanctam, Seite 101; auf Seite 87 führt Berchtold aus: „Nach all′ dem Gesagten gehört also seit den Julidogmen des Jahres 1870 zur Glaubenssubstanz der vaticanisch-gläubigen Katholiken, dass der Papst berechtigt sei, die weltlichen Fürsten abzusetzen und ihre Unterthanen vom Treu-Eide zu entbinden.“

423 Berchtold, Unvereinbarkeit der Glaubensdekrete mit der bayerischen Verfassung, Seite 42

Bei der Entscheidung zwischen den beiden Primäranspruchmodellen bzw. Legalitätsangeboten – Liberalismus des modernen Staates und Ultramontanismus der Kirche – wird Berchtold als gläubiger Katholik begleitet von „zahllosen und schweren Gewissensnöthen". Die „Betrachtungen über die durch die vaticanischen Concilsbeschlüsse ohne zwingenden Grund heraufbeschworene peinliche Lage aller Recht und Wahrheit liebenden Katholiken" stimmen ihn traurig[424]. Dennoch bleibt Berchtold konsequent und folgt nicht dem Beispiel vieler Katholiken, die dem Gewissenskonflikt dadurch zu entgehen versuchen, dass sie die Dogmen öffentlich anerkennen, aber innerlich ablehnen[425]. Berchtold beweist damit Mut in der Auseinandersetzung und fällt nicht, wie beispielsweise die Minoritätsbischöfe, aus opportunistischen Gesichtspunkten um. Im Brennpunkt des Geschehens hält er dem äußeren Druck stand und ficht den Konflikt bis zum Ende aus, nachdem er die Verfassungswidrigkeit des Glaubens und die fundamentalistische Gesinnung der Kirche erkannt hat.

Berchtold ist authentisch, da er seine Argumentation gegen das Unfehlbarkeitsdogma aus seinen eigenen Grundvorstellungen und Überzeugungen ableitet. Seine Konsequenz in der wissenschaftlichen Theorie behält Berchtold im praktischen Kampf gegen den Ultramontanismus bei. Dies wird durch seine Rolle im Rahmen der altkatholischen Reformbewegung deutlich.

3. Berchtolds Bedeutung in der altkatholischen Reformbewegung

Berchtold ließ es nicht bei der intensiven staats- und kirchenrechtlichen theoretischen Auseinandersetzung mit dem Unfehlbarkeitsdogma bewenden. Konsequent seinem Gewissen und seiner Überzeugung folgend engagierte er sich auch in der Praxis von Beginn an in der altkatholische Reformbewegung. Als Mann der ersten Stunde unterstützte er die sich unmittelbar nach den vatikanischen Beschlüssen[426] im Juli 1870 unter der Initiative Döllingers formierende Opposition.

Im folgenden Abschnitt soll die Bedeutung Berchtolds bei der Kirchwerdung des Konzilprotestes, insbesondere unter dem Blickwinkel der Geschichte der alt-

424 Berchtold, Unvereinbarkeit der Glaubensdekrete mit der bayerischen Verfassung, Vorwort, Seite 3

425 Döllinger äußert gegenüber Bischof Scherr treffend: „Bis heute hat noch kein einziger, selbst von denen, welche eine Unterwerfungserklärung ausgestellt haben, mir gesagt, dass er wirklich von der Wahrheit diesel Sätze überzeugt sei." (vgl. Schulte, Altkatholizismus, Seite 195)

426 Abdruck der Dekrete (Bulle Pastor aeternus / „Constitutio dogmatica prima de ecclesia Christi") vom 18. Juli 1870 in Schulte, Altkatholizismus: Seite 1-8 (deutsch), Seite 8-14 (lateinisch)

katholischen Gemeinde in München, behandelt werden. Dazu wird die Rolle Berchtolds im bayerischen Umfeld vom Beginn der Protestbewegung im Jahr 1870 bis zur staatlichen Qualifizierung der Altkatholiken in München als Privatkirchengesellschaft im Jahr 1890 eingehend beschrieben[427].

3.1. Beginn des altkatholischen Widerstandes – Formierung der Opposition

Schon vor und während des 1. Vaticanischen Konzils war München eines der Zentren im Kampf gegen die Dogmatisierung von Unfehlbarkeit und Jurisdiktionsprimat. Der Theologe Ignaz von Döllinger, der als Initiator und Haupt der Protestbewegung angesehen werden kann, profilierte sich – als geistiger Gegner Papst Pius IX. – in einer Vielzahl von Veröffentlichungen zur Unfehlbarkeitsfrage[428]. Auch Berchtold leistete bereits im Vorfeld des Konzils mit seinem Gutachten zu den Auswirkungen des Unfehlbarkeitsdogmas auf die Beziehungen zwischen Staat und Kirche einen wichtigen Beitrag, auf den sich später die führenden Altkatholiken Döllinger und Schulte beriefen[429].

3.2. Erklärung Münchener Dozenten

In logischer Konsequenz dessen formierte sich unmittelbar nach Verkündung der Dogmen die Oppositionsbewegung an der Universität München. Mit einer Ende Juli verfassten Erklärung gegen die Konzilsbeschlüsse wandten sich insgesamt vierundvierzig katholische Professoren am 11. August 1870 über die Augsburger Allgemeine Zeitung an die Öffentlichkeit. Als Mitunterzeichner der Erklärung

427 Die Konzilsvorbereitung und der Verlauf des Vatikanum I. werden dabei nur berührt, soweit die Hintergründe für das Verständnis der weiteren historischen Ereignisse von Bedeutung sind. Berchtolds entscheidende Tätigkeit in diesem Zeitraum – die Abfassung des Gutachtens der juristischen Fakultät auf Anfrage Hohenlohes – wurde bereits behandelt.

428 Vgl. hierzu die Zusammenstellung in Berlis, Frauen im Prozess der Kirchwerdung, Seite 91 f.: „Erwägungen für die Bischöfe des Konzils“ vom Oktober 1869; „Einige Worte über die Unfehlbarkeitsadresse“ vom 19. Januar 187; „Janus“-Artikel anonym veröffentlicht in der Augsburger Allgemeinen Zeitung (März 1869), später Herausgabe als Buch mit dem Titel „Der Papst und das Concil“ unter dem Pseudonym Janus; „Quirinus-Briefe“ anonym veröffentlicht in der Augsburger Allgemeinen Zeitung (17. Dezember 1869 – 29. Juli 1870), später unter dem Pseudonym Quirinus als Buch herausgegeben; Konzilsberichterstattung in der Augsburger Allgemeinen Zeitung; im Einzelnen vgl. Bischof, Döllinger, S. 138 – 155

429 vgl. oben 2.2.3.

erkannte Berchtold „die Vaticanische Versammlung nicht als ein freies ökumenisches Concil" an und legte „ihren Beschlüssen keine Gültigkeit" bei. Die Dozenten begründeten ihre ablehnende Haltung damit, dass bei Einberufung der Bischöfe zum Konzil die Hauptgegenstände der Verhandlungen verheimlicht und folglich eine angemessene Vorbereitung unterbunden worden wäre. Außerdem sei aufgrund der aufoktroierten Geschäftsordnung und der römischen Propaganda eine freie Debatte verhindert worden. Schließlich seien „die wichtigsten Beschlüsse nicht mit der zur Definition eines Dogma's absolut erforderlichen Einstimmigkeit gefasst worden". Mit den übrigen Münchener Dozenten verwarf er die Lehre „von der persönlichen Unfehlbarkeit des Papstes als eine in der heiligen Schrift nicht begründete, sowohl der Tradition des kirchlichen Althertums, als der Kirchengeschichte offen widersprechende neue Lehre"[430].

3.3. Nürnberger Erklärung und Fuldaer Hirtenbrief

Die Veröffentlichung des Protestes blieb nicht ohne Resonanz auf der Gegenseite. Der Münchener Erzbischof Scherr sah sich zum sofortigen Handeln veranlasst und richtete am 13. August 1870 die Bitte an den Kölner Erzbischof Melchers, unverzüglich eine Bischofskonferenz nach Fulda einzuberufen[431], um eine gemeinsame Erklärung in der Unfehlbarkeitsfrage abzugeben[432]. Er verfolgte damit das Ziel, „der unkatholischen Agitation, die sich wie hier, so auch an anderen Orten Deutschlands kund gibt, mit Erfolg entgegen zu treten und den drohenden Gefahren zu begegnen"[433]. Erzbischof Melchers von Köln entsprach dem Anliegen Scherrs und lud die deutschen Bischöfe für den 30. August 1870 nach Fulda ein[434].

Bestimmt durch diese Entwicklung organisierte Döllinger eine Zusammenkunft oppositioneller Theologen in Nürnberg am 25./26. August 1870. Mit der Konferenz beabsichtigte Döllinger, das weitere Vorgehen gemeinsam zu beraten

430 zum Abdruck in der Augsburger Allgemeinen Zeitung vgl. Bischof, Döllinger, Seite 247; Erklärung der Münchener Dozenten abgedruckt in: Friedberg, Aktenstücke zum ersten vaticanischen Concil, Seite 153; Schulte, Altkatholizismus, Seite 118 f.: hiernach schlossen sich der Erklärung weitere Professoren aus Freiburg, Breslau und Münster an

431 Bischof, Döllinger, Seite 247; Hasler vermutet, dass Scherr dazu vom Münchener Nuntius Meglia angeregt wurde, vgl. Hasler, Pius IX., Päpstliche Unfehlbarkeit und 1. Vatikanum, Seite 428

432 Hasler, Pius IX., Päpstliche Unfehlbarkeit und 1. Vatikanum, Seite 428

433 Scherr an Melchers, 13. August 1870, in: Miko, Zur Frage der Publikation, Seite 31 f., zitiert nach Bischof, Döllinger, Seite 247

434 Schulte, Altkatholizismus, Seite 97

und zu versuchen, die deutschen Minoritätsbischöfe in der ablehnenden Haltung gegenüber den Konzilsdekreten zu bekräftigen[435]. Die vierzehn Teilnehmer[436] der Theologenkonferenz verabschiedeten die von Schulte konzipierte und von Döllinger redigierte[437] sogenannte Nürnberger Erklärung[438]. Jurisdiktionsprimat und Unfehlbarkeitsdogma wurden in ihre „als neue, von der Kirche niemals anerkannte Lehren" verworfen. Wie in der Erklärung der Münchener Dozenten wurde die Freiheit des Konzils bestritten und angeführt, dass der Majoritätsbeschluss in einer Glaubensfrage nicht den bisherigen Grundsätzen der Einstimmigkeit entspreche. Außerdem wurde auf den Widerspruch der Papstdogmen zur Staatsordnung hingewiesen[439]. Abschließend wurde die Bitte an die Minoritätsbischöfe gerichtet, sich für ein freies ökumenischen Konzils diesseits der Alpen einzusetzen. Wie der erste Versuch einer Anschlusserklärung deutscher katholischer Professoren an die Minoritätsbischöfe[440] erledigte sich die Nürnberger Erklärung mit der einige Tage später beginnenden Fuldaer Bischofskonferenz und dem daraus resultierenden Fuldaer Hirtenbrief[441].

435 Bischof, Döllinger, Seite 239

436 Schulte, Altkatholizismus, Seite 97, benennt die Teilnehmer namentlich

437 Schulte, Altkatholizismus, Seite 97

438 abgedruckt in: Schulte, Altkatholizismus, Seiten 14-16; Kessler, Friedrich, A13-A17, Küry, Altkatholische Kirche, Seiten 443-445; über die Nürnberger Versammlung: Schulte, Altkatholizismus, Seiten 97-105; Neuner, Döllinger, Seiten 89 f.; Keßler, Friedrich, Seiten 290-293; Schatz, Kirchenbild und päpstliche Unfehlbarkeit, Seiten 234 f.

439 wörtlich wurde ausgeführt: „Durch die Erklärung, dass alle an die ganze Kirche gerichteten doctrinellen Aussprüche der Päpste unfehlbar seien, werden auch jene kirchenpolitische Sätze und Aussprüche älterer und neuerer päpstlicher Erlässe für unfehlbare Glaubensnormen erklärt, welche die Unterwerfung der Staaten, Völker und Fürsten unter die Gewalt der Päpste auch in weltlichen Dingen lehren, welche über Duldung Andersgläubiger und Staatsrechte des Clerus Grundsätze aufstellen, welche der Ordnung der heutigen Gesellschaft widersprechen. Hiermit wird das friedliche Einvernehmen zwischen Kirche und Staat, zwischen Clerus und Laien, zwischen Katholiken und Andersgläubigen für die Zukunft ausgeschlossen."

440 Ein ähnliches Vorhaben schlug Anfang Juli 1870 fehl: Schulte entwarf zusammen mit Döllinger und dem Tübinger Dogmatiker Kuhn eine Solidaritätsbekundung für die Minoritäts-bischöfe in Rom. Sollten die Minoritätsbischöfe in der Schlussabstimmung mit „non placet" stimmen, wollte man sich diesen umgehend anschließen. Die Anschlusserklärung wurde jedoch nicht umgesetzt, da die Erklärung durch die Ereignisse zeitlich überholt wurde. Eine entsprechende Opposition der Bischöfe am 18. Juli 1870 unterblieb (vgl. hierzu: Schulte, Altkatholizismus, Seiten 73-97; Keßler, Friedrich, Seite 285, Berlis, Frauen im Prozess der Kirchwerdung, Seiten 93 f., Bischof, Döllinger, Seite 238).

441 Bischof, Döllinger, Seite 242; als weitere Konsequenz des Fuldaer Hirtenbriefs zog das Kultusministerium 11 im Wesentlichen von Döllinger vorbereitete Fragen zur Verbindlichkeit der Konzilsbeschlüsse zurück, die an die theologischen und juristi-

Zur Fuldaer Bischofskonferenz erschienen lediglich neun der vierundzwanzig deutschen Bischöfe[442]. In ihrem Hirtenbrief erkannten sie die Verbindlichkeit der Beschlüsse des I. Vaticanums und dessen Ökumenizität an und forderten zugleich die Gläubigen auf, die entsprechenden Dogmen anzunehmen[443]. Nach erfolgter Veröffentlichung des Hirtenschreibens sollte „gegen diejenigen Gläubigen, und namentlich gegen diejenigen Priester und Lehrer, welche sodann etwa noch in ihrer Opposition gegen die Koncilsbeschlüsse verharren würden, nach den Vorschriften der Moral und des kanon. Rechts, wenngleich mit aller zulässigen Langmut und Milde und nach vorgängiger besonderer Belehrung und Ermahnung verfahren werden, und dass in den einzelnen Diözesen eine Belehrung der Gläubigen über die verbreiteten Missverständnisse und Vorurteile gegen die Konzilsbeschlüsse auf den Kanzeln, durch Hirtenbriefe je nach dem Bedürfnisse der Diözesen erfolgen solle“[444]. In Fulda gelang es damit, von Bischöfen der Majorität und der Minorität gemeinsam ein eindeutiges Zeugnis über den Verpflichtungscharakter der Konzilsdekrete und die Ökumenizität zu erlangen. Die in Rom am 17. Juli 1870 getroffene Vereinbarung der Opposition, Entscheidungen nur gemeinsam zu treffen, wurde aufgegeben[445]. Faktisch bedeutete das Hirtenschreiben das Ende des bischöflichen Widerstandes[446] oder wie es Hasler drastischer und bildlich formuliert, mit der Fuldaer Bischofskonferenz wurde „der episkopalen Opposition das Rückgrat gebrochen“[447]. Auch wenn einige Bischofs-

schen Fakultäten der Universitäten München und Würzburg gerichtet waren. Die Verbindlichkeit der Konzils-beschlüsse einer genauen theologischen und juristischen Prüfung zu unterziehen, machte aus Sicht von Minister Lutz keinen Sinn mehr, nachdem die Minoritätsbischöfe ihren Widerstand aufgegeben hatten. Vgl.Bischof, Döllinger, Seiten 246 f., abgedruckt ist der Fragenkatalog in Friedberg, Aktenstücke zum ersten Vaticanischen Concil, Seiten 164 f.

442 Melchers (Köln), Scherr (München), Kött (Fulda), v.Ketteler (Mainz), Senestrey (Regensburg), v.Leonrod (Eichstätt), Krementz (Ermland), Kübel (Kapitularvikar in Freiburg); vgl. Schulte, Altkatholizismus, Seite 109; Kopp, Altkatholizismus, Seite 6

443 Abdruck in Friedberg, Aktenstücke zum ersten vaticanischen Concil, Seiten 639 – 642

444 aus dem Protokoll zur Fuldaer Bischofskonferenz, abgedruckt in Friedberg, Aktenstücke zum ersten vaticanischen Concil, Seite 156 f.; Schulte, Altkatholizismus, Seite 110

445 Hasler, Pius IX., Päpstliche Unfehlbarkeit und 1. Vatikanum, Seite 429; im Protokoll heißt es wörtlich: „Keiner der unterzeichneten Bischöfe wusste sich zu erinnern, dass eine derartige Vereinbarung zu Stande gekommen sei.“ (Friedberg, Aktenstücke zum ersten Vaticanischen Concil, Seite 156)

446 Bischof, Döllinger, Seite 249

447 Hasler, Pius IX., Päpstliche Unfehlbarkeit und 1. Vatikanum, Seite 428; des weiteren nennt Hasler die Bischofskonferenz den glücklichsten Schachzug der römischen Kurie

kollegen zunächst ihr Unverständnis gegenüber der Vorgehensweise der Fuldaer zum Ausdruck brachten[448], schlossen sich bis April 1871 sämtliche deutschen Bischöfe dem Hirtenschreiben an[449].

Die Ausgangslage für die Opposition mit Josef Berchtold hatte sich durch den Zusammenbruch des bischöflichen Widerstandes grundlegend geändert. Ihr ursprünglich angestrebtes Ziel eines Anschlusses an die Minorität sowie die intensive Unterstützung derselben im Kampf gegen die päpstlichen Dekrete war mit dem Einlenken der Bischöfe überholt. Ihnen blieb lediglich die Möglichkeit, ohne Bischöfe an ihren inneren Überzeugungen festzuhalten, obwohl die Charakterschwäche der anfänglichen Oppositionsbischöfe auch ansteckend auf viele Geistlichen und Laien wirkte[450]. Küry schildert diese Momentaufnahme treffend: „Der ganze Widerstand reduzierte sich auf die kleine Schar einiger Professoren, die sich durch ihre unbeugsame Haltung als wahre „professores“, als Wahrheitszeugen und Bekenner erwiesen. Sie erwarben sich damit wohl die Achtung und Bewunderung weiter Kreise der Öffentlichkeit. Aber sie hatten doch nur eine verhältnismäßig kleine Gefolgschaft hinter sich, vor allem im liberalen gebildeten Bürgertum und dann in den Gemeinden, in denen sich die alten freiheitlichen katholischen Überlieferungen noch erhalten hatten“[451].

Mit dem Abfall der Bischöfe war der Grundstein einer aus der Wissenschaft geborenen Laienorganisation gelegt[452], deren Entwicklung Berchtold tatkräftig förderte. Die wahren Professores in München, zu denen auch Berchtold ohne jede Einschränkung gezählt werden darf, erfuhren sehr schnell und unmittelbar die neue strenge Linie des Erzbischofs Scherr. Obwohl Scherr bis zu seiner Abreise aus Rom die Position der Minorität vertreten hatte, unterwarf er sich unmittelbar

448 Stroßmayer hielt diesen Schritt für absurd. „Die Fuldaer, so wie sie weise vor dem Concil waren, so unweise und thöricht handelten sie nach dem Concil. Keiner Macht der Welt wird's je gelingen könne, der Welt die Überzeugung beizubringen, dass das Concil wirklich frei war.“ (Schulte, Altkatholizismus, Seite 252) und weiter: „Das Benehmen eben der oppositionellen Bischöfe nach dem Concil ist wahrhaft absurd und unbegreiflich. In unserer letzten Sitzung haben wir auf Antrag des Erzbischofs von Colosca, Haynald, beschlossen, nichts einzeln zu unternehmen, sonder stets im Einvernehmen zu erhalten und solidarisch zu handeln. Und trotzdem wie unwürdig, wie tyrannisch benehmen sich gerade Bischöfe der Minorität!“ (Schulte, Altkatholizismus, Seite 255)

449 Bischof, Döllinger, Seite 249; der Druck des Papstes mag diesen Vorgang beschleunigt haben: Der Papst bekundete seine in einem öffentlichen Brief vom 28. Oktober 1870 seine Zustimmung zum Fuldaer Hirtenbrief, machte jedoch gleichzeitig unmissverständlich deutlich, dass er den Anschluss durch alle deutschen Bischöfe erwarte.

450 Kopp, Altkatholizismus, Seite 8

451 Küry, Die Altkatholische Kirche, Seite 60

452 so auch Kessler, Friedrich, Seite 313

nach Verkündung der Dekrete[453]. In der Person von Scherr – selbst ein Schüler Döllingers – bestätigte sich anschließend die Erfahrung, dass, wer seine innere Überzeugung opfert, um so rücksichtsloser gegen vormals Gleichgesinnte vorgeht. Sei es, um das eigene Gewissen zu übertönen oder durch gesteigerte Dienstbeflissenheit den Oberherrn zu versöhnen[454].

3.4. Exkommunikation Döllingers

Nachdem Erzbischof Scherr die theologische Fakultät der Universität München am 20. Oktober 1870 aufgefordert hatte, eindeutig zu den Konzilsbeschlüssen Stellung zu beziehen[455], erklärte die Majorität der Theologen in einem Unterwerfungsschreiben deren Annahme[456]. Lediglich die Professoren Döllinger und Friedrich verweigerten gegenüber Scherr – trotz persönlicher bischöflicher Aufforderung – die Anerkennung der vatikanischen Lehren. Am 28. März antwortete Döllinger dem Erzbischof in einer ausführlichen Erklärung, dass er die Konzilsbeschlüsse nicht als Christ, nicht als Theologe, nicht als Geschichtskundiger und nicht als Bürger annehmen könne[457]. Denn sie „ruhen auf einer vollständigen Verkennung der kirchlichen Überlieferung im ersten Jahrtausend der Kirche und auf einer Entstellung ihrer Geschichte; sie stehen im Widerspruch mit den klarsten Thatsachen und Zeugnissen“[458]. Neben der theologischen Argumentationslinie stellt Döllinger auch auf den Widerspruch der Dekrete mit der bayerischen Verfassung und dem von ihm als Reichsrat geleisteten Eid ab. Dabei beruft er

453 Schulte, Altkatholizismus, Seite 187: Erzbischof Scherr hatte den Protest vom 17. Juli unterzeichnet und am 13. Juli mit non placet gestimmt; Bischof, Döllinger, Seite 233

454 vgl. Schulte, Altkatholizismus, Seite 111

455 Schulte, Altkatholizismus, Seite 189; zu seiner eigenen Einstellung führt Scherr aus: „Ich selbst habe während der Berathungen meine nach reiflicher Erwägung gewonne Überzeugung mit aller Entschiedenheit ausgesprochen; ich habe aber dabei nie im Sinne gehabt, diese meine Überzeugung auch dann noch festzuhalten, wenn die Entscheidung anders ausfallen sollte. Nachdem ich so meine erste Pflicht erfüllte hatte, habe ich keinen Augenblick gezögert, mich den rechtmässig gefassten Beschlüssen unbedingt zu unterwefen.“

456 Abdruck in Friedberg, Aktenstücke zum ersten Vaticanischen Concil, Seite

457 Abdruck bei Friedberg, Aktenstücke zum ersten Vaticanischen Concil, Seiten 688 – 699/ Zitat Seite 698; ebenso Schulte, Altkatholiszismus, Seiten 192 – 203 / Zitat Seite 203; Döllinger bat in diesem Schreiben insbesondere um eine Anhörung in einer Experten-Konferenz und bot an, hierbei die diversen gegen die vatikanischen Dogmen sprechenden Argumente nachzuweisen.

458 vgl. Zierngiebl, Geschichte der altkatholischen Gemeinde in München, Seite 312

sich auf das von Berchtold erstellte Gutachten der juristischen Fakultät[459]. Infolge des klaren Widerspruchs wurde über Döllinger am 17. April 1871[460] und einen Tag später auch über Friedrich[461], der ebenfalls standhaft blieb, die große Exkommunikation verhängt.

Nach Veröffentlichung seiner Erklärung in der Presse erhielt Döllinger zahlreiche Zustimmungsadressen aus ganz Deutschland[462]. Auch Berchtold bekundete mit weiteren katholischen Kollegen der Münchener Universität am 3. April 1871 seine Zustimmung gegenüber Döllinger[463]. In der Adresse wird die Aufgabe der Hochschulen und der Wissenschaft verdeutlicht, die „misshandelte Wahrheit zu bewähren". Außerdem wird Döllinger in seiner Einstellung bestärkt und ermutigt, bewehrt mit dem festen Schild der Wissenschaft auszuharren[464].

3.5. Museumsadresse

Als weitere Folge[465] des offenen Widerspruchs Döllingers gegenüber Scherr fand am 10. April 1871 (Ostermontag) im Museumssaal in München eine Katholikenversammlung aus „notorisch gute[n] Katholike[n] und sozial hervorragende[n] Männer[n]" statt[466]. Einberufen wurde das Treffen von einem „Agitationskomitee", dessen Vorsitz Adolf von Wolf[467] und Graf von Moy[468] führ-

459 Schulte, Altkatholizismus, Seite 194; siehe auch oben 2.2.3.
460 zur Anbahnung der Exkommunikation Döllingers vgl. im Einzelnen den detaillierten Bericht bei Bischof, Döllinger, Seiten 266 ff.; die Ankündigung der Exkommunikation gegenüber Döllinger vom 17. April ist abgedruckt in Friedberg, Aktenstücke zum ersten Vaticanischen Concil, Seiten 179 f.
461 zur Exkommunikation Friedrichs vgl. Kessler, Friedrich, Seiten 310 – 313
462 Bischof, Döllinger, Seite 295
463 Kopp, Altkatholizismus, Seite 9; Zierngiebl, Geschichte der altkatholischen Gemeinde in München, Seite 313; beide Autoren heben Berchtold als Unterzeichner hervor, der auch später treu zum Altkatholizismus gehalten habe
464 Münchener Professorenadresse im Wortlaut bei Friedberg, Aktenstücke zum ersten Vaticanischen Concil, Seiten 187 f.; Allgemeine Zeitung vom 6. April 1871 (Nr. 96), Seiten 1661 f.
465 Diesen Zusammenhang sehen Kopp, Altkatholizismus, Seite 10 und Berlis, Frauen im Prozess der Kirchwerdung, Seite 114
466 Schulte, Altkatholizismus, Seite 336
467 Adolf von Wolf, 1810-1895, Staatskonkurs 1835, 1843-45 Sekretär von Kronprinz Maximilian, juristische Laufbahn bis zum Oberstaatsanwalt am Appellationsgericht, 1871-1873 erster Vorsitzender des Münchener Zentralkomitees und des Bayerischen Landesvereins (Keßler, Friedrich, Seite 332; Berlis, Frauen im Prozess der Kirchwerdung, Seite 115)
468 Karl Graf Moy de Sons, 1827-1894), königlich bayerischer Oberstzeremonienmeister, 1871 zusammen mit von Wolf Vorsitzender des Münchener Agitations-

ten[469]. Die Versammlung beschloss die sogenannte „Museumsadresse", worin die Regierung aufgefordert wurde, mit allen gesetzlichen Mitteln die Verbreitung der neuen Dogmen in den Schulen zu verhindern und Fürsorge zu treffen, dass das Verhältnis von Staat und Kirche neu geregelt werde[470].

In einem von Berchtold mitunterzeichneten Begleitschreiben zur Museumsadresse an Ludwig II. wird der König um den Schutz gegen die katholischen Kirchenbehörden in der Unfehlbarkeitsfrage angerufen. Der König möge den Gesetzesverletzungen und Übergriffen Einhalt gebieten[471]. Unterstrichen wird die Bedeutung des Anliegens mit dem Hinweis, dass die Museumsadresse bereits von 12.000[472] Männern unterzeichnet wurde[473].

Die verletzende Entgegnung auf diese Adresse durch Erzbischof Scherr ließ nicht lange auf sich warten. Bereits am 14. April 1871 veröffentlichte er einen Hirtenbrief an den gesamten Klerus und die Gläubigen des Bistums, in dem er die Altkatholiken als Sekte ohne wahre Bischöfe, gültige Sakramente, göttliche Gnade und ewige Seligkeit abstempelte[474]. Nachdem sich das altkatholische Comité am 20. April hiergegen zur Wehr setzte[475], folgte am 28. April eine Erklärung Scherrs gegenüber allen Pfarrgemeinden, mit dem Auftrag, die Mittel und den Erfolg der altkatholischen Agitation zu eruieren[476]. Schließlich gipfelte die Auseinandersetzung in einer Verordnung des Bischofs vom 19. Mai 1871, wie mit den Unterzeichnern der Museumsadresse umzugehen sei[477]. Da die Unter-

---

komitees, 1886/87 außerordentlicher Gesandter in Rom (Keßler, Friedrich, Seite 333; Berlis, Frauen im Prozess der Kirchwerdung, Seite 115)

469 Zirngiebl, Geschichte der altkatholischen Gemeinde in München, Seite 313

470 Schulte, Altkatholizismus, Seite 336; vgl. auch Antwortschreiben von Bischof Scherr in Friedberg, Aktenstücke zum ersten Vaticanischen Concil, Seite 193 ff. / hier Seite 194

471 Die königliche Staatsregierung bezog erstmals am 27. August 1871 grundsätzlich Stellung zu den vatikanischen Dekreten. Da das Unfehlbarkeitsdogma als staatsgefährlich eingestuft wurde, erteilte der König sein placet regium nicht, vgl. Kopp, Altkatholizismus, Seiten 12 f.; auf diesen Ministeriumserlass und die Rolle der Staatsregierung wird später eingehend Bezug genommen.

472 Tatsächlich wurde die Adresse schließlich von 18.000 Männern unterzeichnet, vgl. Eingabe der Münchener Altkatholiken an den König vom 1. Juli 1871; Friedberg, Aktenstücke zum ersten Vaticanischen Concil, Seite Seite 200

473 Friedberg, Aktenstücke zum ersten Vaticanischen Concil, Seiten 190 – 193

474 Friedberg, Aktenstücke zum ersten Vaticanischen Concil, Seiten 193 – 197

475 Friedberg, Aktenstücke zum ersten Vaticanischen Concil, Seiten 197 f., die Entgegnung weist insbesondere darauf hin, dass das Unfehlbarkeitsdogma im Widerspruch zur bayerischen Verfassung stünde und sich die Altkatholiken damit auch in völliger Übereinstimmung mit der königlichen Staatsregierung befänden.

476 Friedberg, Aktenstücke zum ersten Vaticanischen Concil, Seiten 198 f.

477 Friedberg, Aktenstücke zum ersten Vaticanischen Concil, Seiten 199 f.

schrift zumindest den Verdacht der Häresie begründe, sei vor der Spendung von Sakramenten zunächst der Glaubensstandpunkt zu prüfen. Soweit die betreffende Person einer Belehrung nicht zugänglich sei und der Widerspruch gegen die vatikanischen Dekrete aufrecht erhalten würde, werde sie zu den Sakramenten nicht zugelassen, sei als exkommuniziert zu betrachten und entsprechend zu behandeln.

Mit dieser Erklärung Scherrs waren die Fronten zwischen Kirche und Altkatholiken in München klar abgegrenzt. Jeder Katholik, der seinen Widerspruch wie Berchtold weiterhin konsequent aufrecht erhielt, musste nun mit den schärfsten kirchlichen Sanktionen rechnen und verbunden hiermit eine Diskriminierung durch seine unmittelbare Umgebung in Kauf nehmen. Die Exkommunikation Döllingers, Museumsadresse und bischöfliche Reaktion bewirkten in beiden Lagern einen Solidarisierungseffekt, durch den die altkatholische Bewegung einen weiteren Schub und Mobilisierung erfuhr[478]. Später wurde die Museumsadresse mit Recht als Ausgangspunkt für die organisierte altkatholische Bewegung gesehen[479].

Berchtold stand von Beginn an im Zentrum, im Brennpunkt der Ereignisse und kann hinsichtlich der Entwicklung der altkatholischen Bewegung als „Mann der ersten Stunde“ bezeichnet werden: Im Vorfeld des vatikanischen Konzils hatte er das Gutachten der juristischen Fakultät alleine verfasst, im Anschluss die kritische Erklärung der Münchener Dozenten mit veröffentlicht, Döllinger offiziell seine Zustimmung nach dessen Exkommunikation ausgesprochen und das an den König adressierte Begleitschreiben zur Museumsadresse unterzeichnet. Unbeirrt von den Drohungen Scherrs hielt er an der von ihm erkannten Wahrheit fest und gehörte als eines der ersten Mitglieder dem Münchener Agitationskomitee an.

3.6. Bildung des Münchener Zentralkomitees

Wie Schulte treffend feststellt, entstand nach dem Abfall der Bischöfe „für alle, deren Gewissen die Unterwerfung oder das Schweigen verbot, die Notwendigkeit gemeinsamen Vorgehens, um nicht vereinzelt unterzugehen“[480]. Um die Kräfte zu bündeln und in eine organisierte Form zu bringen, konstituierte sich am 20. April 1871 das Agitationskomitee der Museumsversammlung als „Comité der

478 Berlis, Frauen im Prozess der Kirchwerdung, Seiten 113 f.

479 Grasser, Lutz, Seite 70

480 Schulte, Altkatholizismus, Seite 336

katholischen Action in München"[481]. Berchtold gehörte mit Gründung diesem Komitee an[482]. Als erste offizielle Amtshandlung erließ das Münchener Aktionskomitee noch am Tag der Konstituierung einen auch von Berchtold unterzeichneten Aufruf an die Katholiken Deutschlands, Österreichs und der Schweiz[483]. Am 4. Mai 1871 wurde das bereits erwähnte Begleitschreiben zur Museumsadresse im Komitee festgestellt und mit der Museumsadresse an die Regierung übergeben[484]. So gewann das vom Münchener Kongress im September 1871 in Münchener Zentralkomitee[485] umbenannte Organ in kurzer Zeit eine zentralisierende Bedeutung für die altkatholische Bewegung[486]. Für Süddeutschland bildete das Zentralkomitee in München den Mittelpunkt der Reformbewegung[487].

3.7. Pfingsterklärung

Vom 28. Mai bis 30. Mai 1871 folgten die Münchener Komitee-Mitglieder der Einladung Döllingers zu einer gemeinsamen Pfingstversammlung[488]. Im Hause Döllingers und des Grafen Moy[489] fanden sich neben den Münchenern weitere führende Gegner des Unfehlbarkeitsdogmas ein[490]. Berchtold nahm bei dieser internationalen Gelehrtenversammlung die Funktion des Sekretärs[491] oder wie er

481 Berlis, Frauen im Prozess der Kirchwerdung, Seiten 116 f., Kessler, Friedrich, Seite 332

482 Concile du Vatican, Friedrich, Seiten 60 f. gibt folgende Namen an: v.Wolf als ersten Präsidenten, Graf Moy als zweiten Präsidenten, Dr. J.Berchtold, Dr. C.A. Cornelius, v. Enhuber, W. Gail, Dr. M. Haushofer, Dr. J. Huber, Ed. Kester, v. Molitor, v. Perfall, Dr. E. v. Schauss, M. Schaumberger, Dr. Herm, Seuffert, A. Streng, K. Waagen, Dr. Eb. Zierngiebl (zitiert nach Kessler, Friedrich, Seite 333 / Fn. 8).

483 Kessler, Friedrich, Seite 332 f.

484 Kessler Friedrich, Seite 333

485 Berlis, Frauen im Prozess der Kirchwerdung, Seite 134

486 Berlis, Frauen im Prozess der Kirchwerdung, Seite 117

487 Kopp, Altkatholizismus, Seite 14

488 Kopp, Altkatholiszismus, Seite 14; Zierngiebl, Geschichte der altkatholischen Gemeinde in München, Seite 331

489 Schulte, Altkatholizismus, Seite 338

490 Zirngiebl benennt neben den Mitgliedern des Münchener Komitees die Herren: Lord Acton, Sir Blennerhasset, Prof. Schulte aus Prag, Prof. Reinkens aus Breslau, Prof. Knoodt aus Bonn, Prof. Stumpf aus Koblenz, Prof. Michelis aus Braunsberg. Vgl. Zirngiebl, Geschichte der altkatholischen Gemeinde in München, Seite 331; die Unterzeichnung der Pfingsterklärung erfolgte u.a. auch durch Prof. Friedrich, vgl. Schulte, Altkatholizismus, Seite 22

491 Bulin, Münchener Pfingsterklärung, Seite 158

sich selbst bezeichnete des Schriftführers[492] ein. In der Versammlung wurde die für eine breite Öffentlichkeit bestimmte Pfingsterklärung[493] verabschiedet und gleichzeitig eine Eingabe an den König mit der Bitte vorbereitet, Johann Friedrich zur Ausübung seiner priesterlichen Funktionen in München provisorisch eine Kirche zur Verfügung zu stellen[494].

3.7.1. Inhalt und Konsequenz

Zu Beginn der Pfingsterklärung stellen die Verfasser Jurisdiktionsprimat und Unfehlbarkeitslehre als bloße Schulmeinungen heraus, die „ihren Ursprung der Fälschung, ihre Verbreitung dem Zwange verdanken". Mit der Verkündung der vatikanischen Dekrete werde gegen den obersten Glaubensgrundsatz verstoßen, „dass der Christ nur das anzunehmen verpflichtet sei, was jeder Zeit, überall und von Allen gelehrt und geglaubt worden ist". Der Abschwächungstheorie[495] der Kirche, wonach diese Lehren stets geglaubt worden und unverfänglich seien, wird der Wortlaut der Dekrete entgegen gehalten. Diese sähen nur den Papst und zwar aus sich selber als unfehlbar an[496]. Im zweiten Abschnitt wird auf die Staatsgefährlichkeit der Dekrete hingewiesen. Insbesondere durch den Syllabus, der in den Rang eines unfehlbaren Dekrets gehoben worden sei, werde die beabsichtigte päpstliche Universalherrschaft manifestiert[497]. Des weiteren wird im nächsten Teilabschnitt auf die sich widersprechenden Auslegungen der Bischöfe hinsichtlich der Bulle unam sanctam verwiesen, die sich selbst auf keine einheitliche Deutung der Lehren verständigen könnten[498]. Im vierten Teil der Pfingsterklärung werden die Drohungen und Gewaltmaßregeln der Bischöfe als unverbindlich und ungültig zurückgewiesen[499]. Deshalb verlören die Priester im Fall einer verhängten Kirchenstrafe nicht das Recht und die Pflicht, Sakramente zu spenden. Schließlich wird im letzten Absatz die Hoffnung geäußert, „dass der jetzt ausgebrochene Kampf unter höherer Leitung das Mittel sein wird, die längst ersehnte und unabweisbar gewordene Reform der kirchlichen Zustände, sowohl in der Verfassung als im Leben der Kirche, anzubahnen und zu verwirklichen".

492 vgl. Erklärung Berchtolds in der Allgemeinen Augsburger Zeitung vom 19. Juli 1871, Beilage Nr. 200, Seite 3585
493 abgedruckt in Schulte, Altkatholizismus, Seiten 16 – 22; nach Schulte war die Erklärung im Wesentlichen durch Döllinger entworfen worden (Seite 338).
494 vgl. zur Eingabe an den König im Einzelnen Kessler, Friedrich, Seiten 337 f.
495 siehe oben 2.1.1.
496 Schulte, Altkatholizismus, Seite 17
497 Schulte, Altkatholizismus, Seite 18 f.
498 Schulte, Altkatholizismus, Seite 19 f.
499 Schulte, Altkatholizismus, Seite 20

Angestrebt wird ein Zustand, in dem sich die Kirchenwesen der „Culturvölker katholischen Bekenntnisses, ohne Beeinträchtigung ihrer Gliedschaft an dem Leibe der allgemeinen Kirche, aber frei von dem Joche der Herrschsucht" nach ihrer jeweiligen Eigenart ausbilden können und zwar einträchtig gestaltet durch Klerus und Laien[500]. Höchstes Ziel sei die Wiedervereinigung der gegenwärtig gespaltenen christlichen Glaubensgenossenschaften[501].

Wie in der Nürnberger Erklärung wurden die vatikanischen Dekrete als Fälschungen dargestellt, die der Tradition der Kirche widersprechen und den Frieden zwischen Kirche und Staat, den Konfessionen und auch zwischen Gesellschaft und Kirche ernsthaft gefährden[502]. Deutlich wird in der Pfingsterklärung, dass sich die Altkatholiken nicht separieren wollten, sondern im Gegenteil, die Wiedervereinigung der Kirche anstrebten und sich selbst durch Exkommunikation nicht vom Spenden der Sakramente abhalten lassen wollten.

Das Bedürfnis nach seelsorgerischer Tätigkeit wurde bereits im Juni durch den Tod des Universitätsprofessors Franz Xaver Zenger[503] relevant. Zenger hatte als Unfehlbarkeitsgegner wie Berchtold die Erklärung Münchener Dozenten vom 11. August 1870 unterzeichnet[504]. Nachdem die Franziskaner Patres mit Hinweis auf diese Unterschrift die Spende der Sakramente verweigerten, wandte sich die Familie an Friedrich[505]. Auf Bitte Friedrichs nahm der Privatdozent und Offiziator der Universitätskirche St. Ludwig Joseph Anton Meßmer, Zenger am 25. Juni 1871 die letzte Beichte ab. Am selben Tag spendete Friedrich dem Sterbenden Kommunion und letzte Ölung und beerdigte ihn am 2. Juli 1871. Die Anzahl der teilnehmenden Trauergäste wurde auf 20.000[506] geschätzt, die theologische Fakultät mit Ausnahme von Döllinger war nicht erschienen. Friedrich wurde nach diesem Präzedenzfall seines Benefiziums an der Allerheiligen-Hofkirche enthoben, Meßmer wurde unverzüglich exkommuniziert[507]. Dennoch griff Friederich im August erneut demonstrativ in einem Fall von Sakramentsverweigerung ein, indem er den Kaufmann Mayer und seine Braut traute. Dem Kaufmann wurde

500 Schulte, Altkatholizismus, Seite 21

501 Schulte, Altkatholizismus, Seite 22; die Wiedervereinigung mit der griechisch-orientalischen und russischen Kirche wird später auch in das Programm des Kongresses in München aufgenommen; Schulte, Altkatholizismus, Seite 24

502 Bischof, Döllinger, Seite 310

503 Franz Xaver Zenger (1798 – 1871), seit 1832 Professor der Rechte an der Universität München; vgl. Bosl, Bayerische Biographie, Seite 873

504 siehe oben 3.2.

505 Zirngiebl, Geschichte der altkatholischen Gemeinde in München, Seite 338

506 vgl. Kessler, Friedrich, Seite 340

507 Bischof, Döllinger, Seite 312

das Ehesakrament mit Hinweis auf seine Unterschrift auf der Museumsadresse verweigert[508].

Aus diesen Begebenheiten lässt sich ersehen, dass die Kirche zwar entsprechend den rigiden Anordnungen Scherrs vorging, die Altkatholiken aber standhaft blieben.

3.7.2. Unterschriftenaffäre – Streit mit Acton und Blennerhasset

Nach Veröffentlichung der Pfingsterklärung – einschließlich Unterschriften – in einer Beilage zur Augsburger Allgemeinen Zeitung[509] und dem Rheinischen Merkur[510] stand Berchtold im Mittelpunkt einer Unterschriftenaffäre mit Lord Acton[511] und Sir Blennerhasset[512]. Beide Herren nahmen zwei Tage nach Publikation der Erklärung mit Erstaunen zur Kenntnis, dass auch sie als Unterzeichner benannt worden waren[513], obwohl sie die Erklärung der deutschen Katholiken nicht mit verabschiedet und keine entsprechende Vollmacht abgegeben hätten[514]. Berchtold hatte als Sekretär der Pfingstversammlung die Namen der Befürworter unter die Erklärung gesetzt. In seiner Funktion dürfte er auch für die Versendung des Manuskripts an die benannten Zeitungen verantwortlich gewesen sein[515].

Sowohl Acton als auch Blennerhasset fürchteten mit dem Angriff der Pfingsterklärung auf die vatikanischen Dekrete die namentliche Exkommunikation. Dies hätte sich nicht mit ihren politisch übernommener Verpflichtungen als katholische Vertreter im Ober- und Unterhaus vereinbaren lassen[516]. Mit einem Le-

---

508 Zirngiebl, Geschichte der altkatholischen Gemeinde in München, Seite 338; Kessler, Friedrich, Seite 344, im Einzelnen zu beiden Fällen Seiten 339 – 342

509 Beilage zur Augsburger Allgemeinen Zeitung 164, Seite 2928 f. vom 13.06.1871

510 Rheinischer Merkur 25, Seiten 238 – 240 vom 13.06.1871

511 Sir (seit 1869 Lord) John Emerich Edward Dalberg Acton (1834-1902), englischer Historiker, Schüler und enger Vertrauter Döllingers, 1859-1865 Mitglied des englischen Unterhauses, seit 1869 des Oberhauses, 1895 Professor für Modern History an der Universität Cambridge. Organisator der Opposition auf dem ersten vatikanischen Konzil (vgl. Bischof, Döllinger, Seite 50)

512 Landlord Sir Rowland Blennerhasset verheiratet mit Charlotte Gräfin von Leyden (Ehe von Döllinger gesegnet), einer bedeutenden Vertreterin des liberalen Katholizismus und wichtiger Bezugsperson Döllingers (vgl. Bischof, Döllinger, Seite 186)

513 Bulin, Münchener Pfingsterklärung, Seiten 158 f.

514 Acton an Döllinger, am 19. Juni 1871 in: Döllinger, Briefwechsel mit Acton, III 19, 23 f.; Blennerhasset an Friedrich am 25. Juli 1871, abgedruckt in Schulte, Altkatholizismus, Seiten 339 f.

515 Bulin, Münchener Pfingsterklärung, Seite 165

516 Bulin, Münchener Pfingsterklärung, Seite 160 / Anmerkung 13; Tagebuchaufzeichnung Lady Blennerhassets vom 26. September 1871 in: Döllinger, Briefwechsel mit Blennerhasset, IV Seite 717

serbrief in der Times vom 19. Juni 1871[517] bemühte sich Blennerhasset deshalb im Einvernehmen mit Acton um die Klarstellung des Sachverhalts: „ ... Verschiedene Zeitungen geben unter andern Namens-Unterschriften zu der Declaration der deutschen Katholiken, welche in letzter Zeit in München zusammengekommen, die Namen des Lord Acton-Dalberg und Sir Blenner- Hasset. Es ist fast unnöthig, zu bemerken, dass ihre Unterschriften nicht authentisch sind. Es möge noch hinzugefügt werden, dass was meine Namensunterschrift betrifft, dieselbe auf willkürlicher Annahme beruht und die Ermächtigung selber darunter zu fügen weder von mir begehrt noch gegeben wurde ...“. Blennerhasset wies zusätzlich darauf hin, dass Acton und er ihre Namen richtig geschrieben hätten, wenn sie selbst unterzeichnet hätten[518].

Zur Vermeidung möglicher Konsequenzen verlangte Acton als weiteren Schritt die öffentliche Feststellung des Münchener Komitees, seine Unterschrift sei irrtümlich angefügt worden[519]. Döllinger, der mit diesem Anliegen an das Komitee herantrat, wurde mit der Begründung abgewiesen, man wolle den ultramontanen Zeitungen aus diesem Anlass keine Vorlage bieten, die vertretene Sache zu „schmähen“[520]. Vielmehr antwortete Berchtold auf die Publikation Blennerhassets mit einer berichtigenden Entgegnung in der Augsburger Allgemeinen Zeitung[521]. Berchtold stellt klar, dass die Erklärung in der abschließenden Sitzung zur Pfingstversammlung „Punkt für Punkt“ besprochen und anschließend verabschiedet worden sei. Dem Beschluss, sämtliche Anwesenden ohne nochmalige explizite Genehmigung unter die Erklärung zu setzen, habe Blennerhasset nicht widersprochen. Bei Acton, der an der Schlusssitzung nicht teilgenommen habe, sei versäumt worden, eine ausdrückliche Erklärung einzuholen. Seine Zustimmung sei jedoch außer jedem Zweifel gestanden.

Beide Herren beschwerten sich daraufhin nachhaltig bei Friedrich bzw. Döllinger über Berchtold. Blennerhasset stellte gegenüber Friederich klar, dass er zwar auf der Schlusssitzung anwesend gewesen sei, sich als Ausländer jedoch nicht mit den verabschiedeten Beschlüssen identifiziert habe. Außerdem hätte er es begrüßt, wenn sich Berchtold zuerst an ihn gewendet hätte, als den Weg über die Öffentlichkeit zu suchen. Acton warnte Döllinger sogar vor den Museumsmännern wie dem Jurist Berchtold, denen man kein Vertrauen schenken dür-

517 Übersetzung abgedruckt bei Schulte, Altkatholizismus, Seite 339 / Fn. 1

518 Blennerhasset an Friedrich am 25. Juli 1871, abgedruckt in Schulte, Altkatholizismus, Seiten 340

519 Bulin, Münchener Pfingsterklärung, Seite 161

520 Döllinger an Acton am 26. Juni 1871, in: Döllinger, Briefwechsel mit Acton, III 20; Bulin, Münchener Pfingsterklärung, Seite 161

521 Beilage zur Augsburger Allgemeinen Zeitung vom 19. Juli 1871, 200, Seite 3585; Abdruck auch in Schulte, Altkatholizismus, Seite 339 (Fn. 1)

fe und denen er „den Krieg erklärt habe“[522]. Nach Überzeugung Actons, der sich nach Pfingsten aus der altkatholischen Bewegung zurückzog[523], sollte sich auch Döllinger wieder auf die Wissenschaft konzentrieren[524] und sich nicht weiter in die Protestbewegung hineinziehen lassen. Döllinger antwortete seinem Schüler, dass ihm zwar die „leidige Unterzeichnungsgeschichte“ „viel Verdruß“ gemacht habe[525], riet Acton aber um der Sache willen zu schweigen[526].

Im Ergebnis dürfte die Affäre auf einem Missverständnis beruht haben. In beiden Fällen entsprechen die Ausführungen Berchtolds „ganz der Wahrheit“, wie Schulte bestätigt. Des weiteren habe „die Veröffentlichung der Namen, insbesondere von Lord Acton, nach ausdrücklicher Rücksprache mit Döllinger“ stattgefunden[527]. Auch Friedrich bekannte sich zu Berchtolds Version[528]. Die gute Beziehung zwischen Berchtold und Döllinger wurde durch die Unterschriftenaffäre nicht beeinträchtigt[529]. Die Warnungen Actons hielten Döllinger auch nicht davon ab, an dem vom Münchener Komitee einberufenen Katholikenkongress vom 22. bis 24. September 1871 in München teilzunehmen[530].

3.8. Katholikenkongress im Münchener Glaspalast

Bereits in der Pfingstversammlung wurde beschlossen, für Ende September 1871 einen Altkatholikenkongress nach München einzuberufen, um einen koordinierten organisatorischen Zusammenschluss der Altkatholiken vorzubereiten, die Gemeindebildung anzustoßen und sich auf gemeinsame Grundsätze zu einigen. Vorbereitet wurde der Kongress durch eine am 5. und 6. August unter dem Vor-

522 Acton gegenüber Lady Blennerhasset im August 1871, in: Döllinger, Briefwechsel mit Blennerhasset, IV. Seite 717

523 Bischof, Döllinger, Seite 313

524 Tagebuchaufzeichnung Lady Blennerhasset, in: Döllinger, Briefwechsel mit Blennerhasset, IV. Seite 714

525 Döllinger an Acton am 24. August 1871, in: Döllinger, Briefwechsel mit Acton, III. Seite 27

526 vgl. Acton an Döllinger am 15. September 1871, in: Döllinger, Briefwechsel mit Acton, III. Seite 32

527 Schulte, Altkatholizismus, Seite 339; es bleibt der Widerspruch zur negativen Aussage Döllingers gegenüber Acton am 19. September 1871: „Was Berchtold betrifft, so genügt wohl zu bemerken, dass ich seit 4 Monaten kein Wort mit ihm gesprochen habe.“ Allerdings könnte die Rücksprache mit Döllinger hinsichtlich der Unterzeichnung auch mit einem anderen Komiteemitglied erfolgt sein.

528 vgl. Bulin, Münchener Pfingsterklärung, Seite 166

529 vgl. hierzu unten Kapitel IV. 1.2.1.

530 Bischof, Döllinger, Seiten 314 f.

sitz von Windscheid in Heidelberg abgehaltenen vierzigköpfige Konferenz[531]. Die Teilnehmer aus Deutschland Österreich und der Schweiz nahmen mit geringen Modifikationen den vom Münchener Komitee akzeptierten „Entwurf zur Organisation des Ende September abzuhaltenden Katholikenkongresses“ an[532]. Danach sollte sich der Kongress vom 22. bis 24. September in beratende und öffentliche Sitzungen aufteilen. Teilnahme- und stimmberechtigt sollten bei den beratenden Sitzungen nur Delegierte aus Deutschland, Österreich und der Schweiz sowie von den Aktionskomitees benannte herausragende Katholiken sein. Diesen Delegierten wurde „die Feststellung einer umfassenden materiell wie geistig gesicherten Organisation“ sowie „die Einigung über die leitenden Ideen der Bewegung auf Grund einer naturgemäßen Erläuterung und Erweiterung der Pfingsterklärung“ übertragen. Für die öffentlichen Sitzungen wurden Vorträge über die Ziele der altkatholischen Bewegung vorgesehen[533]. Offiziell einberufen wurde der Kongress am 27. August 1871 durch das Münchener Komitee[534].

Am Kongress in München, dessen Vorsitz Schulte führte, nahmen über 300 Delegierte teil[535]. Neben Berchtold wurden vom Münchener Komitee auch Döllinger, Friedrich, Cornelius und Zirngiebl entsandt[536]. Die öffentlichen Sitzungen im Glaspalast besuchten zwischen 7000[537] und 8000 Zuhörer[538].

Das auf dem Kongress angenommenen Programm knüpfte an die Grundsätze der Nürnberger Erklärung und der Pfingsterklärung an. Danach wollten die Altkatholiken am bisherigen Glauben festhalten und weiterhin als vollberechtigte Mitglieder der katholischen Kirche gelten, die auch sämtliche Ansprüche auf die realen Besitztümer der Kirche aufrecht erhalten. Folgerichtig werden die über die Altkatholiken von der Kirche verhängten Sanktionen für gegenstandslos erachtet. Die Verwerfung der vatikanischen Dekrete wird erneut auch mit dem Argument der Staatsgefährlichkeit begründet. Der Hoffnung auf Wiedervereinigung mit der griechisch-orientalischen und russischen Kirche wird Ausdruck verliehen[539]. Von entscheidender Bedeutung für die zukünftige Gemeindebildung dürfte die Annahme des Antrags auf Implementierung einer regelmäßigen Seelsorge „an allen

531 Ob Berchtold an dieser vorbereitenden Sitzung teilnahm, konnte leider nicht nachvollzogen werden.

532 Zirngiebl, Geschichte der altkatholischen Gemeinde in München, Seiten 331 f.; Kopp, Altkatholizismus, Seite 15

533 Bericht über Kongress in München, Seite XIV

534 Schulte, Lebenserinnerungen, Seite 284

535 Schulte, , Lebenserinnerungen Seite 284

536 Bericht über Kongress in München, Verzeichnis der Delegierten

537 nach Zirngiebl, Geschichte der altkatholischen Gemeinde in München, Seite 332

538 nach Schulte,, Lebenserinnerungen Seite 285

539 Abdruck des Programms des Katholiken-Congresses in München in: Schulte, Altkatholizismus, Seiten 22 – 24

Orten, wo sich das Bedürfnis einstellt und die Personen vorhanden sind" gewesen sein[540].

3.8.1. Kommission und Landesverein

Zur Durchführung der Organisation der katholischen Reformbewegung stellte Zirngiebl den Antrag auf Einsetzung einer ständigen Kommission, welche die örtlichen Komitees koordinierend unterstützen sollte. Der Antrag wurde angenommen und Berchtold neben acht weiteren „hervorragenden" Altkatholiken wie Schulte und Friedrich zum Mitglied bestimmt[541]. Die Kommission zur Koordination und Organisation der Reformbewegung beauftragte unverzüglich das Münchener Komitee mit der Einleitung der Vereinsbildung[542].

Unmittelbar nach Abschluss der Kongressverhandlungen wurde von den bayerischen Delegierten die vom Münchener Komitee vorbereiteten Statuten des „Bayerischen Landesvereins zur Unterstützung der katholischen Reformbewegung" verabschiedet und damit ein entsprechender Landesverein gegründet[543]. Ziel des Vereins mit Sitz in München war im Allgemeinen die Umsetzung der Kongressbeschlüsse und im Besonderen: „1. Förderung der katholischen Seelsorge (Gottesdienst, Spendung der Sakramente, Religionsunterricht, Gemeindebildung); 2. Unterstützung bedürftiger wegen ihres Widerstandes gegen die neuen Glaubenssätze des Vatikanischen Konzils exkommunizierter Geistlicher; 3. Abhaltung von Volksversammlungen und öffentlichen Vorträgen, Verbreitung von Flugschriften und Agitation in der Presse". Die Vereinsleitung wurde einem Ausschuss übertragen[544], dem Berchtold bis zu seinem Tod im Jahr 1894 angehörte[545].

Sofort nach der Konstituierung des Landesvereins wurden im Oktober Aufrufe an die katholische Bevölkerung veröffentlicht, sich der Reformbewegung an-

540 Dieser Antrag, der von Schulte selbst gestellt wurde, beinhaltete auch die Berechtigung fremde Bischöfe um Vornahme bischöflicher Funktionen zu bitten. Gegen diesen Antrag stimmten Döllinger, Cornelius und Stumpf; Wortlaut in: Schulte, Lebenserinnerungen, Seite 286

541 Kopp, Altkatholizismus, Seite 17; weitere Mitglieder: Windscheid, Keller, Schwicker, Stumpf, Wolf, Huber

542 Kopp, Altkatholizismus, Seite 17

543 Kopp, Altkatholizismus, Seite 17,

544 Zirngiebl, Geschichte der altkatholischen Gemeinde in München, Seite 332

545 vgl. Bericht über Generalversammlung des Landesvereins, 1895: „Die Namen der [...] Ausschussmitglieder sind dem Ihnen zugestellten Einladungszirkular beigefügt. Nur ein Mitglied aber ein sehr hervorragendes finden Sie nicht mehr darunter: Den Herrn Univ.=Professor Dr. J. Berchtold, welchen uns leider rasch und unerwartet der Tod entrissen hat."

zuschließen[546]. Hierfür wurden Einzeichnungslisten an Vertrauensleute, z.B. Gastwirte, versandt[547] und in öffentlichen Anzeigen in der Tagespresse[548] über deren Auslage zur Einschreibung informiert. Des weiteren wurden zur Information der Katholiken Versammlungen mit Vorträgen veranstaltet[549]. Auch wenn sich trotz der regen Tätigkeit zunächst lediglich 700 Männer öffentlich der altkatholischen Reformbewegung anschlossen[550], konnte im Hinblick auf die Gemeindebildung ein wichtiger Erfolg verzeichnet werden: Infolge eines Magistratsbeschlusses vom 3. Oktober 1871 wurde dem „Bayerischen Altkatholikenverein" die St. Nikolaikirche in München zum regelmäßigen Gottesdienst überlassen[551].

3.8.2. Resümee

Der erste Kongress läutete den Prozess der Kirchwerdung ein[552] und brachte die Organisation und Einigung der altkatholischen Kräfte durch ein bestimmtes Programm zustande[553]. Für München und Bayern wurde mit dem Bayerischen Landesverein zur Unterstützung der katholischen Reformbewegung eine weitere Organisationseinheit gegründet und, in Verbindung mit dem Münchener Zentralkomitee und der Besetzung der ständigen Kommission, München als Zentrum der Reformbewegung in Süddeutschland manifestiert. Die Wertschätzung, die Berchtold im Brennpunkt der Reformbewegung genoss, zeigt sich in der Berufung in sämtliche zentralen Gremien der Altkatholiken und seiner damit verbundenen Mitwirkung insbesondere auch bei der Organisation in Bayern und der Gemeindebildung in München. Berchtold war bereit, für seine Überzeugung von

546 vgl. Abdruck in Zirngiebl, Geschichte der altkatholischen Gemeinde in München, Seite 332

547 Bischöfliches Ordinariat Bonn, Akte: Bayerischer altkatholischer Landesverein a.) Allgemeines Band I. bis 1900 einschließlich: Musteranschreiben Zirngiebls (leider ohne Datumsangabe); zunächst übersandte Zirngiebl mit einem Schreiben als Sekretär des Münchener Komitees „Exemplare von Einzeichnungslisten mit beigelegten Statuten, Programm und Schult´schen Resolutionen zur weiteren Verbreitung" mit der Bitte um Gewinnung von Mitgliedern für den bayerischen Landesverein. In einem anschließenden Schreiben erkundigte er sich als Mitglied des Vereinsausschusses bei den Adressaten nach dem eingetretenen Erfolg.

548 z.B. im Münchener Anzeiger, Beilage zu den „Neuesten Nachrichten" vom 6. Oktober 1871, Nr. 279

549 Kopp, Altkatholizismus, Seite 18

550 so Zirngiebl, Geschichte der altkatholischen Gemeinde in München, Seite 333

551 Kopp, Altkatholizismus, Seite 18; Zirngiebl, Geschichte der altkatholischen Gemeinde in München, Seite 338

552 Berlis, Frauen im Prozess der Kirchwerdung, Seite 146

553 Berlis, Frauen im Prozess der Kirchwerdung, Seite 123

der wahren katholischen Gesinnung öffentlich Zeugnis abzulegen und mit persönlichem Einsatz dafür einzustehen.

3.9. Altkatholische Bewegung bis zum Tod Döllingers

Im weiteren Verlauf der altkatholischen Bewegung[554] blieb Berchtold ein tatkräftiges Mitglied des bayerischen altkatholischen Landesvereins[555]. Zirngiebl spricht davon, dass Berchtold ein Weggefährte war, der „treu bis in den Tod" zur altkatholischen Bewegung gehalten habe[556]. Auch das Münchener Zentralkomitee unterstützte Berchtold weiterhin. Bekannt ist, dass Berchtold gemeinsam mit Cornelius am 20. April 1873 als Vertreter des Münchener Komitees an einer Delegiertenversammlung in Bonn teilnahm, die über den Entwurf einer Synodal- und Gemeindeordnung beriet[557]. Der Entwurf, den Schulte bereits am 28. Dezember 1872 der Bischofskommission vorgelegt hatte, sah eine Einteilung der Synode in eine geistliche und eine weltliche Abteilung vor[558]. Döllinger forderte Reusch im Vorfeld der Delegiertenversammlung auf, mit Berchtold und Cornelius „doch ja gemeinsame Sache [...] gegen den von Schulte etc. entworfenen Verfassungsplan" zu machen, da er das Zweikammersystem mangels Geistlichen für unpraktikabel hielt[559]. Inwieweit der Einfluss und die Mitwirkung Berchtolds insofern reichte, ist nicht belegt, aber die später auf dem Altkatholiken-Kongress in Köln verabschiedete Synodal- und Gemeindeordnung sah kein Zweikammersystem mehr vor[560].

---

554 im Einzelnen vgl. hierzu Berlis, Frauen im Prozess der Kirchwerdung, I. Kapitel, 4.5 – 4.9 (Seiten 160 – 232)

555 vgl. Bericht über Generalversammlung des Landesvereins, 1895: „Die Namen der [...] Ausschussmitglieder sind dem Ihnen zugestellten Einladungszirkular beigefügt. Nur ein Mitglied aber ein sehr hervorragendes finden Sie nicht mehr darunter: Den Herrn Univ.=Professor Dr. J. Berchtold, welchen uns leider rasch und unerwartet der Tod entrissen hat."; vgl. auch Friedrich, Berchtold, Seite 39

556 Zirngiebl, Geschichte der altkatholischen Gemeinde in München, Seite 313

557 Berlis, Frauen im Prozess der Kirchwerdung, Seite 189 / Fn. 773

558 Berlis, Frauen im Prozess der Kirchwerdung, Seite 188

559 Döllinger an Reusch am 18. April 1873 (Oyen/Kessler, Briefwechsel, Brief 57), zitiert nach: Berlis, Frauen im Prozess der Kirchwerdung, Seite 189 / Fn. 773

560 vgl. Abdruck der Synodal- und Gemeindeordnung bei Schulte, Altkatholizismus, Seiten 46 – 55; Berchtold scheint auch den Entwurf einer Synodal und Gemeindeordnung des Koblenzer Oberlehrers Theodor Stumpf bezeichnet als „Ordnung der altkatholischen Seelsorge in Deutschland" beeinflusst zu haben. Jedenfalls schrieb Stumpf in einem Brief an Cornelius am 22. Mai 1873: „ Nach Berchtolds richtiger Bemerkung habe ich mit dem Bischof angefangen". Gemeint ist der Beginn der

Am Altkatholiken-Kongressen in Köln (1872) sowie an den sich anschließenden Kongressen in Konstanz (1873) und Freiburg (1874) nahm Berchtold nicht mehr als Delegierter Teil[561]. Als Abgeordneter aus Bayern wurde er erst wieder auf die 3. und 4. Synode in den Jahren 1876 bzw. 1877 gesandt[562]. Während er in der 3. Synode keinen Beitrag lieferte, wurde er in der 4. Synode in eine Kommission gewählt, die den von der Synodal-Repräsentanz vorgelegten Entwurf eines „Status für die Handhabung der Disciplin über den Klerus" vorberaten sollte[563]. Dabei handelte es sich um einen Katalog zulässiger Strafen bei Vergehen des Klerus[564], quasi ein Strafgesetzbuch für Geistliche. Als Sprecher der Kommission beantragte Berchtold in der fünften Sitzung der Synode nach ausführlicher Begründung, „die Synode möge den Entwurf in seiner jetzigen Gestalt ablehnen und die Synodal-Repräsentanz ersuchen, denselben in revidierter Gestalt der Nächsten Synode" wieder vorlegen. Dieser Antrag wurde einstimmig und ohne Diskussion angenommen[565]. Auf der folgenden 5. Synode im Jahr 1878 wurde das Statut dann verabschiedet[566].

Vermutlich trat Berchtold in den folgenden Jahren etwas in den Hintergrund, da die Organisation der altkatholischen Gemeinde in München weitgehend in geordneten Bahnen verlief und auf den Synoden vor allem theologische Themen debattiert wurden. Für einen Juristen wie Berchtold, der in der von organisatorischen Aufgaben geprägten Anfangszeit ein gefragter Mann war und in sämtlichen Komitees, Kommissionen und dem Bayerischen Landesverein als Mann der ersten Stunde vertreten war, blieb nun ein gutes Jahrzehnt Zeit, sich wieder auf die theoretische Auseinandersetzung mit den vatikanischen Dekreten und ihren Folgen zu konzentrieren[567].

Erst als die bayerische Staatsregierung nach dem Tod Döllingers im Jahr 1890 ihre bisherige zumindest neutrale Haltung gegenüber den Altkatholiken aufgab, auf die Linie der Kirche einschwenkte und die Altkatholiken in die De-

---

Ordnung unter Abschnitt I. mit „Der Bischof". Vgl. hierzu Kessler, Entwurf zu einer Synodal und Gemeindeordnung, Seite 53

561 vgl. Bericht über Kongress in Köln, Bericht über Kongress in Konstanz, Bericht über Kongress in Freiburg, jeweils Verzeichnis der Delegierten und Gäste.

562 vgl. Beschlüsse der 1. Synode, Beschlüsse der 2. Synode, Beschlüsse der 3. Synode, Beschlüsse der 4. Synode, jeweils Anhang B. Mitglieder der Synoden.

563 Beschlüsse der 4. Synode, Seite 7

564 Verhandlungen der 5. Synode, Seite 111

565 Beschlüsse der 4. Synode, Seite 28

566 Verhandlungen der 5. Synode, Seite 121; abgedruckt ist das Statut bei Schulte, Altkatholizismus, Seiten 55 – 63

567 In dieser Zeit verfasste Berchtold seine Schrift „Die Bulle Unam Sanctam, ihre wahre Bedeutung und Tragweite für Staat und Kirche" (1887)

fensive drängte, war Berchtold wieder in seiner Funktion als Anwalt der altkatholischen Gemeinde in München gefordert.

3.10. Konstituierung als Privatkirchengesellschaft

Bis ins Jahr 1890 sahen sich die Altkatholiken im Einklang mit der bayerischen Staatsregierung als Teil der katholischen Kirche an, ohne eine Abspaltung zu beabsichtigen. Im Einzelnen stellte sich die Lage wie folgt dar.

3.10.1. Status Quo zu Beginn des Jahres 1890[568]

Am 22. März 1871 verweigerte Kultusminister Lutz den vatikanischen Beschlüssen offiziell das verfassungsmäßige placetum regium, d.h. die königliche Genehmigung ihrer öffentlichen Verkündung. Begründet wurde diese Entscheidung mit dem Hinweis, dass die vatikanischen Dekrete eine Gefahr für die sozialen und politischen staatlichen Grundlagen seien, da sie Fundamentalsätze des bayerischen Verfassungsrechts in Frage stellen würden[569]. Als die bayerischen Bischöfe mit Schreiben vom 15. Mai 1871[570] darlegten, dass sie die Zustimmung des Königs nicht für erforderlich hielten und die Beschlüsse zum Teil auch ohne placetum regium zu verkünden begannen[571], nahm das Kultusministerium mit Erlass vom 27. August 1871[572] hierzu grundsätzlich Stellung. Die neuen Dogmen veränderten das Verhältnis zwischen Staat und Kirche und seien deshalb „staatsgefährlich“. Eine Veröffentlichung der Dekrete durch die Bischöfe ohne placetum regium sei verfassungswidrig. Deshalb werde die Regierung nicht nur die Mitwirkung beim Vollzug von diesbezüglichen kirchlichen Anordnungen verweigern, sondern auch kirchlichen Maßregeln gegen Altkatholiken jede Wirkung auf die bürgerliche oder politische Stellung der Betroffenen versagen[573]. Auch weitere Eingaben der Kirche im Oktober 1871[574], Oktober 1875 und Juni 1888 wurden

568 vgl. hierzu zusammenfassend Kopp, Altkatholizismus, Seiten 12 f.

569 Friedberg, Aktenstücke zum ersten vaticanischen Concil, hier: Entschließung des Baier. Staatsministeriums, Seiten 670 – 672

570 Abdruck in Friedberg, Aktenstücke zum ersten vaticanischen Concil, Seiten 805 – 813

571 vgl. Berlis, Frauen im Prozess der Kirchwerdung, Seite 137 / Fußnote 518

572 Abdruck in Friedberg, Aktenstücke zum ersten vaticanischen Concil, Seiten 813 – 827

573 Kopp, Altkatholizismus, Seiten 12 f.

574 vgl.Friedberg, Aktenstücke zum ersten vaticanischen Concil: Interpellation in der baier. Abgeordnetenkammer an den Cult.-Min. v. Lutz wegen Stellung der Regie-

von der bayerischen Staatsregierung ablehnend verbeschieden. Konsequenterweise wurden die von den Kirchenorganen längst aus der katholischen Kirche ausgeschlossenen Altkatholiken von staatlicher Seite weiterhin als Kirchenmitglieder betrachtet und geduldet[575].

Wie oben erläutert dürfte das von Berchtold verfasste Gutachten der juristischen Fakultät zum kritischen Standpunkt der bayerischen Regierung gegenüber den Dekreten beigetragen oder diesen zumindest bestärkt haben[576].

3.10.2. Gesinnungswandel der bayerischen Staatsregierung

In dem seit 1889 tagenden bayerischen Landtag verlangte die ultramontane Kammermehrheit von der Staatsregierung nachdrücklich Zugeständnisse hinsichtlich der staatsrechtlichen Stellung der Altkatholiken sowie in Bezug auf das placetum regium. Die Ernsthaftigkeit des Anliegens wurde dadurch unterstrichen, dass die ultramontane Majorität „verschiedene Posten des Kultusetats" verweigerte. Auch wenn die Staatsregierung hinsichtlich des placetum regium standhaft blieb, deutete sie nun an, dass eine Exkommunikation der Altkatholiken aus einem anderen Grund als dem Widerspruch zur Unfehlbarkeit gerechtfertigt sein könnte[577]. Sobald andere Gründe vorlägen, sei die Regierung im Hinblick auf die verfassungsmäßigen Rechte der Kirche zum Einschreiten verpflichtet[578].

Nach dem Tod Döllingers im Januar 1890 wagte der Kapitularvikar von München-Freising von Rampf am 10. März 1890 eine weitere Eingabe an die bayerische Staatsregierung mit der Bitte „um die endliche Regelung der sogenannten Altkatholikenfrage". Diese Bitte werde insbesondere für München Freising erneuert, da die „Sekte" der Altkatholiken hier relativ gesehen die meisten Anhänger zähle und sich hier auch der Zentralverein befinde. Neben der Verwerfung der vatikanischen Dogmen wurden als weitere Gründe für eine Exkommunikation der Altkatholiken ipso facto die Verneinung des katholischen Dogmas der unbefleckten Empfängnis sowie des Ehren- und Jurisdiktionsprimats angeführt[579].

rung zu den Alt-katholiken, Seiten 833 – 835 sowie Antwort des baierischen Ministeriums, Seiten 833 ff.

575 Schulte, Vorgehen gegen Altkatholiken, Seite 3

576 vgl. oben 2.2.2.

577 Zirngiebl, Geschichte der altkatholischen Gemeinde in München, Seite 374

578 Schulte, Vorgehen gegen die Altkatholiken, Seite 7, aus der Entschließung von Lutz´vom 15. März 1890

579 Schulte, Vorgehen gegen Altkatholiken, Seite 3 f.; hier findet sich auch die Eingabe von Rampfs im Wortlaut

Die Leugnung des Dogmas von der unbefleckten Empfängnis, die auf eine einzelne Aussage Johann Friedrichs in einem wissenschaftlichen Aufsatz im Deutschen Merkur[580] gestützt wurde, reichte Minister Lutz für den Kirchenausschluss der Altkatholiken aus. Mit diesem fadenscheinigen Argument wurde der Antrag als begründet erachtet und dem Ausschuss des bayerischen Landesvereins – ohne vorherige Anhörung[581] – am 15. März 1890 mitgeteilt, „dass jenem Antrag entsprechend vorerst die innerhalb der Erzdiözese München-Freising wohnenden Altkatholiken von nun ab seitens der k. Staatsregierung nicht mehr als Mitglieder der katholischen Kirche betrachtet und behandelt werden“[582]. Der kurzfristigen Bitte des Ausschusses, Gottesdienst und Bestattungen bis zur abschließenden Klärung der Rechtsstellung der Altkatholiken provisorisch fortführen zu dürfen, wurde nicht entsprochen. Die für den 19. März 1890 einberufene außerordentliche Altkatholikenversammlung beauftragte deshalb den Ausschuss des Landesvereins, alle zur Abwendung der Rechtsnachteile geeigneten und erforderlichen Maßnahmen zu ergreifen[583].

Bedingt durch diese historische Entwicklung war der Kirchenrechtslehrer Josef Berchtold als Ausschussmitglied des Landesvereins wieder im Mittelpunkt des Geschehens, und seine fachlichen Kompetenzen gefragt.

3.10.3. Kirchenrechtliche Eingabe Berchtolds an die bayerische Staatsregierung

Die folgende zweijährige, permanente kirchenrechtliche Auseinandersetzung zwischen Landesverein und bayerischer Staatsregierung wurde entscheidend durch den Einsatz und die rechtlichen Vorgaben Berchtolds geprägt.

Bereits am 27. März 1890 reichte der Ausschuss ein von Berchtold verfasstes Gesuch bei der bayerischen Regierung ein. Darin wurde beantragt, die Entscheidung vom 15. März außer Kraft zu setzen, verbunden mit der Bitte, die Altkatholiken als öffentliche Religionsgemeinschaft unter der Bezeichnung „Altkatholische Kirche“ anzuerkennen. Hilfsweise forderte Berchtold, die Altkatholiken der

---

580 Deutscher Merkur vom 22. Februar 1890 / Nr. 8, zitiert nach Schulte, Vorgehen gegen Altkatholiken, Seite 5

581 Schulte, Vorgehen gegen die Altkatoliken, Seite 20; Zirngiebl, Geschichte der altkatholischen Gemeinde in München, Seite 375: In der Generalversammlung der Altkatholiken, abgehalten am 19. März 1890 wird die Überzeugung geäußert, dass die Argumentation der Kirche bei einer Anhörung der Altkatholiken durch die Staatsregierung leicht hätte entkräftet werden können.

582 Schulte, Vorgehen gegen die Altkatholiken, Seite 9, Entschließung von Lutz' vom 15. März 1890 im Wortlaut, d.h. bereits 5 Tage nach der Eingabe des Kapitularvikars erfolgte die positive Antwort des Ministers.

583 Zirngiebl, Geschichte der altkatholischen Gemeinde in München, Seite 375

Diözese München-Freising als Privatkirchengesellschaft einzustufen[584]. Berchtold hielt das Hilfspetitum für zwingend erforderlich, obwohl er wusste, dass er Lutz damit einen leichten Ausweg eröffnete. Gegenüber Deinhard[585], einem altkatholischen Kammerabgeordneten, rechtfertigte er den Hilfsantrag damit, dass über Ostern wenigstens die Kirche geöffnet sein müsse und die Sakramente gespendet werden könnten[586]. Die Anerkennung als öffentliche Religionsgesellschaft würde, wie Berchtold richtig einschätzte, geraume Zeit in Anspruch nehmen[587].

Den Widerstand gegen die Entscheidung der bayerischen Staatsregierung, den die Altkatholiken „als eine schwere Rechtskränkung empfänden" begründet Berchtold formal und sachlich[588]. In formeller Hinsicht weist Berchtold auf die fehlende Anhörung der Altkatholiken vor dem verkündeten Erlass hin. Sachlich widerlegt er die Begründung des Ausschlusses mit der Verneinung des Dogmas von der unbefleckten Empfängnis durch die Altkatholiken. Kapitularvikar und Minister hätten „päpstlicher urteilend als der Papst selbst", die Strafbestimmung der Bulle von Papst Pius IX. vom 8. Dezember 1854 zur unbefleckten Empfängnis Mariens verkannt. „Nach dem klaren Wortlaute der Bulle sollen nämlich nur diejenigen einzelnen Katholiken, welche es wagen würden, dem vom Papste verkündigten Dogma irgendwie äußerlich zu widersprechen, mit dem großen Kirchenbann belegt sein, – nicht aber schlechthin alle und jede Katholiken, welche etwa im Verdacht stehen, dass sie an das fragliche Dogma nicht glauben". Der Artikel Friedrichs[589] in einem nur vermeintlich offiziellen Organ der Altkatholiken, dem Deutschen Merkur, könne jedenfalls nicht in dem Sinne interpretiert werden, alle Altkatholiken von München-Freising hätten dem fraglichen Dogma öffentlich widersprochen[590]. Außerdem seien die Altkatholiken bis heute unzweifelhaft befugt gegen das unter Missachtung des placet regium verkündeten Unfehlbarkeitsdogmas, Widerspruch einzulegen. Das müsse in gleicher Weise für

584 Zirngiebl, Geschichte der altkatholischen Gemeinde in München, Seite 381

585 Andreas Deinhard, 1845-1907, Mitglied des bayerischen Landtages und des Reichstages, Nationalliberale Partei (Keßler, Friedrich, Seite 460)

586 Schulte, Lebenserinnerungen, Seiten 359 f.

587 Erst 1920 wurden der altkatholischen Religionsgesellschaft in Bayern die Rechte einer Körperschaft des öffentlichen Rechtes nach Maßgabe des Artikels 137 Abs. V der Verfassung des deutschen Reiches vom 11. August 1919 zuerkannt, vgl. Altkatholisches Volksblatt, Nr. 21/22, Bonn 28. Mai 1920, 34. Jahrgang

588 Der Antrag Berchtolds im Namen des Ausschusses des Landesvereins findet sich in Auszügen bei Zirngiebl, Geschichte der altkatholischen Gemeinde München, Seiten 381 f.; die weiteren Zitate sind diesem Gesuch Berchtolds entnommen.

589 Deutscher Merkur vom 22. Februar 1890 / Nr. 8, zitiert nach Schulte, Vorgehen gegen Altkatholiken, Seite 5

590 Zirngiebl, Geschichte der altkatholischen Gemeinde in München, Seite 381

den päpstlichen Stuhlspruch von 1854 gelten, da dieser ein einzelner Ausfluss des Dogmas sei. „Bei der entgegengesetzten Annahme würde man zu dem absurden Resultat gelangen, dass es in Bayern staatsrechtlich erlaubt sei, die nicht placetierte Unfehlbarkeitslehre zu leugnen, einen früher placetierten bloßen Ausfluss dieser Lehre aber nicht“. Zur Widerlegung der öffentlichen Leugnung des Jurisdiktionsprimats durch die Altkatholiken verweist Berchtold auf deren Lehrbücher, aus denen sich die ausdrückliche Anerkennung des Primats ergebe[591].

Schulte bestätigt in seiner Schrift „Das Vorgehen des bayerischen Ministeriums gegen die Altkatholiken“ die Kritik und Argumentation Berchtolds. Die Altkatholiken hätten keine Erklärung als Gemeinschaft über das Dogma abgegeben, da der Deutsche Merkur kein offizielles Organ der Altkatholiken sei, wie von der Kirche behauptet[592], und die Definition des Dogmas die ausdrückliche äußere Unterwerfung voraussetze[593]. Im Deutschen Merkur handele es sich um eine rein wissenschaftliche Äußerung eines Einzelnen[594]. Die Staatsregierung habe die Ansicht der Kirche zudem ohne jegliche Prüfung oder Anhörung der Betroffenen übernommen[595]. Schulte schließt seine Stellungnahme mit einem vernichtenden Urteil: „Von Recht ist nichts in dem Verfahren zu entdecken, von Billigkeit noch weniger. Politik, aber nicht im Sinne einer staatserhaltenden Weisheit, war allein maßgebend. Der Anstand brauchte nicht gewahrt zu werden, man löste vom 10. bis 15. März eine ‚Frage‘, welche genau ebenso seit dem 18. Juli 1870 lag, als am 15. März 1890“[596].

Der Antrag Berchtolds war insoweit erfolgreich, als die Altkatholiken von München-Freising vom Prinzregenten mit Ministerial-Entschließung vom 2. April 1890 nach Maßgabe der Rechte des Religionsedikts die Rechte einer Privatkirchengesellschaft zuerkannt bekamen[597]. Wie von Berchtold beabsichtigt konnten sie dadurch an Ostern in ihrer Kirche Gottesdienst feiern. Konsequent wies die außerordentliche Generalversammlung vom 9. April jedoch darauf hin, dass Ziel weiterhin die Rechte einer öffentlichen Kirchengesellschaft blieben und die Privatkirchengesellschaft lediglich als Provisorium betrachtet werde[598].

591 Zirngiebl, Geschichte der altkatholischen Gemeinde in München, Seite 382
592 Schulte, Vorgehen gegen Altkatholiken, Seite 13
593 Schulte, Vorgehen gegen Altkatholiken, Seite 16
594 Schulte, Vorgehen gegen Altkatholiken, Seite 15: Friedrich lehne das Dogma nicht schlichtweg ab, sondern führe lediglich an, dass es die Altkatholiken nichts angehe, wenn die Kirche die unbefleckte Empfängnis ins Glaubensbekenntnis aufgenommen hätte, da sie weder 1870 noch 1889 den Papst für unfehlbar hielten.
595 Schulte, Vorgehen gegen Altkatholiken, Seiten 18 bzw. 20
596 Schulte, Vorgehen gegen Altkatholiken, Seite 29
597 Kopp, Altkatholiszismus, Seite 13
598 Zirngiebl, Geschichte der altkatholischen Gemeinde, Seiten 382 f.

Aufgrund diverser Schikanen musste Berchtold seine Auseinandersetzung mit der bayerischen Staatsregierung weiter fortführen.

3.10.4. Berchtolds Kampf um die Rechte der Privatkirchengesellschaft

Nachdem sich die Münchener Altkatholiken am 20. Juli 1890 förmlich im Sinne der Synodal- und Gemeindeordnung der Altkatholiken des deutschen Reiches als Kirchengemeinde konstituiert hatten, forderten sie von der Staatsregierung eine Klarstellung hinsichtlich der Rechte und Funktionen des Bonner Bischofs Reinkens mit Blick auf die bayerische Privatkirchengesellschaft. Mit Ministerial-Entschließung vom 8. August 1890 wurde den Altkatholiken bedeutet, dass der von der altkatholischen Synode gewählte Bischof als Privatperson betrachtet werde und nicht befugt sei, die römisch-katholischen Insignien eines Bischofs zu tragen. Während eine weitere Erwiderung des Ausschusses des Landesvereins unbeantwortet blieb, wurde den Altkatholiken im November mitgeteilt, dass es ihnen verboten sei, sich als Katholiken zu bezeichnen. Dies gelte für Volkszählungen wie für jeden anderen Anlass. Notgedrungen unterwarfen sich die bayerischen Altkatholiken den weiteren Schikanen. In der Volkszählung bezeichneten sie sich als altkatholisch[599] und die Firmung führte der Bischof unter Verzicht auf seine Insignien aus[600].

Als im Mai 1891 die Anliegen Berchtolds und des Landesvereins nochmals abgelehnt wurden, wandten sich die Altkatholiken mit Schreiben vom 2. September 1891 erneut an den Prinzregenten und schilderten ihre Lage[601]. Ein Presseorgan, das „Bayerische Vaterland", habe zwischenzeitlich die religiösen Werte der Altkatholiken beleidigt, indem es anlässlich der Firmung durch Bischof Reinkens verlautbart habe, „dass dieser ‚auch gut mit altkatholischem Salatöl zu

599 Zirngiebl, Geschichte der altkatholischen Gemeinde in München, Seiten 389 f.: Mit Rundschreiben vom 22. November 1890 reagierte der Ausschuss auf das Verbot sich „katholisch" zu nennen: „Die bayerische Regierung nimmt das Wort katholisch im staatsrechtlichen Sinne und erklärt es für gleichbedeutend mit römisch.katholisch. Nun, römisch sind wir ja nicht und wollen und können wir nicht sein. Wenn wir aber auch nicht katholisch sind im bayerisch-staatsrechtlichen Sinne, d.h. wenn wir nicht römisch sind, wenn wir auch nicht alle Lehren als wahrhaft katholisch anerkennen können, welche in der römischen Kirche dafür gelten, so sind wir doch katholisch im religiösen und alten Sinne des Wortes, wonach nur das katholisch ist, quod semper, quod ubique, quod ab omnibus creditum es: was immer, was überall, was von allen geglaubt worden ist. Dass wir katholisch sind und bleiben im religiösen und alten Sinne des Wortes, das bezeichnen wir bei der Volkszählung mit dem Ausdrucke altkatholisch."

600 Zirngiebl, Geschichte der altkatholischen Gemeinde in München, Seite 396

601 Zirngiebl, Geschichte der altkatholischen Gemeinde in München, Seite 396

schmieren wisse'". Eine strafrechtliche Verfolgung sei mit der Begründung unterblieben, dass die bayerischen Altkatholiken lediglich die Rechte einer Privatkirchengesellschaft zustünden und nicht die einer mit Korporationsrechten ausgestatteten Religionsgesellschaft. Die Altkatholiken wiederholten deshalb ihren Antrag auf Anerkennung als öffentliche Religionsgesellschaft und wiesen darauf hin, dass es gegen das Religionsedikt verstoße, wenn der Bischof nicht einmal innerhalb der Gotteshäuser zum Tragen der Insignien berechtigt sei. Mit Verlautbarung im Oktober 1891 hielt die Staatsregierung weiter an ihrem Standpunkt fest und erweiterte ihr Verbot auch auf die priesterliche Kleidung. Gemäß § 35 der II. Verfassungs-Beilage[602] sei es den Privatkirchengesellschaften untersagt, „sich der Glocken oder sonstiger Auszeichnungen zu bedienen, welche Gesetze oder Gewohnheit den öffentlichen Kirchen angeeignet haben". Damit solle die Unterscheidung der anerkannten öffentlichen Kirchengesellschaften gegenüber den Privatkirchengesellschaften gewahrt werde[603].

Es ist anzunehmen, dass sämtliche rechtlichen Eingaben allein oder zumindest zum entscheidenden Teil von Berchtold verfasst wurden. Zumindest übernimmt Berchtold selbst die gesamte Verantwortung für das bisherige Verhalten gegenüber der Staatsregierung und bezeichnet sich selbst als „juristischen Examinator"[604]. In jedem Fall wurde das anschließende verzweifelte Auflehnen der bayerischen Altkatholiken nachweislich durch Berchtold geprägt. Bei der nächsten außerordentlichen Generalversammlung am 8. November klärte Berchtold die Delegierten über Tragweite und Inhalt des § 35 der II. Verfassungs-Beilage ausführlich und gründlich auf und widerlegt die Auslegung des Edikts durch die bayerische Staatsregierung nachhaltig.[605] Seinen inneren Konflikt in der Ausein-

602 Wortlaut des § 35: „Den Privatkirchengesellschaften ist aber nicht gestattet, sich der Glocken oder sonstiger Auszeichnungen zu bedienen, welche Gesetze oder Gewohnheit den öffentlichen Kirchen angeeignet haben.", vgl. Berchtold, Religionsedikt, Seite 10; Verfassung vom 26. Mai 1818. Zusammen mit der Verfassung wurden zehn verfassungsergänzende Edikte verkündet, darunter auch ein Religionsedikt (II. Verfassungs-Beilage).

603 Zirngiebl, Geschichte der altkatholischen Gemeinde in München, Seite 397

604 Berchtold übernimmt am 8. November 1891 bei seinem Vortrag über § 35 des bayerischen Religionsedikts in der Generalversammlung des bayerischen Landesvereins die gesamte Verantwortung für das bisherige Verhalten gegenüber der Staatsregierung, vgl. Berchtold, Religionsedikt, Seite 4, auf Seite 5 bezeichnet sich Berchtold als „juristischer Examinator".

605 Vgl. Berchtold, Religionsedikt: Die Begründung der Staatsregierung, der altkatholische Bischof dürfe die Insignien eines römisch-katholischen Bischofs nicht tragen wird auf den Wortlaut des § 35 des Religionsedikts gestützt. Nach diesem ist es den Privatkirchengesellschaften nicht gestattet, sich der Glocken oder sonstiger Auszeichnungen zu bedienen, welche Gesetze oder Gewohnheit den öffentlichen Kirchen angeeignet haben. Während der Kultusminister den Ausdruck „öffentliche

andersetzung mit dem bayerischen Staat macht Berchtold ebenfalls deutlich: „[...] so werden Sie verstehen, wie peinlich diese Situation für mich als öffentlichen Lehrer der Rechte ist, da ich als solcher nichts sehnlicher wünschen kann, als stets auf Seiten der Staatsregierung stehen zu dürfen. Aber meine Herren, wenn es sich um meine religiöse und wissenschaftliche Überzeugung handelt, dann scheue ich auch nicht davor zurück, derselben offen und ehrlich und furchtlos, aber nur mit wissenschaftlichen Gründen, Ausdruck zu verleihen, selbst auf die Gefahr hin, einem Akte der königlichen Staatsregierung gegenüber treten zu müssen“[606]. Den Vorwurf aus den eigenen Reihen, der Staatsregierung in der Vergangenheit zu schüchtern und mit übermäßiger Loyalität begegnet zu sein, weist Berchtold entschieden zurück. Er nehme das bisherige Verhalten gerne und ganz auf sich und betont, „dass von unserer Seite nicht um des Haares Breite von dem Boden des strengsten Rechts abgewichen werden dürfe, dass wir insbesondere keinen Missbrauch treiben sollen mit dem Satz: ‚Man muss Gott mehr gehorchen als den Menschen.‘ [...] Lieber zu viel Loyalität als zu wenig – das war immer meine und sollte auch immer unsere Losung sein“[607].

Auf Grundlage des Vortrags von Berchtold beschlossen die Delegierten, eine Beschwerdeschrift beim Landtag wegen der Verletzung verfassungsmäßiger Rechte einzureichen. Am 11. Dezember wurde der Staatsregierung – unter Hinweis auf die ausführliche Begründung Berchtolds – vorab dargelegt, warum ihre Auslegung des § 35 der II. Verfassungs-Beilage der bayerischen Verfassung wi-

Kirchen“ im Sinne von öffentliche Kirchengesellschaften interpretiert, begründet Berchtold nach dem Wortlaut, aus dem Gesetzes-zusammenhang und im Sinne einer historischen Auslegung, dass der Wille des Gesetzgebers sich lediglich auf die öffentlichen Kirchengebäude bezog. Nach dem Wortlaut können Glocken nur Auszeichnungen eines Gebäudes, nicht einer Kirchengesellschaft sein. Aus dem Gesetzeszusammenhang, insbesondere § 38, ergäbe sich, dass private und öffentliche Kirchengesellschaften hinsichtlich aller inneren Angelegenheiten gleichgestellt seien, insbesondere auch im Hinblick auf die Form und Feier des Gottesdienstes. Die historische Interpretation führt Berchtold zum Allgemeinen Preußischen Landrecht als Grundlage des Religionsedikts. Darin wird den bloß geduldeten Kirchengesellschaften in § 25 „nicht gestattet, sich der Glocken zu bedienen oder öffentliche Feierlichkeiten außerhalb der Mauern ihres Versammlungshauses anzustellen“. Aufgrund seiner richtigen Auslegung, für die er auch weitere Stimmen aus der Wissenschaft zitiert, folgert Berchtold, dass den Privatkirchengesellschaften im Innern ihrer Kirchen die volle Kultusfreiheit gewährleistet werde, jedoch ohne die Zeichen der Öffentlichkeit an ihren Kirchen (Glocken, Türme, Statuen etc.). Für die Fehlinterpretation durch den Kultusminister macht Berchtold Professor Silbernagl von der katholischen Fakultät verantwortlich, der in einer seiner Schriften den § 35 mit der Änderung „öffentliche Kirchengesellschaften“ abgedruckt habe.

606 Berchtold, Religionsedikt, Seiten 3 f.

607 Berchtold, Religionsedikt, Seite 4

derspreche. Am 16. Dezember erfolgte die Eingabe der Beschwerdeschrift an den Landtag[608].

Erst am 4. Mai 1892 war die Beschwerde der Altkatholiken Gegenstand der Verhandlungen des Beschwerdeausschusses der Abgeordnetenkammer. Obwohl die Beschwerde im Ausschuss mit 7 zu 2 Stimmen abgewiesen wurde, beinhaltete die lange Verhandlung einen Lichtblick für die Altkatholiken. Kultusminister von Müller stellte in einem unbegründeten Vorwurf klar, dass die bayerischen Altkatholiken niemals ausdrücklich beantragt hätten, „bischöfliche Funktionen im herkömmlichen Ornate innerhalb der altkatholischen Gotteshäuser auszuüben, sondern dieses Gesuch sei immer allgemein für Bayern gestellt worden". Das Ministerium habe deshalb auch keine Entscheidung getroffen, welche Insignien innerhalb der Kirchen von den Bischöfen getragen werden dürften. Nach der Ablehnung im Beschwerdeausschuss wurde den Altkatholiken nahe gelegt, die Beschwerde zurückzuziehen. Auf einer Generalversammlung vor der Abstimmung in der Abgeordnetenkammer, wollten die Altkatholiken hierüber eine Entscheidung fällen. Dr. Lossen hatte das Referat von Berchtold in dieser Angelegenheit krankheitsbedingt übernommen[609]. Nach einem eindringlichen Appell an die Delegierten, dass von der Beschwerde „die Frage nach den Grenzen der Kultusfreiheit aller bayerischen Privatkirchengesellschaften" tangiert sei, wurde einstimmig beschlossen, die Beschwerde nicht zurückzuziehen.

Obwohl die Beschwerde in der Abgeordnetenkammer mit Majoritätsbeschluss abgelehnt wurde, sahen sich die Altkatholiken in ihrer Stellung gestärkt. Sie nahmen die beschwichtigenden Äußerungen des Kultusministers im Beschwerdeausschuss als gegeben an und sahen sich als selbständige Privatkirchengesellschaft gestärkt[610]. Zirngiebl glaubt sogar, die altkatholische Kirchengemeinde Münchens sei aus der schweren Krise mit innerem Gewinn hervorgegangen[611]. In seinem Rückblick betrachtet er die Sachlage von der positiven Seite: „Wie wenig bedeutete dagegen der Verlust von kirchenpolitischen Rechten, die aus der Theorie nie in die Praxis übergegangen waren? Wie wenig die Beanstandung gewohnter katholischer Priestergewänder, zumal da an deren Stelle die altchristlichen getreten waren? Wie wenig das Schweigen der Glocken? Das alles gehört ja nicht der Ewigkeit an, nur der Sphäre des Vergänglichen und Veränderlichen, einem falschen Verhältnis von Kirche und Staat, deren Lösung im modernen Staatsleben überhaupt nur eine Frage der Zeit ist[612].

608 Zirngiebl, Geschichte der altkatholischen Gemeinde in München, Seite 397
609 Zirngiebl, Geschichte der altkatholischen Gemeinde in München, Seite 405
610 Zirngiebl, Geschichte der altkatholischen Gemeinde in München, Seite 406
611 Zirngiebl, Geschichte der altkatholischen Gemeinde in München, Seite 411
612 Zirngiebl, Geschichte der altkatholischen Gemeinde in München, Seite 406

3.11. Resümee

Josef Berchtold, der die Anerkennung der altkatholischen Religionsgesellschaft in Bayern als Körperschaft des öffentlichen Rechtes im Jahr 1920 nicht mehr erlebte, gebührt der große Verdienst, die bayerischen Altkatholiken mit seinem unermesslichen Einsatz als kirchenrechtlicher Berater auf dem Weg zur Privatkirchengesellschaft vertreten zu haben. Nach dem Tod Döllingers im Jahr 1890, war es Berchtold, der die Geschicke der altkatholischen Gemeinde in München in der Auseinandersetzung mit der bayerischen Staatsregierung entscheidend beeinflusste. Berchtold, der die bayerische Verfassung in seinen Schriften gegen den Einfluss der vatikanischen Dekrete verteidigte und der bayerischen Regierung die Argumentationsgrundlage gegen das Unfehlbarkeitsdogma lieferte, musste der Gesinnungswandel der Regierung persönlich besonders schmerzen. Dennoch blieb er im Streit um die Rechte der Privatkirchengesellschaft fair, verließ sich auf seine stichhaltige kirchenrechtliche Argumentationslinie und begab sich nicht auf das Niveau seiner Gegner. Mit seiner Art führte er die Altkatholiken in München wieder in ruhige Gewässer und zu einem annehmbaren rechtlichen Status Quo.

IV. Kapitel: Würdigung

Im Folgenden werden Berchtolds Leistungen im Rahmen der altkatholischen Reformbewegung und während seiner universitären Laufbahn nochmals vor seinem Familienhintergrund zusammenfassend gewürdigt.

1. Kampf gegen den Ultramontanismus

1.1. Anwalt der Altkatholiken

In München, der Hochburg des Kampfes gegen den Ultramontanismus zählte Berchtold zu den Männern der ersten Stunde. Mit der Verfassung des Gutachtens für die juristische Fakultät war der Kirchen- und Staatsrechtler Berchtold in die Konzilsfrage hineingezogen und gehörte dem inoffiziellen Zirkel der von der Universität München ausgehenden Proteste gegen die Auswirkungen des I. Vatikanischen Konzils an. Sein Gutachten beeinflusste die bayerische Staatsregierung maßgeblich in ihrer Entscheidung, den vatikanischen Dekreten wegen der ihnen immanenten Staatsgefährlichkeit das placetum regium zu verweigern. Damit sicherte Berchtold den von den Kirchenorganen aus der katholischen Kirche ausgeschlossenen Altkatholiken die offizielle Anerkennung und den Schutz seitens des Staates für die nächsten 20 Jahre. Im Aufbau und in der Organisation der altkatholischen Reformbewegung übernahm Berchtold u.a. wichtige koordinierende Funktionen im Zentralkomitee, im Ausschuss des Landesvereins, als Sekretär der Pfingstversammlung und als Delegierter bei diversen Kongressen und Synoden.

Mit Recht darf Berchtold als Anwalt der Altkatholiken bezeichnet werden, denn neben seiner staatsrechtlichen Auseinandersetzung mit den Dogmen beeinflusste er die Synodal- und Gemeindeordnung der Altkatholiken, ihren Disziplinarstatut und lieferte im Kampf gegen das bayerische Religionsedikt die entscheidenden rechtlichen Stellungnahmen für die Anerkennung als Privatkirchengesellschaft. Nach dem Tod Döllingers im Jahr 1890, war es Berchtold, der die Geschicke der altkatholischen Gemeinde in München in der Auseinandersetzung mit der bayerischen Staatsregierung bestimmte. Mit seiner menschlich wie rechtlich überzeugenden Art führte er die Altkatholiken in München nach 1890 wieder in ruhige Gewässer.

1.2. Verhältnis zu führenden Altkatholiken

Die Wertschätzung, die Berchtold im Brennpunkt der Reformbewegung genoss, zeigt sich nicht nur in der Berufung in sämtliche zentralen Gremien der Altkatholiken und seiner damit verbundenen Mitwirkung insbesondere auch bei der Organisation in Bayern und der Gemeindebildung in München, sondern auch in seiner persönlichen Beziehung zu den führenden Altkatholiken.

1.2.1. Döllinger

Döllinger setzte Berchtold bereits 1871 als Sekretär der von ihm organisierten Pfingstversammlung ein. Im Disput mit Bischof Scherr vor seiner Exkommunikation verweist Döllinger auf den Widerspruch der Dekrete mit der bayerischen Verfassung und dem von ihm als Reichsrat geleisteten Eid. Dabei beruft er sich auf das von Berchtold erstellte Gutachten der juristischen Fakultät[613]. Anlässlich der Besetzung des Lehrstuhles für Kirchenrecht und Kirchengeschichte am Lyzeum Bamberg erkundigte sich Döllinger 1874 bei Berchtold über die kirchenpolitische Einstellung seines Schwagers. Nach der Mitteilung Berchtolds, dass sein Schwager der ultramontanen Anschauung anhängen würde und in diesem Sinne lehren würde, wurde auf Anraten Döllingers gegenüber Minister Lutz der Mitwettbewerber Contzens auf den Lehrstuhl berufen[614]. Auch in privaten juristischen Angelegenheiten verließ sich Döllinger auf den Rat Berchtolds. In den achtziger Jahren beriet Berchtold Döllinger bei dessen juristischer Auseinandersetzung mit seinem Verleger[615]. Das besondere Vertrauen Döllingers zeigte sich auch in der Ernennung Berchtolds zu seinem Testamentsexecutor[616]. Berchtold wiederum überbrachte Döllinger für den bayerischen Landesverein „eine kaligraphisch ausgestaltete Glückwunschadresse“ zu dessen 90. Geburtstag[617].

1.2.2. Schulte

Auch Schulte berief sich auf Berchtold und nimmt direkt Bezug auf die Veröffentlichung Berchtolds über die Unvereinbarkeit der neuen päpstlichen Glau-

---

613 Schulte, Altkatholizismus, Seite 194

614 Kessler, Friedrich, Anhang Seiten A 22 f.

615 Berchtold an Döllinger, Briefe vom 10.10.1886 und 13.07.1887, BSB Döllingeriana II. (Berchtold); beide Briefe sind im Anhang als Kopie beigefügt (Übertragung von Hubert Huppertz: vgl. Briefe 1821 – 1890 an Johann Joseph Ignaz von Döllinger, Döllingeriana II, Band 2, Bedell – Buttiniza übertragen von Hubert Huppertz, Exemplar Nr. 5, Seiten 27 – 29).

616 Friedrich, Berchtold, Seite 39

617 Bericht über Generalsversammlung des Landesvereins, 1890

bensdekrete mit der bayerischen Staatsverfassung: Für Bayern sei mit diesen Ausführungen bereits „der specielle Nachweis von der Unverträglichkeit in einer Weise erbracht, dass ich mich demselben durchweg anschließen kann“[618]. Im Streit um die Münchener Pfingsterklärung mit Acton und Blennerhasset stellte sich Schulte ausdrücklich auf die Seite Berchtolds und verteidigte dessen Vorgehensweise. Zu dem von Schulte einberufenen Treffen der Kirchenrechtslehrer in Kassel im Jahr 1873 wurde selbstverständlich auch Berchtold eingeladen[619]. Das vertraute Verhältnis mit Schulte wird in einem Brief Berchtolds deutlich, in dem er Schulte auch von einer Lungenkrankheit seiner Frau berichtet und mitteilt, dass diese gegenwärtig größter Ruhe bedürfe[620]. Schulte war es dann auch der einen Beitrag über Berchtold in der Allgemeine Deutsche Biographie verfasste. Darin charakterisiert Schulte Berchtold als treuen Freund, allgemein beliebt, heiter und liebenswürdig[621]. Dem Ruf auf Schultes Lehrstuhl in Prag folgte Berchtold nicht.

1.2.3. Friedrich

Der engste altkatholische Vertraute Berchtolds dürfte Friedrich gewesen sein, von dem Berchtold die Sterbesakramente empfing und der einen ausführlichen Nachruf auf Berchtold verfasste, in dem er ein nahezu perfektes Bild des Verstorbenen zeichnet und ihn als langjährigen und teuren Freund bezeichnet. Die Freundschaft dürfte nicht zuletzt auf der regen Zusammenarbeit in der altkatholischen Gemeinde München, insbesondere dem Zentralkomitee und dem Ausschuss des Landesvereins beruht haben.

Mit allen drei bedeutenden Altkatholiken war Berchtold die unbeugsame und konsequente Haltung gegen den Ultramontanismus trotz Exkommunikation und Indexierung gemeinsam. Auch wenn Döllinger, Schulte und Friedrich durch eine Vielzahl von Veröffentlichungen einen über München hinausreichenden Ruf genossen, darf auch Berchtold zu diesem illustren Kreis gerechnet werden. Berchtold zählte von Beginn an zu den Stützen der altkatholischen Reformbewegung, indem er vor allem die Gemeindebildung in München maßgeblich mitbeeinflusste. In seiner Führungs- und Koordinationsfunktion bei der Anerkennung der Altkatholiken als Privatkirchengesellschaft schlüpfte Berchtold in die Rolle des verstorbenen Döllingers.

618 Schulte, Denkschrift, Seite 71

619 Schulte, Lebenserinnerungen, Seiten 217 f.

620 Schulteana 14, 3, BSB München, Brief vom 27. Dezember 1877; mit diesem Brief übersandte Berchtold einen zu seiner Person ausgefüllten Fragebogen an Schulte zurück, siehe An-hang (Schulteana 14,3 und 13,78).

621 ADB 46 (1902) Seite 367

1.3. Konsequenz im Brennpunkt

Trotz der Auswirkungen bis tief in seine Privatspäre mit persönlichen Anfeindungen und unter bewusster Inkaufnahme der Exkommunikation blieb Berchtold im Brennpunkt der Geschichte konsequent und verteidigte den staatlichen Liberalismus gegen den kirchlichen Ultramontanismus. Aus seiner persönlichen Enttäuschung über den religiösen Fundamentalismus und Fanatismus der Kirche macht er keinen Hehl[622]. Er trifft seine Entscheidung zwischen den beiden Primäranspruchsmodellen bzw. Legalitätsangeboten – Liberalismus und Ultramontanismus – trotz zahlreicher Gewissensnöten eines gläubigen Katholiken und folgt nicht dem Beispiel vieler, welche die Dogmen zwar äußerlich anerkennen, aber innerlich ablehnen. An der Staatsgefährlichkeit der Dogmen aufgrund eines damit verbundenen schrankenlosen Absolutismus des Papsttums hält er mit seinem öffentlichen Zeugnis unbeirrt fest. In seiner unbeugsamen Haltung erweist er sich damit als wahrer „professor", als Bekenner und Wahrheitszeuge[623]. Berchtold fällt auch nicht um als die bayerische Staatsregierung 1890 den Ausschluss der Altkatholiken aus der Kirche bestätigt; er handelt weder opportunistisch gegenüber der Kirche noch gegenüber der Regierung, sondern allein seiner Überzeugung verpflichtet.

2. Universitäre Laufbahn

Während seiner gesamten Universitätslaufbahn, die ihn bis ins Rektorat führte, stellte Berchtold entgegen der üblichen Gepflogenheiten die Lehre für die Studenten über seine eigene wissenschaftliche Reputation.

Die Einstellung Berchtolds zur Lehre und sein Verantwortungsbewusstsein gegenüber seinen Studenten klingt im Nachruf eines seiner Schüler – abgedruckt in der Einleitung – bereits an. Danach sah Berchtold seinen Lehrberuf als Selbstzweck und die Förderung seiner Schüler als Lebensaufgabe. Belehrend und anregend widmete er sich den rechtshistorischen Details und verstand es, die Hörer mit seinem Vortrag zu fesseln. Das „Herunterlesen" des Kollegienheftes lag ihm fern. Da er aus innerster Befriedigung las, entwickelte er zu den Hörern ein über

622 „Einzig auf dem Boden des Rechts uns haltend verzichten wir auf jeden Ausdruck des Schmerzes, der das christliche Gemüth ergreifen muss bei der Wiedererneuerung von Lehren, durch deren praktische Anwendung die christliche Geschichte früherer Jahrhunderte mit – selbst der Heidenwelt kaum bekannten – Gräueln des Fanatismus befleckt worden ist", vgl. Berchtold, Unvereinbarkeit der Glaubensdekrete mit der bayerischen Verfassung, Seite 42

623 vgl. zu dem gewählten Bild Küry, Altkatholische Kirche, Seite 60

das Normale hinausgehende Verhältnis und hinterließ einen nachhaltigen Eindruck bei denselben. Berchtold widmete sich mit Hingabe der Lehre und versuchte, den Studenten sein Wissen als Rüstzeug für deren zukünftige Aufgaben zu vermitteln. Möglicherweise war die Triebfeder hierfür seine Herkunft aus einfachsten Verhältnissen. Berchtold wusste aus eigener Erfahrung, dass Grundlage für eine erfolgreiche Karriere – neben einer gewissen Begabung – eine fundierte Ausbildung ist. Bezeichnend für seinen Werdegang und den Einsatz für die Studenten ist auch, dass sich Berchtold in den Jahren 1886 bis 1893 neben der umfangreichen Lehrtätigkeit als Stipendienreferent unter großer Anteilnahme den Belangen der Studierenden annahm. Berchtold konnte sich aufgrund seiner eigenen Vergangenheit gut in die Situation der Stipendienempfänger hineinversetzen.

Verständlich ist deshalb, dass die Studenten den Verlust Berchtolds aufgrund dessen persönlichen Wohlwollens für dieselben, seiner Unparteilichkeit und seiner lauteren Gesinnung als „höchst schmerzlich" bezeichneten[624]. Auch die zügige Umsetzung der Beförderung – innerhalb von 14 Tagen nach Eingang des Rufs aus Wien/Prag – zum Ordinarius spricht für die große Wertschätzung, die Josef Berchtold an der Universität genoss. Eine herausragende Lehrkraft, insbesondere für das Kirchenrecht, sollte an die juristische Fakultät gebunden werden. Als größte universitäre Anerkennung darf schließlich die Wahl zum Rector Magnificus gewertet werden.

In seiner 30jährigen Dozentenlaufbahn absolvierte Berchtold ein hohes Pensum an Vorlesungen. Drei Vorlesungen in einem Semester mit zusätzlichen Privatissima waren für Berchtold keine Seltenheit. Zu seiner Lehrtätigkeit an der juristischen Fakultät übernahm Berchtold Vorlesungen an der staatswirtschaftlichen Fakultät, an der technischen Hochschule und an der Bayerischen Kriegsakademie. Die zeitintensive Konzentration auf die Lehre ist nach Schulte eine Erklärung für die wenigen wissenschaftlichen Veröffentlichungen Berchtolds[625]. Dafür blieb keine Zeit.

Dennoch fanden seine wissenschaftlichen Werke einen breiten Widerhall. Insbesondere seine Dissertation über die Landeshoheit in Österreich nach den echten und unechten Freiheitsbriefen fand eine breite Aufnahme in der Literatur. Nicht nur die später erschienenen Schriften zur Entwicklung der Landeshoheit in Österreich setzten sich mit seinem Werk auseinander, auch in den allgemeinen Arbeiten zur deutschen Rechtsgeschichte wird er erwähnt. Das Schrifttum zur Entwicklung der Landeshoheit in Österreich setzte sich intensiv mit Berchtolds Auslegung der Gerichtsklausel im privilegium minus auseinander. Die Auswirkungen seiner kirchenrechtlichen Veröffentlichungen hinsichtlich der Staatsge-

624 Friedrich, Berchtold, Seite 37
625 ADB, 46 (1902) Seite 367

fährlichkeit des Unfehlbarkeitsdogmas auf die Einstellung des bayerischen Staates und die altkatholische Reformbewegung wurden eingehend dargelegt.

3. Schlussbetrachtung

Josef Berchtold schaffte den seltenen sozialen Aufstieg aus einfachsten familiären Verhältnissen bis zum Rector Magnificus der Universität München. Dabei verlor er nicht die Bodenhaftung und vergaß seine Herkunft nicht. Berchtold schwamm gegen den Strom der Ultramontanen und blieb zu jeder Zeit seinen eigenen Überzeugungen treu. Im Brennpunkt der Geschichte blieb er standhaft und setzte sich trotz Anfeindungen konsequent für den Liberalismus und gegen den als verfassungswidrig erkannten Ultramontanismus ein. Schweigen und Heucheln, die opportunistische Grundhaltung der Majorität, waren ihm fremd. Vielmehr entwickelte Berchtold aus einer Position der Schwäche Mut in der Auseinandersetzung mit dem religiösen Fundamentalismus. Gerade auch aufgrund seiner religiösen Überzeugung hält er dem äußeren Druck in seinem eigenen Gewissenskampf stand und akzeptiert den Sonderstatus der Kirche nicht. Berchtold ist authentisch, da er seine Argumentation gegen das Unfehlbarkeitsdogma aus seinen eigenen Grundvorstellungen und Überzeugungen ableitet. Mit Recht kann Berchtold als bedeutender Altkatholik bezeichnet werden.

In Anknüpfung an die Einleitung kann festegestellt werden: Josef Berchtold wird seinen Nachrufen als Mensch, als Professor und als Altkatholik gerecht.

Quellen- und Literaturverzeichnis

Fettdruck in Klammern = Abkürzung im Text

Archivalische Quellen

Archiv des altkatholischen Pfarramts München
- Beerdigungsregister, 1894, Nr. 30

Archiv des Erzbistums München und Freising
- Münchener Matrikel 266, 268, 272 Pfarrei St. Ludwig
- Adressbücher von München für die Jahre 1869 – 1888

Bayerisches Hauptstaatsarchiv München
- Akte des Notariats Weilheim I, Jahrgang 1876, Nummer 966
- Heeresarchiv, Signatur OP 73206, Personalakte Josef Berchtold des königlichen Kriegsministeriums
- MInn 31533, Akten des Königlichen Staatsministeriums des Inneren
- MK 11173, Akten des Königlichen Staatsministerium des Kultus

Bayerische Staatsbibliothek München
Handschriftenabteilung
- Autograph XI
- Brunniana 3
- Döllineriana II (Josef Berchtold)
- Schulteana 13, 78
- Schulteana 14, 3

Bischöfliches Archiv, Katholisches Bistum der Altkatholiken in Deutschland, Bonn
- Allgemeiner Bericht über die Generalversammlung des Bayerischen altkatholischen Landesvereins vom 2. Februar 1890; Akte: Bayerischer altkatholischer Landesverein d.) Allgemeine Berichte; **(Bericht über Generalversammlung des Landesvereins, 1890)**

- Allgemeiner Bericht über die Generalversammlung des Bayerischen altkatholischen Landesvereins vom 2. Februar 1895; Akte: Bayerischer altkatholischer Landesverein d.) Allgemeine Berichte **(Bericht über Generalversammlung des Landesvereins, 1895)**
- Briefe 1821 – 1890 an Johann Joseph Ignaz von Döllinger, Döllingeriana II, Band 2, Bedell – Buttiniza übertragen von Hubert Huppertz, Exemplar Nr. 5, Seiten 27 – 29 (Berchtold)
- Akte: Bayerischer altkatholischer Landesverein a.) Allgemeines Band I. bis 1900 einschließlich

Ludwig-Maximilians-Universität München
Leopold Wenger Institut
- Separatum XV: Theses Quas Ex Auctoritate Illustrissimi Jureconsultorum Ordinis Pro Impetranda Venia Legendi In Aula Universitatis Minore, Die XXVIII. Mensis Julii Anni MDCCCLXIII Hora X. Publice Defendet Josephus Berchtold, Juris Utriusque Doctor
- Fotografie Josef Berchtolds

Marktarchiv Murnau
- Kirchenbuch Murnau, Eheregister 1817
- Kirchenbuch Murnau, Sterberegister 1838
- Rüdiger von Reichert, Die Streicher aus dem Pfaffenwinkel und verwandte Wirts- und Brauergeschlechter, Gauting 1997 (unveröffentlicht)
- Verzeichnis aller Hausbesitzer des Marktes Murnau 1636 – 1888, verfasst von Pfarrer Michael Schmid

Stadtarchiv München
- Auszug aus der Hauptliste für den In- Reichs- Aus-Länder, Nr. 247455, angelegt für Theodor Berchtold (angelegt am 22. Januar 1892)
- Einwohnermeldekarte, Signatur EWK 65 B 295 (Theodor Berchtold)
- Familienbogen für Walburga Müller
- Karte zur allgemeinen Personalbestandsaufnahme für Theodor Berchtold (angelegt am 16. August 1926)
- Steuerliste des Ehepaars Berchtold (Nr. 33983)

Privatbesitz der Familie Wolfgang Berchtold (Urgroßneffe von Josef Berchtold), München
- Pro Heraldica Deutsche Forschungsgesellschaft für Heraldik und Genealogie mbH, Bericht über eine wissenschaftlich–genealogische Forschung für die

Familie Berchtold, Stuttgart 1991, Archivnummer 503 091, Teil 1 und 2 **(Pro Heraldica, Teil 1 bzw. 2)**
- Familienchronik zusammengestellt von Wolfgang Berchtold

Universitätsarchiv der Ludwig-Maximilians-Universität München

- Signatur L-I- 49:
  Akten der Königlichen Juristenfakultät München 1857/58 (Preisaufgabe)
- Signatur I- IX-15 II Bd.:
  Akten des Akademischen Senates der Universität München vom 17.6.1847 bis 19.12.1861, betreffend: Kabinets-Stipendien und Unterstützungen. Verleihungsakt (Stipendium von Maximilian II.)
- Signatur I- I – a :
  Akten des akademischen Senats der LMU München, betreffend: Stipendienreferat (Stipendienrefrenten, Dienstinstruktionen)
- Signatur L- I – 53:
  Akten der Königlichen Juristenfakultät München 1861/62 (Promotion, insbesondere Gutachten von Maurer)
- Signatur L – I – 54:
  Akten der Königlichen Juristenfakultät München 1862/63 (Habilschrift)
- Signatur L – I – 64:
  Akten der Königlichen Juristenfakultät München 1872/73 (Berufung zum ordentlichen Professor)
- Signatur Sen. 416 (1890-1908):
  Akten des k. akad. Senats der LMU München vom 18.8.1890-19.2.1908
  Betr.: Rektor- und Senatorenwahl
- Signatur E – II – 419
  Akten des k. akad. Senats der LMU München den ordentlichen Prof. Dr. Berchtold betreffend (Personalakte)
- Signatur K – T – 80
  Akten der Theologischen Fakultät aus dem Jahr 1894

Berichte über Altkatholiken-Kongresse und Synoden

Stenographischer Bericht über die Verhandlungen des Katholiken-Congresses abgehalten vom 22. bis 24. September 1871 in München. Mit einer historischen Einleitung und Beilagen, München 1871 **(Bericht über Kongress in München)**

Verhandlungen des zweiten Altkatholiken-Congresses zu Köln. Officielle Ausgabe, Köln und Leipzig 1872 **(Bericht über Kongress in Köln)**

Der dritte Altkatholiken-Congreß in Constanz im Jahre 1873. Stenographischer Bericht. Officielle Ausgabe, Bonn 1874 **(Bericht über Kongress in Konstanz)**

Der vierte Altkatholiken-Congress in Freiburg im Breisgau im Jahre 1874. Stenographischer Bericht. Officielle Ausgabe, Bonn, 1874 **(Bericht über Kongress in Freiburg)**

Beschlüsse der ersten Synode der Altkatholiken des deutschen Reiches, gehalten zu Bonn am 27., 28. und 29. Mai 1874. Amtliche Ausgabe, Bonn 1875 **(Beschlüsse der 1. Synode)**

Beschlüsse der zweiten Synode der Altkatholiken des deutschen Reiches, gehalten zu Bonn am 19., 20. und 21. Mai 1875. Amtliche Ausgabe, Bonn 1875 **(Beschlüsse der 2. Synode)**

Beschlüsse der dritten Synode der Altkatholiken des deutschen Reiches, gehalten zu Bonn am 7. und 8. Juni 1876. Amtliche Ausgabe, Bonn 1876 **(Beschlüsse der 3. Synode)**

Beschlüsse der vierten Synode der Altkatholiken des deutschen Reiches, gehalten zu Bonn am 23., 24. und 25. Mai 1877. Amtliche Ausgabe, Bonn 1877 **(Beschlüsse der 4. Synode)**

Verhandlungen der fünften Synode der Altkatholiken des deutschen Reiches, gehalten zu Bonn am 12., 13. und 14. Juni 1878. Amtliche Ausgabe, Bonn 1878 **(Verhandlungen der 5. Synode)**

Literatur

Albrecht, Dieter: Döllinger, die bayerische Regierung und das Erste Vatikanische Konzil, in: Konrad Repgen / Stephan Skalweit (Hg.), Spiegel der Geschichte. Festgabe für Braubach zum 10. April 1964, Münster 1964, Seiten 795-815 **(Albrecht, Döllinger)**

Altmann, Lothar: Das Maximilianeum in München; Studienstiftung, Bauwerk, Bayerisches Parlament, Regensburg 1993 **(Altmann, Maximilianeum)**

Bader, Karl Siegfried: Volk, Stamm, Territorium; aus Historische Zeitschrift Band 176 (1953) und Blätter f. dt. Landesgeschichte 90 (1953), zitiert nach: Herrschaft und Staat im Mittelalter, Darmstadt 1956 **(Bader, Volk, Stamm, Territorium)**

Bald, Detlef: Die bayerische Kriegsakademie, in: Zeitschrift für bayerische Landesgeschichte Seiten 223 ff., Band 43, München 1980 **(Bald, Bayerische Kriegsakademie)**

Baumann, Simon: Geschichte des Marktes Murnau in Oberbayern, Murnau 1855 **(Baumann, Murnau)** von Below, Georg: Der Deutsche Staat des Mittelalters, 1. Band: Die allgemeinen Fragen, Heidelberg 1914 **(von Below, Der Deutsche Staat des Mittelalters)**

von Below, Georg: Territorium und Stadt, München und Berlin 1923 **(von Below, Territorium und Stadt)**

Berchtold, Josef: Die Bulle Unam Sanctam, ihre wahre Bedeutung und Tragweite für Staat und Kirche, eine Festgabe zum Doctor-Jubiläum des Herrn Geheimraths und Professors Dr. Joh. Jul. Wilh. v.Planck, München 1887 **(Berchtold, Bulle Unam Sanctam)**

Berchtold, Josef: Gutachten der juristischen Fakultät der Universität München über das ökumenische Konzil, 1869, zitiert nach Friedberg, Aktenstücke zum ersten vaticanischen Concil; weiter abgedruckt in Oesterreichische Vierteljahresschrift für katholische Theologie, 8. Jahrgang, Seiten 623-632 sowie in Allgemeine Augsburger Zeitung Nr. 320, 321, 16. und 17. November 1869 **(Gutachten der juristischen Fakultät)**

Berchtold, Josef: Jagd- und Fischereirecht, Beitrag in Deutsches Staats-Wörterbuch herausgegeben von Bluntschli und Brater, fünfter Band, Stuttgart und Leipzig, 1860, Seiten 380 – 399 **(Berchtold, Jagd- und Fischereirecht)**

Berchtold, Josef: Katharina II., Beitrag in Deutsches Staats-Wörterbuch herausgegeben von Bluntschli und Brater, fünfter Band, Stuttgart und Leipzig, 1860, Seiten 526 – 548 **(Berchtold, Katharina II.)**

Berchtold, Josef: Die Entwicklung der Landeshoheit in Deutschland in der Periode von Friedrich II. bis einschließlich zum Tode Rudolfs von Habsburg, staatsrechtlich erörtert, München 1863 **(Berchtold, Landeshoheit in Deutschland)**

Berchtold, Josef: Die Landeshoheit Österreichs nach den echten und unechten Freiheitsbriefen. Inaugural-Abhandlung, München, 1862 **(Berchtold, Landeshoheit Österreichs)**

Berchtold, Josef: § 35 des bayerischen Religionsedikts, Vortrag gehalten in der außerordentlichen Generalversammlung des bayerischen altkatholischen Landesvereins am 8. November 1891, Sonderdruck aus dem „Deutschen Merkur" 1891 Nr. 49 und 50 **(Berchtold, Religionsedikt)**

Berchtold, Josef: Standesherren (Stammgüter), Beitrag in Deutsches Staats-Wörterbuch herausgegeben von Bluntschli und Brater, zehnter Band, Stuttgart und Leipzig, 1867, Seiten 163 – 205 **(Berchtold, Standesherren)**

Berchtold, Josef: Die Unvereinbarkeit der neuen päpstlichen Glaubensdekrete mit der bayerischen Staatsverfassung, München 1871 **(Berchtold, Unvereinbarkeit der Glaubensdekrete mit der bayerischen Verfassung)**

Berlis, Angela: Frauen im Prozess der Kirchwerdung: Eine historisch-theologische Studie zur Anfangsphase des deutschen Altkatholizismus (1850 –

1890), Frankfurt am Main; Berlin; Bern; New York; Patis; Wien: Lang, 1998 **(Berlis, Frauen im Prozess der Kirchwerdung)**

Betz, Susanne: Die bayerische Gesandtschaft beim Heiligen Stuhl. Vom Vorabend des I. Vatikanischen Konzils bis zu den Anfängen des Kulturkampfes (Europäische Hochschulschriftenreihe. Reihe III: Geschichte und ihre Hilfswissenschaften 371), Frankfurt – Bern – New York – Paris 1988 **(Betz, Die bayerische Gesandtschaft)**

Bischof, Franz Xaver: Theologie und Geschichte: Ignaz von Döllinger (1799-1890) in der zweiten Hälfte seines Lebens; ein Beitrag zu seiner Biographie; Münchener Kirchenhistorische Studien / Band 9; Suttgart, Berlin, Köln, 1997 **(Bischof, Döllinger)**

Böckenförde, Ernst-Wolfgang: Die deutsche verfassungsgeschichtliche Forschung im 19. Jahrhundert, Berlin 1961 **(Böckenförde, verfassungsgeschichtliche Forschung im 19. Jahrhundert)**

Bosls Bayerische Biographie, 8000 Persönlichkeiten aus 15 Jahrhunderten, Band 1, 1983 **(Bosl, Bayerische Biographie)**

Brandmüller, Walter: Ignaz von Döllinger am Vorabend des I. Vatikanums. Herausforderung und Antwort, St. Ottilien 1977 **(Brandmüller, Döllinger)**

Brunner, Heinrich: Das gerichtliche Exemptionsrecht der Babenberger, Sitzungsberichte der Wiener Akademie, 1864, S. 315 ff., zitiert nach: Abhandlungen zur Rechtsgeschichte, gesammelte Aufsätze von Heinrich Brunner, Hrsg. Karl Rauch, Weimar 1931 **(Brunner, Exemptionsrecht)**

Brunner, Otto: Land und Herrschaft, Wien-Wiesbaden 1959 **(Brunner, Land und Herrschaft)**

Bulin, Rudolf: Zur Unterzeichnung der Münchener Pfingsterklärung1871, in: Internationale Kirchliche Zeitschrift (IKZ) 74 (1984), Seiten 158 – 169 **(Bulin, Münchener Pfingsterklärung)**

Doeberl, Michael: Entwicklungsgeschichte Bayerns III, Vom Regierungsantritt König Ludwigs I. bis zum Tode König Ludwigs II. mit einem Ausblick auf die innere Entwicklung Bayerns unter dem Prinzregenten Luitpold, München 1931 **(Doeberl, Entwicklungsgeschichte Bayerns)**

Döllinger, Ignaz von / John E. Acton: Briefwechsel mit Lord Acton 1850 – 1890, herausgegeben von der Kommission für Bayerische Landesgeschichte, baearbeitet von Victor Conzemius, 3 Bände, München 1963 – 1971 **(Döllinger, Briefwechsel mit Acton, I – III)**

Döllinger, Ignaz von / Charlotte Blennerhasset: Briefwechsel mit Lady Blennerhasset 1865 – 1886, herausgegeben von der Kommission für Bayerische Landesgeschichte, bearbeitet von Victor Conzemius, München 1981 **(Döllinger, Briefwechsel mit Blennerhasset, IV)**

Döllinger, Ignaz von: Das Papstum. Herausgegeben von Johann Friedrich, München 1892 **(Döllinger, Papstum)**

Dollinger, Hans: Die Münchener Straßennamen, 1997 **(Dollinger Hans, Straßennamen)**

Dopsch, Alfons: Reformkirche und Landesherrlichkeit in Österreich, in: Festschrift des akademischen Vereines deutscher Historiker in Wien, Wien 1914, S. 25 ff. **(Dopsch, Reformkirche und Landesherrlichkeit in Österreich)**

Ebengreuth, Luschin von: Geschichte des ältern Gerichtswesens in Österreich ob und unter der Enns, Weimar 1879 **(Ebengreuth, Gerichtswesen in Österreich)**

Eichhorn, Karl Friedrich: Deutsche Staats- und Rechtsgeschichte, Band 2, Göttingen 1832-1836 **(Eichhorn, Staats- und Rechtsgeschichte)**

Feßler, Joseph: Die wahre und die falsche Unfehlbarkeit der Päpste, Wien 1871 **(Feßler, Unfehlbarkeit)**

Friedberg, Emil, Aktenstücke die altkatholische Bewegung betreffend, mit einem Grundriss der Geschichte derselben. Zugleich als Fortsetzung und Ergänzung der „Sammlung der Aktenstücke zum ersten vaticanischen Concil“, Tübingen 1876 **(Friedberg, Aktenstücke die altkatholische Bewegung betreffend)**

Friedberg, Emil: Sammlung der Aktenstücke zum ersten vaticanischen Concil mit einem Grundrisse der Geschichte derselben, Tübingen 1872 **(Friedberg, Aktenstücke zum ersten vaticanischen Concil)**

Friedrich, Johann: Josef Berchtold, Das Lebensbild eines alt=katholischen Geisteskämpfers, in: Altkatholischer Kalender 1938, 48. Jahrgang, Seiten 34 – 41 **(Friedrich, Berchtold)**

Friedrich, Johann: Geschichte des Vatikanischen Konzils, 3 Bde., München 1877-1887 **(Friedrich, Geschichte des Vatikanischen Konzils)**

Gasser, Adolf: Entstehung und Ausbildung der Landeshoheit im Gebiete der schweizerischen Eidgenossenschaft; ein Beitrag zur Verfassungsgeschichte des deutschen Mittelalters, Leipzig 1930 **(Gasser, Landeshoheit)**

Gebhardt, Bruno: Handbuch der deutschen Geschichte, Band 1, Stuttgart 1954 **(Gebhardt, Handbuch der deutschen Geschichte, Band 1)**

Gebhardt, Bruno: Handbuch der deutschen Geschichte, Band 2, Stuttgart 1955 **(Gebhardt, Handbuch der deutschen Geschichte, Band 2)**

Gollwitzer, Heinz: 100 Jahre Maximilianeum, 1852-1952, Festschrift, München 1953 **(Gollwitzer, Maximilianeum)**

Grasser, Walter: Johann Freiherr von Lutz 1826 – 1890, München 1967 **(Grasser, Lutz)**

Grisar, Josef: Die Circulardepesche des Fürsten Hohenlohe vom 9. April 1869 über das bevorstehende Vatikanische Konzil; in: Bayern, Staat und Kirche, Land und Reich, Forschungen zur bayerischen Geschichte, vornehmlich im

19. Jahrhundert; Archiv und Wissenschaft, Bd. 3. Wilhelm Winkler zum Gedächtnis, S. 216 ff. München 1961 **(Grisar, Circulardepesche)**

Hackl, Othmar: Die Bayerische Kriegsakademie (1867-1914), München 1989 **(Hackl, Bayerische Kriegsakademie)**

Hahn, Peter-Michael: Fürstliche Territorialhoheit und lokale Adelsgewalt, Berlin / New York 1989 **(Hahn, Fürstliche Territorialhoheit und lokale Adelsgewalt)**

Hasenöhrl, Victor: Österreichisches Landesrecht im 13. und 14. Jahrhundert, Wien 1867 **(Hasenöhrl, Österreichisches Landesrecht)**

Hasler, August Bernhard: Pius IX., Päpstliche Unfehlbarkeit und 1. Vatikanum. Dogmatisierung und Durchsetzung einer Ideologie, Stuttgart 1977 **(Hasler, Pius IX.)**

Hasler, August Bernhard: Wie der Papst unfehlbar wurde. Macht und Ohnmacht eines Dogmas, Frankfurt/M., Berlin, Wien 1981 **(Hasler, Wie der Papst unfehlbar wurde)**

Hergenröther, Joseph: Katholische Kirche und christlicher Staat in ihrer geschichtlichen Entwicklung und in Beziehung auf die Fragen der Gegenwart. Historisch-theologische Essays und zugleich ein Anti-Janus vindicatus, Freiburg im Breisgau 1872 **(Hergenröther, Anti-Janus vindicatus)**

Hilgers, Joseph S. J.: Der Index der verbotenen Bücher. Inseiner neuen Fassung dargelegt und rechtlich-historisch gewürdigt, Freiburg im Breisgau, 1904 **(Hilgers, Index)**

Hohenlohe-Schillingsfürst: Denkwürdigkeiten des Fürsten Chlodwig zu Hohenlohe-Schillingfürst, Hrsg. Friedrich Curtius, Erster Band **(Hohenlohe-Schillingfürst, Denkwürdigkeiten)**

Jurist, anonym: Die Glaubens-Decrete des Vaticanischen Concils und die bayerische Staatsverfassung. Eine Entgegnung auf Dr. J. Berchtold's Schrift: die Unvereinbarkeit der neuen päpstlichen Glaubensdecrete mit der bayerischen Staatsverfassung. München, 1871 **(Jurist, Entgegnung auf Josef Berchtold)**

Karnbaum, Berthold: Schwaiganger, Vom Militärfohlenhof zum Haupt- und Landgestüt, Marktarchiv Murnau **(Karnbaum, Schwaiganger)**

Keßler, Ewald: Johann Friedrich (1836-1917). Ein Beitrag zur Geschichte des Altkatholizismus, (Miscellanea Bavarica Monacensia, 55), München 1975 **(Keßler, Friedrich)**

Keßler, Ewald: Aus den Anfängen des des deutschen altkatholischen Bistums. Ein Entwurf zu einer Synodal- und Gemeindeordnung von Theodor Stumpf, in: Internationale Kirchliche Zeitschrift, 72 (1982), Seiten 46 – 54 **(Keßler, Entwurf zu einer Synodal- und Gemeindeordnung)**

Killy, Walther und Rudolf Vierhaus (Hrsg.): Deutsche Biographische Enzyklopädie, München 1997, Bände 1, 2, 3, 5, 6, 8, 9, 10 **(DBE)**

Knapp, Theodor: Zur Geschichte der Landeshoheit, in: Württembergische Vierteljahrshefte für Landesgeschichte 38 (1932), S. 9 ff. **(Knapp, Geschichte der Landeshoheit)**

Kopp, Max: Der Altkatholizismus in Deutschland (1871 – 1912). Separatdruck aus der Internationalen kirchlichen Zeitschrift, 1912/1913, mit ergänzenden Nachträgen für 1912 und Personen und Ortsregister. Kempten 1913 **(Kopp, Altkatholizismus)**

Kroeschell, Karl: Deutsche Rechtsgeschichte 1, Band 8, Opladen 1992 **(Kroeschell, Deutsche Rechtsgeschichte)**

Kühner, Hans: Index Romanus. Auseinandersetzung oder Verbot, Nürnberg, 1963 **(Kühner, Index Romanus)**

Küry, Urs: Die Altkatholische Kirche. Ihre Geschichte, ihre Lehre, ihr Anliegen, (Kirchen der Welt, 3), zweite, von Christian Oeyen ergänzte Auflage, Stuttgart 1978 **(Küry, Altkatholische Kirche)**

Martens, Wilhelm: Die Beziehungen der Überordnung, Nebenordnung und Unterordnung zwischen Kirche und Staat. Historisch-kritische Untersuchungen mit Bezug auf die kirchenpolitischen Fragen der Gegenwart, Stuttgart 1877 **(Martens, Beziehungen zwischen Kirche und Staat)**

Mayer, Theodor: Die Ausbildung der Grundlagen des modernen deutschen Staates im hohen Mittelalter: Historische Zeitschrift, 159 (1939), zitiert nach: Herrschaft und Staat im Mittelalter, 1956 **(Mayer, Grundlagen des modernen deutschen Staates)**

Mayer, Theodor: Die Würzburger Herzogsurkunde von 1168 und das österreichische Privilegium minus. Entstehung und verfassungsrechtliche Bedeutung, in: Aus Geschichte und Landeskunde, Bonn 1960, Seiten 247 ff. **(Mayer, Würzburger Herzogsurkunde und Privilegium minus)**

Mayer, Theodor: über Gottfried Partsch, Die Steuern des Habsburger Urbars (1303-1308), Beiheft 4 zur Zeitschrift für Schweizer Geschichte, Zürich 1946, 162 Seiten; in: Zeitschrift der Savigny-Stiftung für Rechtsgeschichte 69. Band, Germanistische Abteikung Seiten 503 – 505 **(Mayer, ZRG)**

Memoiren König Maximilians von Bayern mit Einführung und Kommentar von Achim Sing, München 1997

Mitteis, Heinrich: Land und Herrschaft. Bemerkungen zu dem gleichnamigen Buch Otto Brunners, Historische Zeitschrift Band 163 (1941), zitiert nach: Herrschaft und Staat im Mittelalter, Darmstadt 1956 **(Mitteis, Land und Herrschaft)**

Mitteis-Lieberich: Deutsche Rechtsgeschichte, München 1981 **(Mitteis-Lieberich, Deutsche Rechtsgeschichte)**

Nehlsen, Hermann; Hermann, Hans-Georg: Kaiser Ludwig der Bayer; Konflikte, Weichenstellungen und Wahrnehmung seiner Herrschaft, München u.a. 2002 **(Nehlsen, Ludwig der Bayer)**

Neuner, Peter: Ignaz von Döllinger als Theologe der Ökumene, in: MtHZ 41 (1990) 245-260 **(Neuner, Döllinger)**

von Prantl, Karl: Geschichte der Ludwig-Maximilians-Universität in Ingolstadt, Landshut, München. Zur Festfeier ihres vierhundertjährigen Bestehens im Auftrage des akademischen Senats verfasst. In 2 Bänden – Band 2, München 1872, (Neudruck Aalen 1968) **(Prantl, Geschichte der LMU)**

Reichert, Folker: Landesherrschaft, Adel und Vogtei, Köln 1985 **(Reichert, Landesherrschaft)**

Reindl. Johann Nepomuk: Die Altkatholiken oder Döllingers Anhänger aus dem Klerus und Volke, Amberg 1871 **(Reindl, Altkatholiken)**

Riedenauer, Erwin / Bayerische Akademie der Wissenschaften: Landeshoheit, München 1994 **(Riedenauer, Landeshoheit)**

Rieks, Johannes: Der Altkatholizismus in Baden. Eine Festschrift zur zehnjährigen Bestehungsfeier der badischen Gemeinden insbes. der in Heidelberg, Ladenberg und Schwetzingen, samt einem Mitglieder-Verzeichnis dieser. Heidelberg, 1883 **(Rieks, Altkatholizismus)**

Riezler, Sigmund: Geschichte Baierns, Zweiter Band, Gotha 1880 **(Riezler, Geschichte Baierns)**

Schatz, Klaus: Kirchenbild und päpstliche Unfehlbarkeit bei den deutschsprachigen Minoritätsbischöfen auf dem 1. Vatikanum, Rom 1975 **(Schatz, Kirchenbild und päpstliche Unfehlbarkeit)**

Schlesinger, Walter: Die Entstehung der Landesherrschaft, Dresden 1941 **(Schlesinger, Landesherrschaft)**

Schlesinger, Walter: Herrschaft und Gefolgschaft in der germanisch-deutschen Verfassungsgeschichte, Historische Zeitschrift, Band 176 (1953), zitiert nach: Herrschaft und Staat im Mittelalter, Darmstadt 1956 ; S. 135 ff. **(Schlesinger, Herrschaft und Gefolgschaft)**

Schulte, Johann Friedrich von: Der Altkatholizismus. Geschichte seiner Entwicklung, inneren Gestaltung, und rechtlichen Stellung in Deutschland. Aus den Akten und anderen authentischen Quellen dargestellt, Aalen 1965 [Giessen 1887] **(Schulte, Altkatholizismus]**

Schulte, Johann Friedrich von: Lehrbuch der deutschen Reichs- und Rechtsgeschichte, Stuttgart 1876 **(Schulte, Reichs- und Rechtsgeschichte)**

Schulte, Johann Friedrich von: Lebenserinnerungen, 1. Band, Giessen 1908, **(Schulte, Lebenserinnerungen)**

Schulte, Johann Friedrich von: Die Geschichte der Quellen und Literatur des Canonischen Rechts von der Mitte des 16. Jahrhunderts bis zur Gegenwart,

Stuttgart 1880 **(Schulte, Geschichte der Quellen und der Literatur des Canonischen Rechts)**

Schulte, Johann Friedrich von: Das Vorgehen des bayerischen Ministeriums gegen die Altkatholiken, Giessen 1890 **(Schulte, Vorgehen gegen Altkatholiken)**

Schulte, Johann Friedrich von: Die Macht der römischen Päpste über Fürsten, Länder, Völker, Individuen, Prag 1871 **(Schulte, Macht der römischen Päpste)**

Schulte, Johann Friedrich von: Denkschrift über das Verhältnis des Staates zu den Sätzen der päpstlichen Constitution vom 18. Juli 1870 gewidmet den Regierungen Deutschlands und Österreichs, Prag 1871 **(Schulte, Denkschrift)**

Schulte, Johann Friedrich von: über Berchtold in Allgemeine Deutsche Biographie, 46. Band, Leipzig 1902 **(Schulte, Berchtold)**

Schröder, Richard: Lehrbuch der Deutschen Rechtsgeschichte, Leipzig 1894 **(Schröder, Deutsche Rechtsgeschichte)**

Schröder, Richard: Über Josef Berchtold in ZRG Germ 15, 1894, Seite 196

Schwerin, Claudius von: Grundzüge der deutschen Rechtsgeschichte, Berlin und München 1950 **(Schwerin, Deutsche Rechtsgeschichte)**

Siegel, Heinrich: Deutsche Rechtsgeschichte, Berlin 1889 **(Siegel, Deutsche Rechtsgeschichte)**

Sleumer, Albert: Index Romanus, Verzeichnis sämtlicher auf dem römischen Index stehenden deutschprachlichen Bücher desgleichen aller wichtigen fremdsprachlichen Bücher seit dem Jahre 1750, Osnabrück 1956 **(Sleumer, Index Romanus)**

Spindler, Max: Handbuch der Bayerischen Geschichte, München 1988 **(Spindler, Bayerische Geschichte)**

Srbik, Heinrich Ritter von: Die Beziehungen von Staat und Kirche in Österreich während des Mittelalters, Innsbruck 1904 **(Srbik, Beziehungen von Staat und Kirche in Österreich)**

Tremel, Klaus: Verwaltungsgesetze des Freistaates Bayern, Textsammlung, Stand 2005 **(Tremel, Verwaltungsgesetze)**

Weber, Karl: Neue Gesetz- und Verordnungen-Sammlung für das Königreich Bayern mit Einschluss der Reichsgesetzgebung, zweiter Band, 1819-1834 **(Weber, Gesetz- und Verordnungen-Sammlung, zweiter Band)**

Weber, Karl: Neue Gesetz- und Verordnungen-Sammlung für das Königreich Bayern mit Einschluss der Reichsgesetzgebung, Vierzehnter Band 25. September 1879 bis 24. März 1881 **(Weber, Gesetz- und Verordnungen-Sammlung, vierzehnter Band)**

Weber, Margot: Das I. Vatikanische Konzil im Spiegel der bayerischen Politik, München 1970 **(Weber, Das I. Vatikanische Konzil)**

Zirngiebl, Eberhard: Zur Geschichte der altkatholischen Gemeinde in München. In: Deutscher Merkur, Organ für katholische Reformbewegung, 29. Jahrgang, München 1898, Nummern 41, S. 312 f., Nr. 42, S. 331, Nr. 43, S. 338, Nr. 44 S. 346, Nr. 45, S. 354, Nr. 46 S. 363, Nr. 47, S. 372; Nr. 48, S. 381, Nr. 49, S. 389, Nr. 50, S. 396, Nr. 51, S. 405, Nr. 52,, S. 411 **(Zirngiebl, Geschichte der altkatholischen Gemeinde in München)**

Zirngiebl, Eberhard: Zur religiösen Frage, München 1900 **(Zirngiebl, Zur religiösen Frage)**

Zuber, Elfi: Der Alte Nördliche Friedhof. Ein Kapitel Münchener Kulturgeschichte. München, 1983 **(Zuber, Alter Nördlicher Friedhof)**

Zuber, Elfi: Die Münchener Maximilianstraße, München 1996, **(Zuber, Maximilianstraße)**

Anhang

1. Stammreihe der Familie Berchtold

Pro Heraldica Teil 1: bis Generation VI (einschließlich)
Fett gedruckt die direkten Vor- bzw. Nachfahren Josef Berchtolds

Generation: I

Name:	Berchtold (Perchtholt), Georg (Jörg, Jurgen) (aus Graswang)
	* um 1590
	+ 1654 / 1655
Beruf:	Bierbrauer und Bürger von Murnau
oo	
Name:	N.N., Elisabeth
Kinder:	
Michael	* um1620
	+ 20.05.1669
Georg	nach 1685 Bierbrauer in Murnau
Thomas	1680 als Pate genannt

Generation: II

Name:	Berchtold (Perchtold), Michael
	* um1620
	+ Murnau 20.05.1669
Beruf:	Bierbrauer in Murnau, Bürgermeister und Mitglied des Innern Rats in Murnau
oo	1655
Name:	N.N., Affra
Kinder:	
Jonas	* Murnau um 1655/1660
	+ Murnau 1739
Matthias	+ nach 1682
Peter	+ nach 1734 Bierbrauer und Wirt

Generation: III

Name:	Berchtold (Percktold), Jonas		
	* Murnau	um1 655/1660	
	+ Murnau	1739	
Beruf:	Bräuknecht (1682), Bürgermeister, Bierbrauer in Murnau		
oo	31.08.1682		
Name:	Tholl, Maria		
	+ Murnau	18.11.1714	
Kinder:			
Johann Balthasar	* Murnau	um 1683	
	+ Murnau	25.04.1743	
Maria Magdalena	* Murnau	18.07.1686	
Anna	* Murnau	05.05.1693	
	+	vor 1739	
Rosina	* Murnau		
	+ Murnau	22.04.1738	
Maria	* Murnau	26.07.1698	
Martin	* Murnau	um 1700	Brauer
	+ Murnau	30.09.1750	
Lorenz	* Murnau	05.08.1702	
Elisabeth	* Murnau	24.09.1703	
Michael	* Murnau	13.09.1705	Bräuknecht
Maria Affra ?	* Murnau	10.07.1711	
Johann Georg ?	* Murnau	23.06.1731	Rotgerber

Generation: IV

Name:	Berchtold Berktold, Percktold), Johann Balthasar	
	* Murnau	um1683
	+ Murnau	25.04.1743
Beruf:	Bierbrauer in Murnau, Mitglied des Innern Rats	
oo I.	26.04.1709	
Name:	Veit, Maria Anna (Witwe aus Murnau)	
	* Murnau	
	+ 25.07.1724	
oo II.		25.06.1725
Name:	Miller, Katharina	
	* Huglfing	
	+ Murnau	27.03.1746

Kind I. Ehe:

Maria Anna	* Murnau	18.07.1710 (1711)

Kinder II. Ehe:

Rosine/Rosina	* Murnau	17.02.1726
Johann Michael	* Murnau	17.09.1727
	+ Murnau	18.06.1796
Franz	* Murnau	02.10.1728
	+ (als Kind)	
Josef Anton	* Murnau	13.03.1730
Anna Margaretha	* Murnau	13.07.1731
	+07.06.1759	
Ignaz	* Murnau	26.07.1733
Ignaz	* Murnau	11.12.1734

Generation : V

Name :	Berchtold, Johann Michael (Hausname Kemserbräu in Murnau)	
	* Murnau	07.09.1727
	+ Murnau	18.06.1796

Beruf: Bräuer (Brauer) in Murnau

oo I.	Murnau	26.02.1753

Name: Kem(b)ser, Maria Anna (Bräuerstochter)

	* 1731	
	+ Murnau	07.06.1759
oo II.	1759	

Name: Hoy, Maria Anna (Wirtstochter)

	* Unterpeissenberg	28.12.1735 (?)
	+ Murnau	01.04.1790

Kinder I. Ehe:

Andreas	* Murnau	29.11.1753	Metzgerknecht in Au bei München
Helena	*	17.08.1757	

Kinder II. Ehe:

Johann Michael	* Murnau	01.09.1760	
Maria Elisabeth	* Murnau	14.09.1761	
Maria Anna	* Murnau	28.07.1763	
Maria Katharina	* Murnau	13.02.1765	
Johann Chrysostomus	* Murnau	26.01.1769	
Jakob	* Murnau	25.07.1770	Krämer

Franz Sales	* Murnau	07.01.1772	
Joseph	* Murnau	03.03.1773	Bräuer im Kloster Ettal
Maria Anna	* Murnau	24.07.1774	
Anna Margaretha	* Murnau	09.07.1776	
Karl Theodor	* Murnau	08.11.1778	
	+ Murnau	27.09.1838	

Generation: VI

Name:	Berchtold, Karl Theodor		
	* Murnau	08.11.1778	
	+ Murnau (Schwaiganger)		27.09.1838
begraben: Murnau	29.09.1838		
Beruf:	Bräuknecht in Ettal, Braumeister in Schwaiganger, Bürger von Murnau		
oo	Murnau	28.11.1817	
Name:	Re(i)ndl, Maria Eva (Söldners- und Hausbesitzerstochter)		
	* Oberammergau	30.06.1788 (30.01.1788)	
	+ München	1883 (1882)	
Kinder:			
Maria Cäcilia	* Murnau	10.09.1815	
	+		05.06.1865
Maria Anna	* Murnau	08.12.1817	
	+		23.04.1881
Maria Josepha	* Murnau	15.03.1821	
	+	08.09.1874	
Theresia	* Murnau	20.09.1822	
	+	30.06.1823	
Michael	* Murnau	16.02.1815	
	+ München	16.08.1897	Braumeister
Crescenz	* Murnau	29.01.1828	
	+	19.01.1856	
Theodor Karl Viktor	* Murnau	12.09.1830	
	+ München	16.03.1907	
Eva	* Murnau	07.05.1832	
	+ München	09.02.1909	
Josef	*** Murnau**	**20.09.1833**	**Universitätsprofessor und**
	+ München	**22.10.1894**	**- rektor in München**

Archiv des Erzbistums München und Freising sowie Familienchronik Wolfgang Berchtolds

Generation: VII

Name:	**Berchtold, Josef**	
	* Murnau	20.09.1833
	+ München	22.10.1894
	begraben: München	23.10.1894

Beruf: Jurist, Universitätsprofessor und –rektor der LMU

oo	29.12.1868	
Name:	Contzen, Maria	
	* Würzburg	30.12.1845
	+ München	30.07.1934
Kinder:		
Theodor Hubert Maria	* München	24.08.1871
	+ München	06.05.1945
Maria Anna	* München	01.11.1872
	+ München	10.04.1873

Generation: VIII

Name:	Berchtold, Theodor Hubert Maria	
Beruf:	Jurist, Staatsfinanzrat	
oo	Planegg	23.08.1935
Name:	Plachetsky, Amalie	
	* Österreich	12.04.1898
	+ München	26.03.1959

uneheliche Tochter: Plachetsky, Margot Maria
* 03.07.1919
wird von Theodor Berchtold nicht als Adoptivkind angenommen

2. Vorlesungsverzeichnis der Ludwig-Maximilians-Universität München Josef Berchtold

SS:	Sommersemester
WS:	Wintersemester

Privatdozent

SS 1864:	Handels- und Wechselrecht, tägl. von 7-8 Uhr
WS 1864/65:	1) Deutsches Privatrecht, tägl. von 8-9 Uhr 2) Europäisches Völkerrecht, dreimal wöchentlich von 12-1 Uhr
SS 1865:	Deutsche Reichs- und Rechtsgeschichte, tägl. von 7-8 Uhr
WS 1865/66:	1) Deutsches Staats- und Bundesrecht, tägl. von 10-11 Uhr 2) Europäisches Völkerrecht, dreimal wöchentl. von 12-1 Uhr
SS 1866:	Kirchenrecht, tägl. von 8-9 Uhr
WS 1866/67:	1) Allgemeines und deutsches Staatsrecht, tägl. von 10-11 Uhr 2) Europäisches Völkerrecht, wöchentl. dreimal
SS 1867:	Kirchenrecht, tägl. von 8-9 Uhr
WS 1867/68:	1) Einleitung in das Staatsrecht, tägl. von 10-11 Uhr 2) Europäisches Völkerrecht, wöchentl. dreimal

Außerordentlicher Professor

SS 1868:	1) Deutsche Reichs- und Rechtsgeschichte, wöchentl. fünfmal von 7-8 Uhr 2) Conversatorium über ausgewählte Materien des Kirchenrechts, Sonnabends von 10-12 Uhr
WS 1868/69:	1) Kirchenrecht, tägl. von 8-9 Uhr 2) Deutsche Reichs- und Rechtsgeschichte, tägl. von 10-11 Uhr
SS 1869:	1) Völkerrecht, wöchentl. viermal von 11-12 Uhr 2) Conversatorium über ausgewählte Materien des Kirchenrechts, Sonnabends von 10-12 Uhr
WS 1869/70:	1) Deutsche Reichs- und Rechtsgeschichte, fünfmal v. 10-11 Uhr 2) Kirchenrecht, fünfmal von 5-6 Uhr

SS 1870:	1) Kirchenrecht, wöchentl. fünfmal von 8-9 Uhr 2) Conversatorium über ausgewählte Materien des Kirchenrechts, Sonnabends von 10.12 Uhr
WS 1870/71:	1) Kirchenrecht, fünfmal von 10-11 Uhr 2) Allgemeines und deutsches Staatsrecht, fünfmal v. 10-12 Uhr
SS 1871:	1) Deutsche Reichs- und Rechtsgeschichte, wöchentl. fünfmal von 7-8 Uhr 2) Allgemeines und deutsches Staaatsrecht, wöchentl. fünfmal von 11-12 Uhr 3) Conversatorium über ausgewählte Materien des Kirchenrechts, Sonnabends von 10-12 Uhr
WS 1871/72:	1) Kirchenrecht, fünfmal von 8-9 Uhr 2) Deutsche Reichs- und Rechtsgeschichte, fünfmal v. 10-11 Uhr
SS 1872:	1) Allgemeines und deutsches Staatsrecht, wöchentl. fünfmal von 7-8 Uhr 2) Conversvatorium über ausgewählte Materien des Staats- und Kirchenrechts, Sonnabend von 9-11 Uhr
WS 1872/73:	1) Allgemeines und deutsches Staatsrecht, wöchentl. fünfmal von 8-9 Uhr 2) Kirchenrecht, wöchentl. fünfmal von 10-11 Uhr
SS 1873:	1) Kirchenrecht, wöchentl. fünfmal von 7-8 Uhr 2) Deutsche Reichs- und Rechtsgeschichte, wöchentl. fünfmal von 8-9 Uhr 3) Conversatorium über ausgewählte Materien des Kirchen- und Staatsrechts, Samstag von 7-9 Uhr (privatissime)

Ordentlicher Professor

WS 1873/74:	1) Allgemeines und deutsches Staatsrecht, wöchentl. fünfmal von 8-9 Uhr 2) Kirchenrecht, an den fünf ersten Wochentagen v. 10-11 und Sonnabends von 3-5 Uhr
SS 1874:	1) Deutsche Reichs- und Rechtsgeschichte, wöchentl. fünfmal von 10-11 Uhr 2) Conversvatorium über ausgewählte Materien des Kirchen- und des Staatsrechts verbunden mit schriftlichen Übungen, Samstag von 7-9 Uhr (privatissime)

WS 1874/75:	1) Allgemeines und deutsches Staatsrecht, wöchentl. fünfmal von 8-9 Uhr 2) Kirchenrecht, an den fünf ersten Wochentagen v. 5-6 Uhr und Sonnabends von 3-5 Uhr
SS 1875:	1) Deutsche Reichs- und Rechtsgeschichte, wöchentl. fünfmal von 10-11 Uhr 2) Conversvatorium über ausgewählte Materien des Kirchen- und Staatsrechts verbunden mit schriftlichen Übungen, Samstag von 7-9 Uhr (privatissime)
WS 1875/76:	1) Deutsches Staatsrecht, wöchentl. fünfmal von 8-9 Uhr 2) Europäisches Völkerrecht, wöchentl. viermal von 11-12 Uhr 3) Kirchenrecht, wöchentl. fünfmal v. 4-5 Uhr und Sonnabends von 11-1 Uhr
SS 1876:	1) Deutsche Reichs- und Rechtsgeschichte, fünfmal von 8-9 Uhr 2) Conversvatorium über ausgewählte Materien des Kirchen- und Staatsrechts verbunden mit schriftlichen Übungen, Samstag von 7-9 Uhr (privatissime)
WS 1876/77:	1) Deutsches Staatsrecht, wöchentl. von 8-9 Uhr 2) Kirchenrecht, wöchentl. fünfmal von 4-5 Uhr und Sonnabends von 3-5 Uhr
SS 1877:	1) Deutsche Reichs- und Rechtsgeschichte, fünfmal v. 11-12 Uhr 2) Encyclopädie und Methodologie der Rechtswissenschaft, zweimal von 5-6 Uhr 3) Conversvatorium über ausgewählte Materien des Kirchenrechts und des Staatsrechts, verbunden mit schriftlichen Übungen, Samstag von 7-9 Uhr (privatissime)
WS 1877/78:	1) Deutsches Staatsrecht, wöchentl. fünfmal von 8-9 Uhr 2) Kirchenrecht, wöchentl. fünfmal von 4-5 Uhr und Sonnabends von 3-5 Uhr
SS 1878:	1) Deutsche Reichs- und Rechtsgeschichte, sechsmal von 11-12 Uhr 2) Conversatorium und Praktikum über Staatsrecht und Kirchenrecht, Samstag von 7-9 Uhr (privatissime)
WS 1878/79:	1) Deutsches Staatsrecht, wöchentl. fünfmal von 8-9 Uhr 2) Kirchenrecht, wöchentl. fünfmal von 4-5 Uhr 3) Eherecht, Sonnabend von 8-9 und von 11-12 Uhr

SS 1879: 1) Deutsche Reichs- und Rechtsgeschichte, fünfmal v. 11-12 Uhr
2) Deutsche Rechtsquellen, Sonnabends von 11-12 Uhr (publice)
3) Conversatorium und Praktikum über Staatsrecht und Kirchenrecht, Sonnabends von 7-9 Uhr (privatissime)

WS 1879/80: 1) Deutsches Staatsrecht, wöchentl. fünfmal von 8-9 Uhr
2) Kirchenrecht, wöchentl. fünfmal von 4-5 Uhr
3) Eherecht, Sonnabend von 3-5 Uhr

SS 1880: 1) Deutsche Reichs- und Rechtsgeschichte, fünfmal von 8-9 Uhr
2) Konversatorium und Praktikum über Staatsrecht und Kirchenrecht, Samstag von 7-9 Uhr (privatissime)

WS 1880/81: 1) Deutsches Staatsrecht, wöchentl. fünfmal von 8-9 Uhr
2) Kirchenrecht, wöchentl. fünfmal von 10-11 Uhr
3) Eherecht, Sonnabend von 3-5 Uhr

SS 1881: 1) Deutsche Reichs-und Rechtsgeschichte, fünfmal v. 10.11 Uhr
2) Konversatorium und Praktikum über Staatsrecht und Kirchenrecht, Samstag von 7-9 Uhr (privatissime)

WS 1881/82: 1) Deutsches Staatsrecht, fünfmal von 8-9 Uhr
2) Kirchenrecht, fünfmal von 11-12 Uhr
3) Eherecht, Sonnabends von 3-5 Uhr (publice)

SS 1882: 1) Deutsche Reichs- und Rechtsgeschichte, fünfmal v. 11-12 Uhr
2) Konversatorium und Praktikum über Staatsrecht und Kirchenrecht, Samstag von 7-9 Uhr (privatissime)
3) Übungen im juristischen Seminar, Mittwoch um 5 Uhr

WS 1882/83: 1) Deutsches Staatsrecht, fünfmal von 8-9 Uhr
2) Kirchenrecht, fünfmal von 3-4 Uhr
3) Eherecht, Sonnabends von 3-5 Uhr (publice)

SS 1883: 1) Deutsche Reichs- und Rechtsgeschichte, fünfmal v. 11-12 Uhr
2) Konversatorium und Praktikum über Staatsrecht und Kirchenrecht, Samstag von 7-9 Uhr (privatissime)
3) Kirchenrechtliche Übungen im jurist. Seminar, Mittwoch um 5 Uhr

WS 1883/84: 1) Deutsches (Reichs- und Landes-) Staatsrecht, fünfmal von 8-9 Uhr

	2) Kirchenrecht (der Katholiken und Protestanten), fünfmal von 11-12 Uhr 3) Eherecht, Sonnabend von 4-5 Uhr (publice)
SS 1884:	1) Deutsche Reichs- und Rechtsgeschichte, fünfmal v. 11-12 Uhr 2) Konversatorium und Praktikum über Staatsrecht und Kirchenrecht, Samstag von 7-9 Uhr (privatissime)
WS 1884/85:	1) Deutsches (Reichs- und Landes-) Staatsrecht, fünfmal von 8-9 Uhr 2) Kirchenrecht (der Katholiken und Protestanten), fünfmal von 11-12 Uhr 3) Eherecht, Sonnabend von 11-12 Uhr
SS 1885:	1) Deutsche Reichs- und Rechtsgeschichte, fünfmal v. 11-12 Uhr 2) Konverstorium und Praktikum über Staatsrecht und Kirchenrecht, Samstag von 7-9 Uhr (privatissime)
WS 1885/86:	1) Deutsches (Reichs- und Landes-) Staatsrecht, fünfmal von 8-9 Uhr 2) Kirchenrecht (der Katholiken und Protestanten), fünfmal von 11-12 Uhr 3) Eherecht, Sonnabend von 4-5 Uhr (publice)
SS 1886:	1) Deutsche Reichs- und Rechtsgeschichte, fünfmal v. 11-12 Uhr 2) Konversatorium und Praktikum über Staatsrecht und Kirchenrecht, Samstag von 7-9 Uhr (privatissime) 3) Enzyklopädie der Rechtswissenschaft mit besonderer Berücksichtigung der Forstkandidaten, viermal
WS 1886/87:	1) Deutsches (Reichs- und Landes-) Staatsrecht, fünfmal von 8-9 Uhr 2) Kirchenrecht (der Katholiken und Protestanten), fünfmal von 4-5 Uhr 3) Eherecht, Sonnabend von 4- 5 ½ Uhr
SS 1887:	1) Deutsche Reichs- und Rechtsgeschichte, fünfmal v. 11-12 Uhr 2) Konversatorium und Praktikum über Staatsrecht und Kirchenrecht, Samstag von 7-9 Uhr (privatissime) 3) Enzyklopädie der Rechtswissenschaft mit besonderer Berücksichtigung der Forstkandidaten, fünfmal von 4-5 Uhr

WS 1887/88:	1) Deutsches (Reichs- und Landes-) Staatsrecht, fünfmal von 8-9 Uhr 2) Kirchenrecht, fünfmal von 4-5 Uhr
SS 1888:	1) Deutsche Reichs- und Rechtsgeschichte, fünfmal v. 11-12 Uhr 2) Konversatorium und Praktikum über Staatsrecht und Kirchenrecht, Samstag von 7-9 Uhr (privatissime) 3) Enzyklopädie der Rechtswissenschaft mit besonderer Berücksichtigung der Forstkandidaten, fünfmal von 4-5 Uhr 4) Kirchenrechtliche Übungen im juristischen Seminar
WS 1888/89:	1) Deutsches (Reichs- und Landes-) Staatsrecht, fünfmal von 8-9 Uhr 2) Kirchenrecht, fünfmal von 11-12 Uhr 3) Eherecht, zweistündig (publice)
SS 1889:	1) Deutsche Reichs- und Rechtsgeschichte, fünfmal v. 10-11 Uhr 2) Rechtsencyklopädie mit besonderer Berücksichtigung der Forstkandidaten, fünfmal von 11-12 Uhr 3) Konversatorium und Praktikum über Staatsrecht und Kirchenrecht, Samstag von 7-9 Uhr
WS 1889/90:	1) Deutsches (Reichs- und Landes-) Staatsrecht, fünfmal von 8-9 Uhr 2) Kirchenrecht mit Einschluß des Eherechts, fünfmal von 11-12 Uhr
SS 1890:	1) Deutsche Reichs- und Rechtsgeschichte, fünfmal von 7-8 Uhr 2) Rechtsencyklopädie mit besonderer Berücksichtigung der Forstkandidaten, fünfmal von 11-12 Uhr
WS 1890/91:	1) Deutsches (Reichs- und Landes-) Staatsrecht, fünfmal von 8-9 Uhr 2) Kirchenrecht, fünfmal von 4-5 Uhr
SS 1891:	1) Deutsche Reichs- und Rechtsgeschichte, fünfmal von 8-9 Uhr 2) Rechtsencyklopädie mit besonderer Berücksichtigung der Forstkandidaten, fünfmal von 11-12 Uhr 3) Konversvatorium und Praktikum über Staatsrecht und Kirchenrecht, Samstag von 7-9 Uhr (privatissime)
WS 1891/92:	1) Kirchenrecht, wöchentl. fünfmal von 8-9 Uhr 2) Deutsches (Reichs- und Landes-) Staatsrecht, wöchentl. fünfmal von 11-12 Uhr

SS 1892:	1) Deutsche Reichs- und Rechtsgeschichte, fünfmal von 8-9 Uhr 2) Rechtsencyklopädie mit besonderer Berücksichtigung der Forstkandidaten, fünfmal von 11-12 Uhr
WS 1892/93:	1) Kirchenrecht mit Einschluß des Eherechts, fünfmal v. 8-9 Uhr 2) Deutsches (Reichs- und Landes-) Staatsrecht, fünfmal von 10-11 Uhr
SS 1893:	1) Deutsche Reichs- und Rechtsgeschichte, fünfmal von 8-9 Uhr 2) Rechtsencyklopädie mit besonderer Berücksichtigung der Forstkandidaten, fünfmal von 11-12 Uhr
WS 1893/94:	1) Kirchenrecht mit Einschluß des Eherechts, fünfmal v. 8-9 Uhr 2) Deutsches (Reichs- und Landes-) Staatsrecht, fünfmal von 10-11 Uhr
SS 1894:	1) Deutsche Reichs- und Rechtsgeschichte, fünfmal von 8-9 Uhr 2) Rechtsencyklopädie mit besonderer Berücksichtigung der Forstkandidaten, fünfmal von 11- 12 Uhr
WS 1894/95:	1) Kirchenrecht mit Einschluß des Kirchenrechts, fünfmal von 8-9 Uhr, privatim 2) Allgemeines und deutsches Staatsrecht, fünfmal von 10-11 Uhr, privatim

3. Abbildungsverzeichnis

Berchtold Josef

Allerdurchlauchtigster Großmächtigster

KÖNIG

Allergnädigster König und Herr!

Berchtold

Im Vertrauen auf Euer Königlichen Majestät Huld und Gnade gegen die nach Wissenschaft strebende Jugend des Königreiches wage ich allerunterthänigst Unterzeichneter die demuthvollste Bitte:

Allerhöchstdieselben möchten sich Allergnädigst bewogen finden, mir für die Dauer der Vorbereitung zum Staatsconcurse ein Staats-Stipendium Allerhuldvollst zu verleihen.

Zur Unterstützung dieser allerunterthänigsten Bitte erlaube ich mir der Weisheit Euer Königlichen Majestät folgende Gründe zu unterbreiten:

1.) Nachdem ich im Jahre 1852 als der Erste in meiner Klasse mit der ersten Note das hiesige Königliche Maximilians-Gymnasium absolvirt hatte, betrieb ich die philosophischen Studien an der hiesigen Königlichen Universität mit dem Erfolge, daß mir nach bestandenem Examen schon im ersten Jahre ein Universitäts-Stipendium zuerkannt wurde.

2.) Zum Studium der Jurisprudenz übergetreten erfreute ich mich fortwährend desselben Stipendiums und bearbeitete trotz vorausgegangener, mehrfacher Krankheit die von der Juristenfakultät für das Jahr 1855/56 gestellte Preisfrage: „Die Entwicklung der Landeshoheit in Deutschland in der Periode von Friedrich II. bis zum Tode Rudolfs I. von Habsburg, staatsrechtlich erörtert."
Am 26ten Juni 1856 wurde mir unter 6 eingelaufenen Bearbeitungen mein Versuch mit dem

Motto: „οὐκ ἀγαθὸν πολυκοιρανίη, εἷς κοίρανος ἔστω" (Homer. Il. II. 204)
allein und einstimmig mit dem Preise gekrönt.

Seitdem stand der schon früher gefaßte Plan, mich dereinst ganz der Theorie zu widmen, in meiner Seele fest; ich setzte die regelmäßigen Studien weiter fort und glaube, bescheiden innerhalb der Gränzen der Wahrheit zu stehen, wenn ich das Ergebniß der jüngst bestandenen theoretischen Schlußprüfung ein recht befriedigendes nenne.

3) Da ich aber mit dem Abgange von der Hochschule auch dem Genusse jeglicher Unterstützung entgegentreten und als jüngster Sohn einer bald 70jährigen Mutter mit 7 unversorgten Kindern – laut allerunterthänigst beigelegten Zeugnisses – von Hause aus vollkommen mittellos bin; so steht meinem sehnlichsten Wunsche, die von der praktischen Vorbereitung zum Staatsdienste mir übrigbleibende Zeit ungetheilt auf theoretische Fortbildung verwenden und so bald als möglich den juristischen Doktorgrad erlangen zu können, die dringende Nothwendigkeit entgegen, selbst von dieser spärlich gemessenen Zeit noch einen beträchtlichen Theil auf Instruktionen zu verwenden!

Wenn ich daher in dieser Lage an Eure Königliche Majestät, den Allergnädigsten Beschützer und Förderer der Wissenschaft, obige Bitte allerehrfurchtsvollst zu stellen gewage, so dürften die so eben angeführten, auf vollster Wahrheit beruhenden Gründe dieselbe rechtfertigen und eine Allergnädigste Erhörung erlangen.

In dem unbegränzten Vertrauen auf Euer Königlichen Majestät
allerhöchste Einsicht und Gnade ersterbe ich
in allertiefster Ehrfurcht

Euer Koeniglichen Majestaet

München, den 31ten Oktober
1857

allerunterthänigst treugehorsamster
Joseph Berchtold, Rechtspraktikant
am königlichen Bezirksgerichte München
l/I.

№ 040 ... N. 252 p. 20 Jänner 58.

Koenigreich Bayern

Staats-Ministerium des Innern

für Kirchen- und Schul-Angelegenheiten

Seine Majestaet der König haben dem Studierenden der Rechte, Joseph Berchtold aus Mu... zur Fortsetzung seiner Studien an den beiden nördlichen Universitäten zu Göttingen und Berlin ein Stipendium von 600 fl aus der Allerhöchsten Kabinets-Kasse allergnädigst zu bewilligen geruht.

Der Rektor der k. Universität München hat dies dem genannten Studierenden mit dem Anfügen zu eröffnen, daß die zweite Hälfte des allerhöchst gewährten Stipendiums erst dann ausbezahlt werden darf, wenn er nach Ablauf des ersten Semesters günstige Zeugnisse über sein Wohlverhalten und den Fortgang seiner Studien vorzulegen vermag.

Der Rektor der k. Universität München hat ferner nach gepflogener Rücksprache mit J. Berchtold zu berichten, bis wann die erste Stipendiums-Rate flüssig zu machen sein dürfte.

München, den 19. Januar 1858

Auf Seiner Koeniglichen Majestaet allerhoechsten Befehl

Berchtold Joseph

An den Rektor der k. Universität München.

Den Studierenden der Rechte Joseph Berchtold aus Mu... betr.

Durch den Minister
der General-Sekretär
Ministerialrath
v. Bezold

zu Füßen zu legen, und sieht mit vollstem Vertrauen auf
die allbekannte und ihm schon wiederholt zu Theil gewordene
Allerhöchste Huld und Gnade der Gewährung derselben entgegen.
In allertiefster Ehrfurcht erstirbt

Ew. Koeniglichen Majestaet!

München, den 27sten September 1861.

allerunterthänigst treugehorsamster
Joseph Berchtold,
geprüfter Rechtspraktikant aus
Murnau.

7915 … 29. September 1861.
75 c. act. pers.

Allerdurchlauchtigster Grossmächtigster

Koenig

Allergnädigster König und Herr!

Allerunterthänigste Bitte des geprüften Rechtspraktikanten Joseph Bergold aus München, – dessen Fortbildung in der Praxis betreffend.

Der allerunterthänigst Unterzeichnete sieht sich veranlaßt, an Ew. Koenigliche Majestaet die allerehrfurchtsvollste Bitte zu stellen:
„Allerhöchstdieselben wollen sich Allergnädigst bewogen finden,
„dem allerunterthänigst Unterzeichneten einen Urlaub auf
„die Dauer eines Jahres Allerhuldvollst zu gewähren."
Zur Begründung dieser allerehrfurchtsvollsten Bitte erlaubt sich der allerunterthänigst Unterzeichnete, der erhabenen Weisheit Ew. Koeniglichen Majestaet folgende Momente zur Allergnädigsten Würdigung zu unterbreiten.

1.) der allerunterthänigst Unterzeichnete absolvirte im October 1857 die juristischen Studien an hiesiger Universität, nachdem ein vorhergehendes Jahr seine Bearbeitung der von der Juristenfakultät gestellten Preisfrage über die Entwickelung der Landeshoheit Deutschlands im dreizehnten Jahrhunderte allein und einstimmig mit dem Preise gekrönt worden war.

2.) Noch im October 1857 trat der allerunterthänigst Unterzeichnete beim königlichen Bezirksgerichte München l.d.J. in die Praxis und bestand nebenbei unmittelbar vor Weihnachten 1857 das examen rigorosum pro gradu, um im Laufe des Jahres 1858 die juristische Doktorswürde sich zu erwerben. Allein bereits unterm 19ten Januar 1858 ward der allerunterthänigst Unterzeichnete wider alles Vermuthen durch einen jener Allerhuldvollsten Akte beglückt, welche die erhabene Regierung Ew. Koeniglichen Majestaet so sehr auszeichnen.

Ew. Koenigliche Majestaet hatten sich nemlich Allergnädigst bewogen, dem allerunterthänigst Unterzeichneten aus Allerhöchster Kabinetskasse ein Stipendium von 600 fl. zu bewilligen, damit derselbe behufs besserer Vorbereitung auf das Lehramt, dem er sich schon damals zu widmen gedachte, seine Studien an den Universitäten Göttingen und Berlin fortsetzen könnte, und dieses Stipendium geruhten Ew. Koenigliche Majestaet späterhin Allerhuldvollst zu erhöhen und beziehungsweise auf ein drittes Semester auszudehnen.

Ueber die Fortsetzung und Erfolg seiner Studien, insbesondere des allgemeinen und deutschen Staatsrechts, der deutschen Rechtsgeschichte und des Kirchenrechts, der mittelalterlichen und neueren Geschichte, hatte der allerunterthänigst Unterzeichnete seiner Zeit die Ehre, dem Herrn Staatsminister des Cultus die ehrenvollsten Zeugnisse der Herren Professoren: Zachariä, Waitz und Hermann in Göttingen, —

Richter, Stahl, Homeyer, Daniels, Ranke u. A. in Berlin zu hören.

3.) Im Herbste 1859 nach München zurückgekehrt trat der allerunterthänigst Unterzeichnete beim königlichen Landgerichte München r. d. J. in die Administrativpraxis, setzte aber daneben seine theoretische Thätigkeit fort, wovon die beiden Artikel in Professors Bluntschli deutschem Staats-Wörterbuch: „Jagd- und Fischereirecht" und „Katharina II" einen neuen wenn auch geringen Beweis ablegen dürften. Nach Vollendung der Administrativpraxis (15ten September 1860) setzte der allerunterthänigst Unterzeichnete die im April 1858 abgebrochene Justizpraxis beim königlichen Bezirksgerichte München l. d. J. fort bis 1ten Dezember 1860, betheiligte sich hierauf an dem im Monate Dezember abgehaltenen Staatsconcurse der Rechtspraktikanten und widmete nach dessen Vollendung seine Kräfte ausschließlich wissenschaftlicher Thätigkeit, so daß er jetzt auf dem Punkte steht, demnächst vollends zu promoviren, und jedenfalls im Laufe des Studienjahres 1861/62 sich für allgemeines und deutsches Staatsrecht, deutsche Rechtsgeschichte und Kirchenrecht zu habilitiren gedenkt.

4.) Da nur diejenigen Rechtspraktikanten, welche um einen Staatsdienst im Ressort der Justiz oder Verwaltung sich bewerben wollen, nach Allerhöchster Verordnung vom 7ten Dezember 1841 verpflichtet sind, noch vor Ablauf des Jahres nach Erstehung der praktischen Prüfung in Praxis zu treten, wenn sie nicht als verzichtend auf Anstellung im genannten Staatsdienste in den Kreis-Qualifikationsbüchern zeitlich abgeschrieben werden wollen; der allerunterthänigst Unterzeichnete aber, welcher den erwähnten Staatsconcurs mit Erfolg (: Note II. Platz 11 unter 53 Kandidaten :) bestanden, nicht gesonnen sein kann, auf den Staatsdienst im Justiz- oder Verwaltungsressort gänzlich zu verzichten, bis er sich von seinem Fortkommen beim akademischen Lehrfache überzeugt halten darf: so wagt derselbe, Ew. Koeniglichen Majestaet die obige Bitte allerehrfurchtsvollst

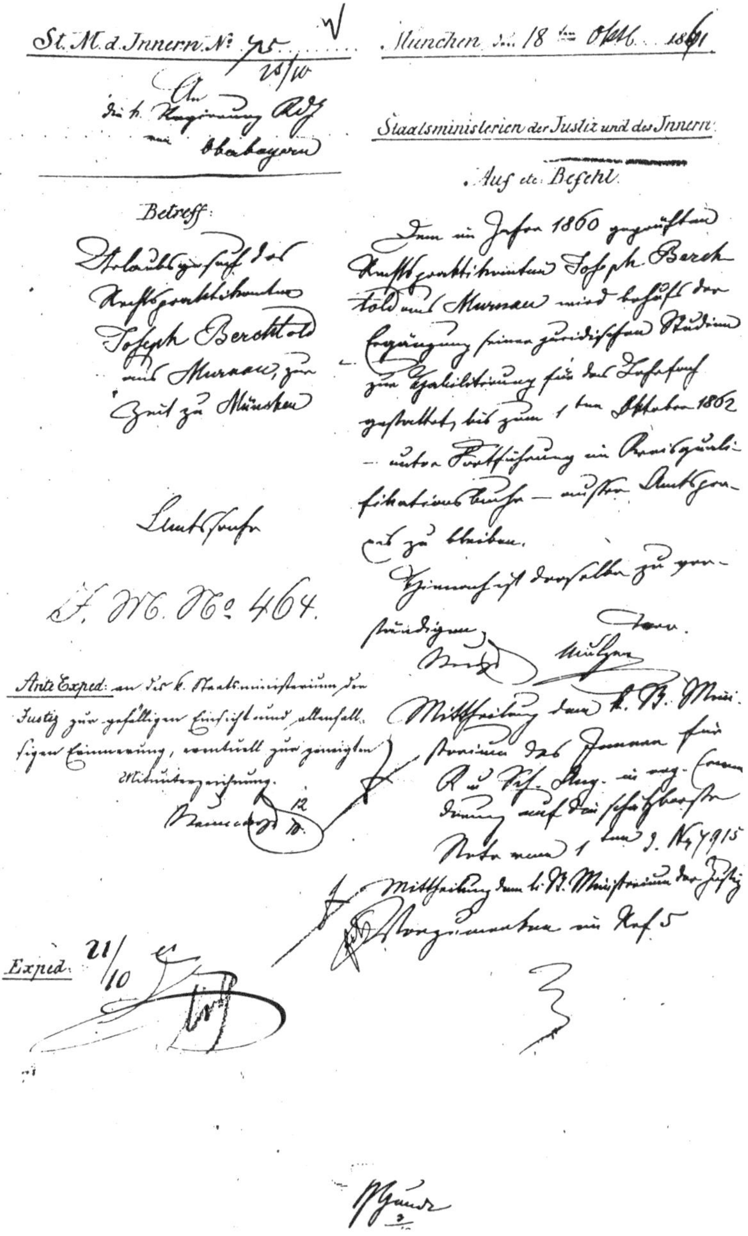
St. M. d. Innern. No 75.

München den 18ten Octob. 1861

An die k. Regierung von Oberbayern

Staatsministerien der Justiz und des Innern.

Auf etc. Befehl.

Betreff: Beurlaubungsgesuch des Rechtspraktikanten Joseph Berchtold aus Murnau, zur Zeit zu München

Dem im Jahre 1860 geprüften Rechtspraktikanten Joseph Berchtold aus Murnau wird behufs der Ergänzung seiner juridischen Studien zur Habilitierung für das Lehrfach gestattet, bis zum 1ten Oktober 1862 – unter Fortführung in Concursqualifikationsliste – außer der Amtspraxis zu bleiben.

Hiernach ist derselbe zu verständigen.

J. M. No 464.

Ante Exped: an das k. Staatsministerium der Justiz zur gefälligen Einsicht und allenfallsigen Erinnerung, eventuell zur geneigten Mitunterzeichnung.

Mittheilung dem k. B. Ministerium des Innern für K. u. Sch. Ang. ...

Mittheilung dem k. B. Ministerium der Justiz

Exped. 21/10

THESES,

QUAS

EX AUCTORITATE

ILLUSTRISSIMI JURECONSULTORUM ORDINIS

PRO

IMPETRANDA VENIA LEGENDI

IN

AULA UNIVERSITATIS MINORE

DIE XXVIII. MENSIS JULII ANNI MDCCCLXIII HORA X.

PUBLICE DEFENDET

JOSEPHUS BERCHTOLD,
JURIS UTRIUSQUE DOCTOR.

MONACHII, MDCCCLXIII.
Ex Typographia Doctoris Caroli Wolf & Filii.

I. Ecclesia conventione anno 1122 Wormatiae facta magnam a civitate reportavit victoriam.

II. Sed principes imperii ecclesiastici jam ante illam conventionem nec demum a Friderici I. imperatoris temporibus Germaniae regibus homagio ligio obstricti fuerunt.

III. Auctores speculi saxonici et suevici de potestatis saecularis derivatione ejusque conditione valde dissentiunt.

IV. Non Lotharius II., imp. sed Fridericus II. juribus, quae in electione praelatorum Germaniae regibus ex conventione Wormatiensi competebant, renunciavit.

V. Idem Fridericus promissa Calendis Juliis anni 1216 summo pontifici a se praestita dolo malo non persolvit.

VI. Idem nonnisi magno pretio a principibus ecclesiasticis impetravit, ut filius suus Heinricus Romanorum rex eligeretur.

VII. Idem in §. 1 confoederationis cum principibus ecclesiasticis anno 1220 initae non solum juri „spolii“ sed etiam „regaliae“ renunciavit;

VIII. Dictisque principibus in §. 9 ejusdem privilegii jus muniendi omnino concessit.

IX. Auctor speculi suevici in cap. 75 §. 3 (editio Genglerii) jus antiquatum nobis tradidit.

X. Imperii principibus jus territorii sine consensu imperatoris atque statuum terrae dividendi vel alienandi non competebat.

XI. Jus interveniendi quod vocant principiis juris gentium adversatur.

XII. Jura in artic. XIV. Actae Confoederationis Germanicae determinata principibus et comitibus, qui „Standesherren“ vocantur, in omnibus Germaniae civitatibus competunt.

XIII. Judicis est, de vi et auctoritate non solum ordinationum sed etiam legum judicare.

XIV. Ne leges quidem ex publicatione rite facta recipiunt vim et auctoritatem indubitatam.

XV. Inprimis judex bavaricus legem simplicem legi constitutionali contrariam observare non debet.

XVI. Doctrinam illam, secundum quam bonorum ecclesiasticorum dominium penes ecclesiam universalem sit, falsam periculosamque esse contendo.

XVII. Placetum regium nostrae civitatis ordini haud convenit.

XVIII. At illo juris instituto, quod appellatio tamquam ab ubusu vocatur, civitas carere non potest.

Abschrift.

No. 4071.

Ludwig II.

p. p.

/ Wir finden Uns bewogen, den bisherigen außerordentlichen Professor Dr. Joseph Berchtold dahier zum ordentlichen Professor des Kirchenrechts und der deutschen Reichs- und Rechtsgeschichte in der Juristenfakultät Unserer Universität München mit einem am 1. April 1873 beginnenden Gehalt von jährlich dreitausend Gulden allergnädigst zu ernennen.

Hienach habt ihr das weiter Geeignete zu verfügen und das ernennende Dekret dem Dr. Berchtold zuzustellen.

München den 16. April 1873.

Ludwig.

Dr. v. Lutz

An den
Senat der k. Universität
München.

Die Berufung des außerordentlichen Professors an der k. Universität München Dr. Joseph Berchtold an die Universität Prag betr.

Auf
Königlich Allerhöchsten Befehl
der Generalsecretär
Ministerialrath
v. Bezold.

München, den 17. April 1873.

Der

akademische Senat

der

königl. Universität München

an

die Kgl. juristische Facultät.

Die Ernennung des außerordentlichen Professors an der k. Universität München Dr. Joseph Berchtold an die Universität Prag betr.

Der k. juristischen Facultät theilen wir rückseits Abschrift des Allerhöchsten Decrets über die Ernennung des k. außerordentlichen Professors Dr. Berchtold zum Ordinarius und einer gleichzeitig ergangenen höchsten Entschließung bezeichneten Betreffs zu gefälliger Kenntnißnahme mit.

Der derzeitige Rector:

JWPlanck

[illegible]

München, den 27. Okt. 1847

Hochverehrter Herr Geheimer Justizrath!

In der Anlage erhalten Sie den mir gütigst zugesandten Fragebogen bezüglich meiner Personalien ausgefüllt zurück. Nehmen Sie dazu noch den Dank für Ihr Werk auf. Aus dem ersten Fortgange desselben erkenne ich zu meiner lebhaftesten Freude, daß sich Ihre Gesundheitsverhältnisse, welche auch Ihre Mitarbeiter an der letzten [illegible] leider entzogen und auch sogar Ihre Anwesenheit derselben vermissen ließen, wieder zum Bessern gewendet haben. Der liebe Gott verleihe Ihnen zu diesem u. noch vielen andern Werken die erforderliche Gesundheit; dies

[illegible] 13, 78

Vor- und Familienname: Josef Berchtold.

Geburts- Ort: Murnau in Oberbayern
Tag: 20ten September
Jahr: 1833.

Aeltern: Theodor Berchtold kgl. Bräumeister in Schwaiganger und später in Murnau † 1838
Eva Rendl (Bildhauerstochter) aus Oberammergau (noch lebend, am [illegible] Februar 1878 90 Jahre alt werdend, ganz gesund an Geist u. Körper.)

Studien-Ort und -Zeit
Gymnasium: München 1845-52
Universitäten: München (1852/53-1857), Göttingen (1858 in Bonn), und Berlin (1858-59) (an letzteren beiden Universitäten mit Stipendium des Königs Maximilian II. v. Bayern.)

Doktorat: (Ort, Tag) 31ten Mai 1862 in München.

Habilitation und weitere Carrière: 1863 am 28ten Juli habilitirt in München, zum Docenten der Rechte ernannt am 15ten Oktbr. 1863; – am 25ten Okt. 1867 zum außerordentlichen u. am 16ten April 1873 zum ordentlichen Professor des deutschen Rechts und Rechtsgeschichte und des Kirchenrechts in München ernannt.

Sonstige Erlebnisse u. s. w.: ~~Am [illegible] Juni 1858 [illegible]~~
Vom Okt. 1857 bis April 1858 und wiederum vom Okt. 1859 bis Nov. 1860 in der juristischen Vorbereitungs-Praxis. Im Dezember 1860 den Staatsconcurs bestanden. Von 1859 bis 1862 bei der Redaktion des deutschen [illegible] und Bluntschli's Staatswörterbuch beschäftigt. – Von 1868–1873 auch Professor an der kgl. Kriegs-Akademie (für Rechts- u. Völkerrecht.)

Schriften:
1.) „Über Placet und appellatio tanquam ab abusu" (Quaestio inauguralis, nicht gedruckt).
2.) „Die Landeshoheit Österreichs nach den echten u. unechten Freiheitsbriefen" (München 1862).
3.) „Die Entwickelung der Landeshoheit in Deutschland in der Periode von Friedrich II. bis einschließlich zum Tode Rudolfs von Habsburg, rechtsgeschichtlich erörtert" I. Theil. München 1863.
4.) „Gutachten der juristischen Fakultät zu München über die Döllinger'schen Concils-Fragen", abgedruckt bei Friedberg, Sammlung der Aktenstücke zum ersten vatican. Concil, Tübingen 1872 S. 313 ff.

verfasst im [illegible] 1869 im Auftrage der Fakultät

5.) „Die Unvereinbarkeit der neuen päpstlichen Glaubensdekrete mit der bayrischen Staatsverfassung" München 1871.

6.) die Artikel: „Jagd- u. Fischereirecht", – „Katharina II.", – „Staatsdomänen u. Staatsgüter" im deutschen Staatswörterbuch von Bluntschli u. Brater Bd. V S. 380–400. V. S. 526–548. X. S. 163–205.

7.) Mehrere kritische Anzeigen (u. kleinere selbständige Artikel) in v. Sybels histor. Zeitschrift, Pözl's kritischen Vierteljahrsschrift, in d. Augsburger Allgemeinen Zeitung u.s.w.

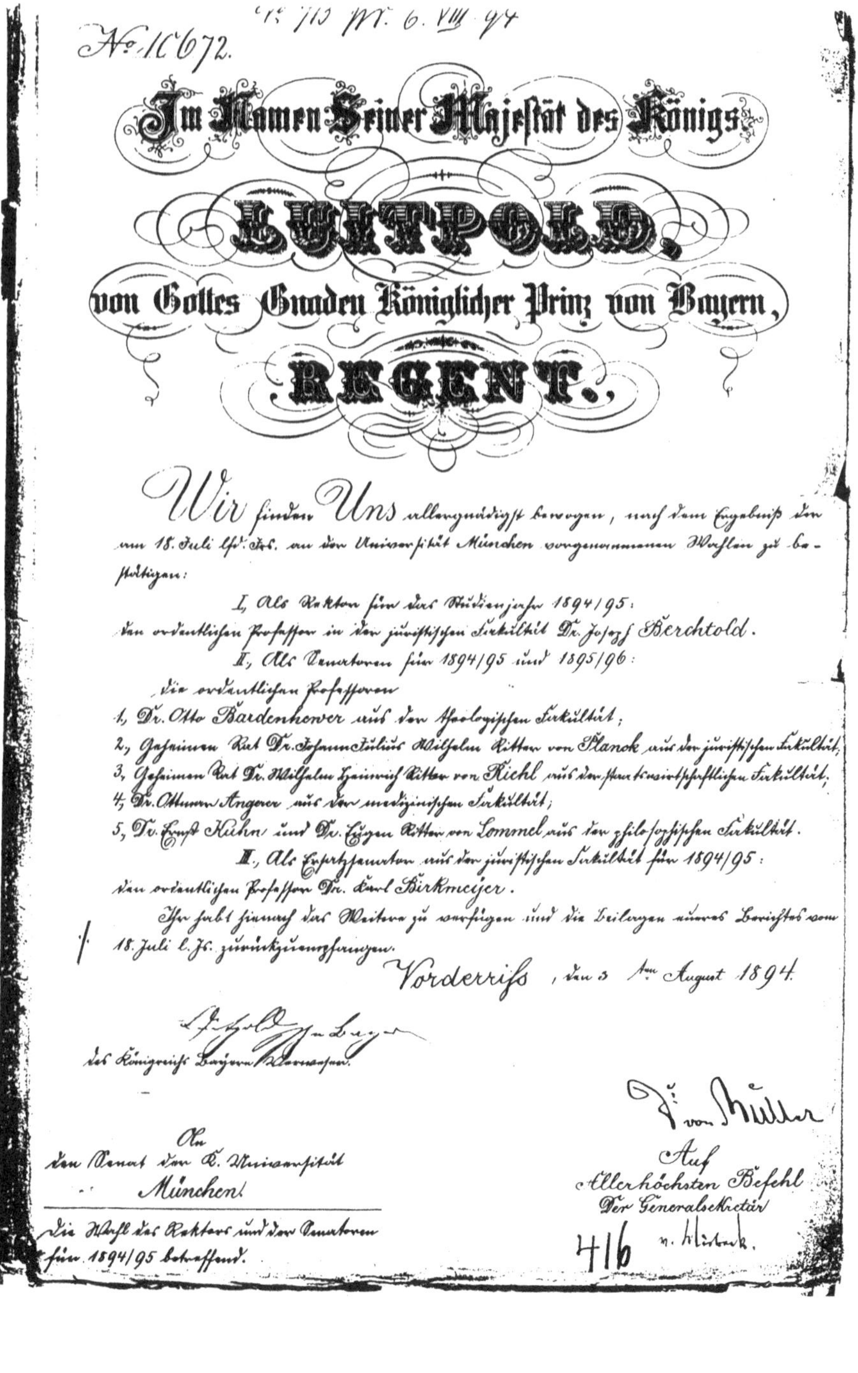

No. 10672. Pr. 713 W. 6. VIII. 94

Im Namen Seiner Majestät des Königs

LUITPOLD,

von Gottes Gnaden Königlicher Prinz von Bayern,

REGENT.

Wir finden Uns allergnädigst bewogen, nach dem Ergebniß der am 18. Juli lfd. Js. an der Universität München vorgenommenen Wahlen zu bestätigen:

I, Als Rektor für das Studienjahr 1894/95:

den ordentlichen Professor in der juristischen Fakultät Dr. Joseph Berchtold.

II, Als Senatoren für 1894/95 und 1895/96:

die ordentlichen Professoren

1, Dr. Otto Bardenhewer aus der theologischen Fakultät;

2, Geheimen Rat Dr. Johann Julius Wilhelm Ritter von Planck aus der juristischen Fakultät;

3, Geheimen Rat Dr. Wilhelm Heinrich Ritter von Riehl aus der staatswirtschaftlichen Fakultät;

4, Dr. Ottmar Angerer aus der medizinischen Fakultät;

5, Dr. Ernst Kuhn und Dr. Eugen Ritter von Lommel aus der philosophischen Fakultät.

III, Als Ersatzsenator aus der juristischen Fakultät für 1894/95:

den ordentlichen Professor Dr. Karl Birkmeyer.

Ihr habt hienach das Weitere zu verfügen und die Beilagen eures Berichtes vom 18. Juli l. Js. zurückzuempfangen.

Vorderriß, den 3ten August 1894.

Luitpold Prinz von Bayern
des Königreichs Bayern Verweser.

Dr. von Müller

An
den Senat der K. Universität
München.

Auf
Allerhöchsten Befehl
Der Generalsekretär
v. [illegible]

Die Wahl des Rektors und der Senatoren für 1894/95 betreffend.

416

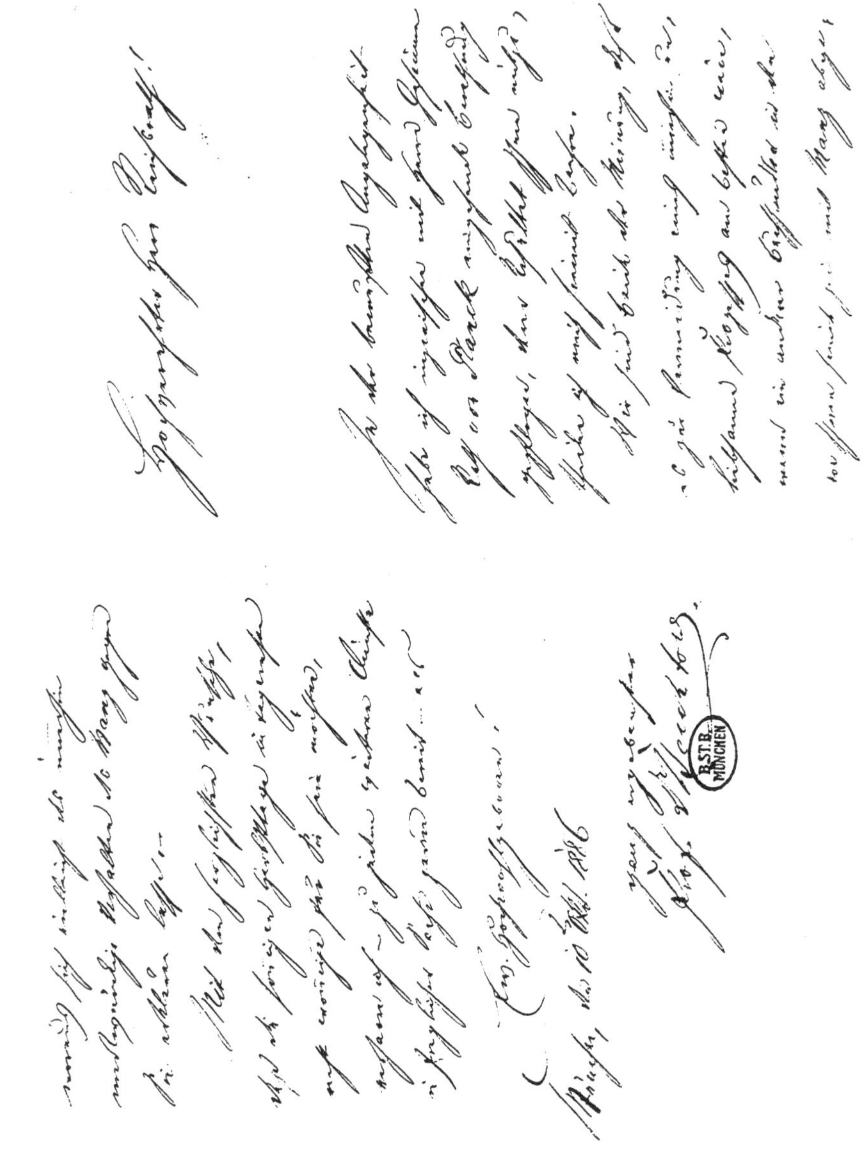

Hochgeehrter Herr Reichsrath!

In der bewußten Angelegenheit habe ich inzwischen mit Herrn Geheimen Rath von Starck eingehende Rücksprache gepflogen, deren Resultat Ihnen mitzuteilen ich mich hiermit beehre.

Wir sind beide der Meinung, daß es zur Vermeidung eines unnützen [illegible] kostspieligen Prozesses am besten wäre, wenn ein anderer Geschäftsmann [illegible] von Ihnen [illegible] mit Marx abge-[illegible] [illegible] sich vielleicht das [illegible] merkwürdige Verhalten des Marx gegen Sie erklären lassen.

Mit den herzlichsten Wünschen, daß die heurigen Herbsttage in Tegernsee recht [illegible] für Sie sein möchten, verharre ich – zu jeden weiteren Diensten [illegible] gerne bereit – als

Euer Hochwohlgeboren

München, den 10. Okt. 1886

ganz ergebenster
Prof. [illegible]

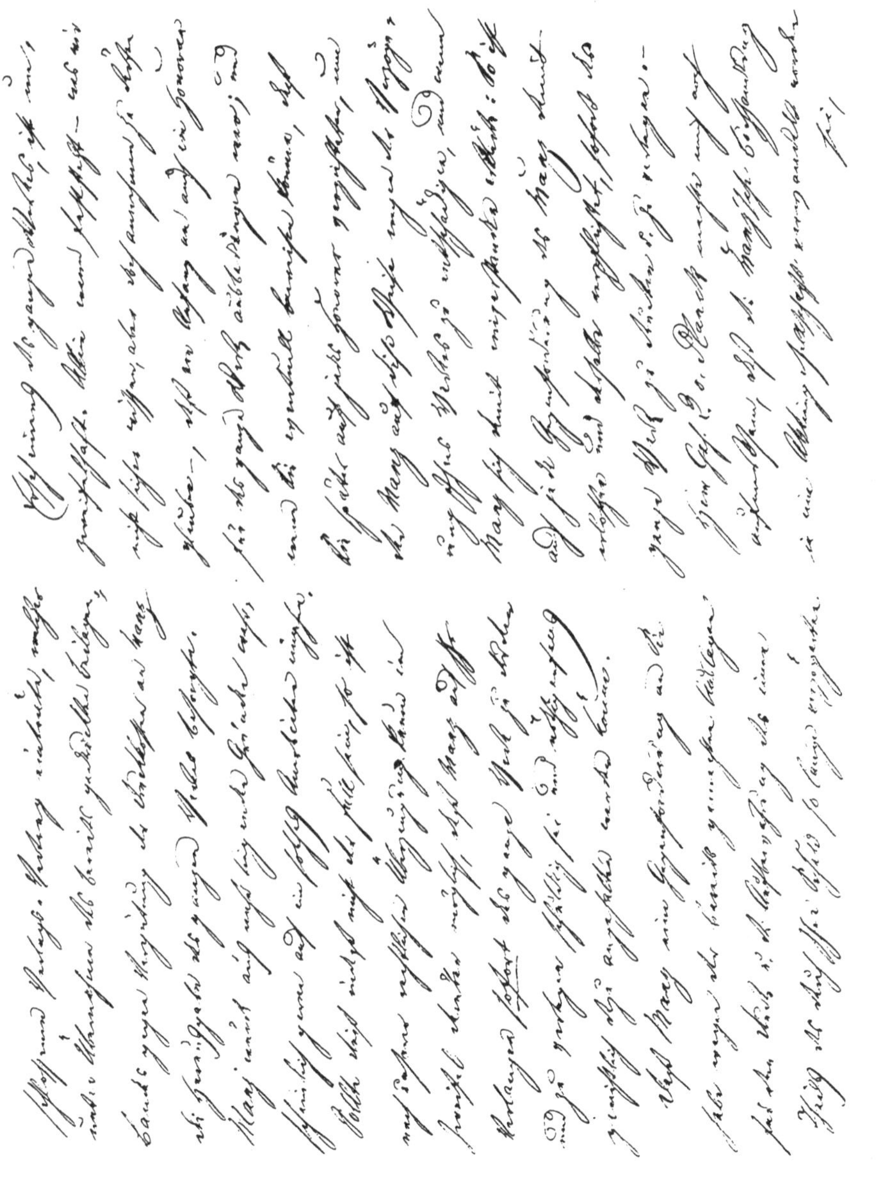

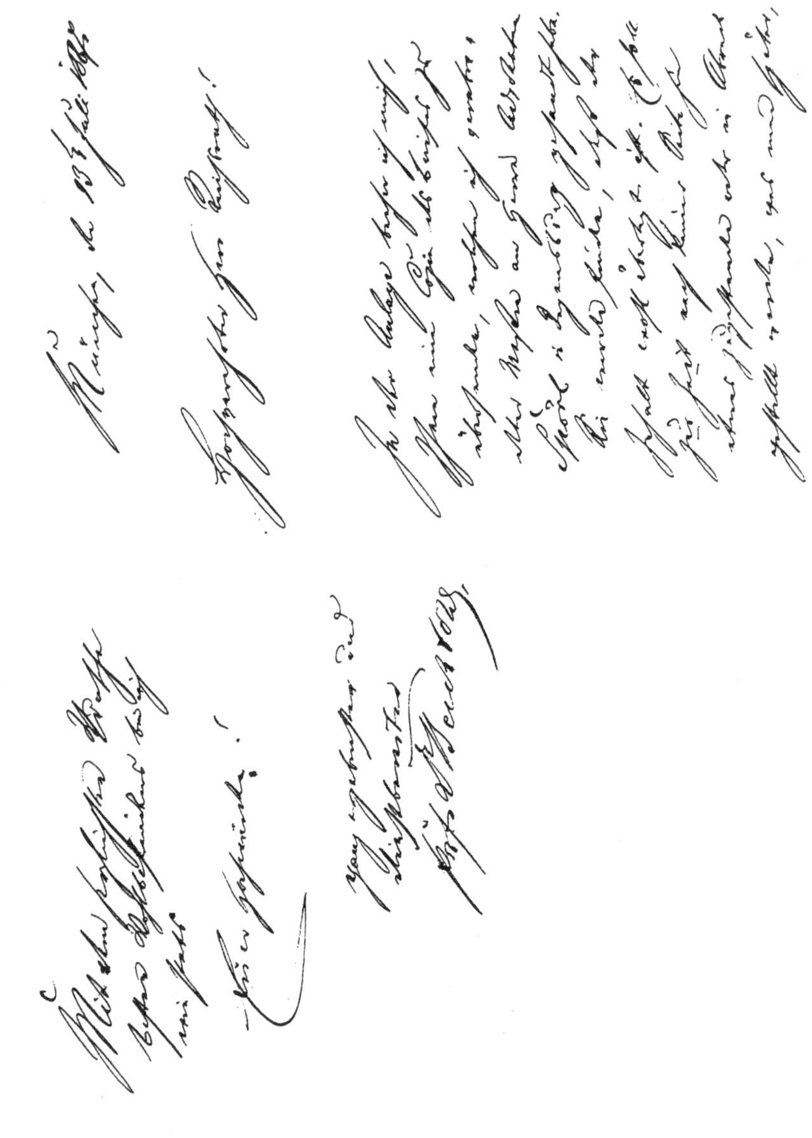

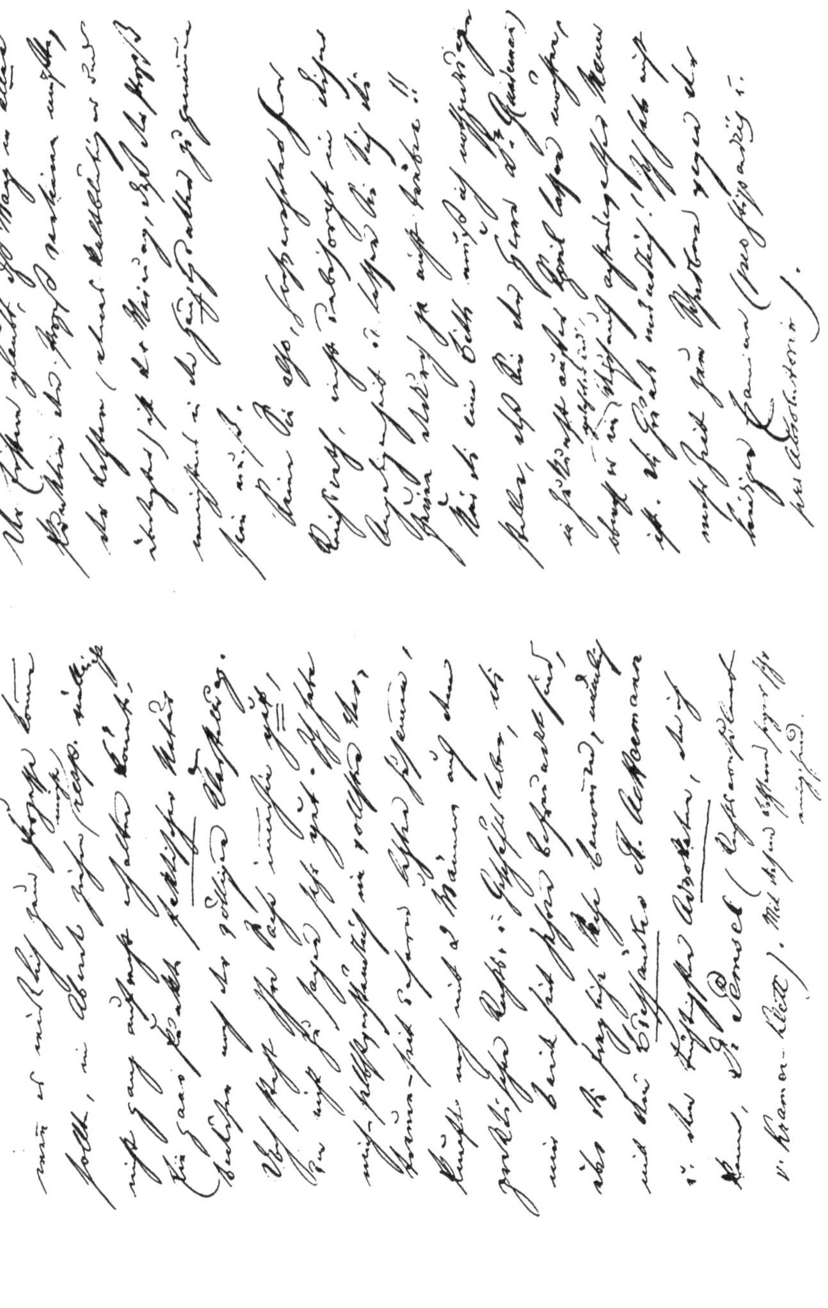

R. I. P.
PROFESSOR
DR. JOS. BERCHTOLD
GEB. 20.9 1833. GEST. 22.10.1894.
FRAU
MARIA BERCHTOLD
*30.12.1845. +30.7.1934

RECHTSHISTORISCHE REIHE

Band 1 Studien zu den germanischen Volksrechten. Gedächtnisschrift für Wilhelm Ebel. Vorträge gehalten auf dem Fest-Symposion anläßlich des 70. Geburtstages von Wilhelm Ebel am 16. Juni 1978 in Göttingen. Götz Landwehr (Hrsg.) 1982.

Band 2 Hans Poeschel: Die Statuten der Banken, Sparkassen und Kreditgenossenschaften in Hamburg und Altona von 1710 bis 1889. 1978.

Band 3 Thomas Kolbeck: Juristenschwemmen, Untersuchungen über den juristischen Arbeitsmarkt im 19. und 20. Jahrhundert. 1978.

Band 4 Norbert Hempel: Richterleitbilder in der Weimarer Republik. 1978.

Band 5 Rolf Stratmann: Die Scheinbußen im mittelalterlichen Recht. 1978.

Band 6 Martin C. Lockert: Die niedersächsischen Stadtrechte zwischen Aller und Weser. Vorkommen und Verflechtungen. Eine Bestandsaufnahme. 1979.

Band 7 Joachim Rückert/Wolfgang Friedrich: Betriebliche Arbeiterausschüsse in Deutschland, Großbritannien und Frankreich im späten 19. und frühen 20. Jahrhundert. Eine vergleichende Studie zur Entwicklung des kollektiven Arbeitsrechts. 1979.

Band 8 Peter Bender: Die Rezeption des römischen Rechts im Urteil der deutschen Rechtswissenschaft. 1979.

Band 9 Friedrich Karl Alsdorf: Untersuchungen zur Rechtsgestalt und Teilung deutscher Ganerbenburgen. 1980.

Band 10 Dietmar Willoweit/Winfried Schich (Hrsg.): Studien zur Geschichte des sächsisch-magdeburgischen Rechts in Deutschland und Polen (Sammelband). 1980.

Band 11 Brigitte Hempel: Der Entwurf einer Polizeiordnung für das Herzogtum Sachsen-Lauenburg aus dem Jahre 1591. 1980.

Band 12 Klaus-Detlev Godau-Schüttke: Rechtsverwalter des Reiches. Staatssekretär Dr. Curt Joël. 1981.

Band 13 Rainer Polley: Anton Friedrich Justus Thibaut (AD 1772-1840) in seinen Selbstzeugnissen und Briefen. Teil 1: Abhandlung. Teil 2: Briefwechsel. Teil 3: Register zum Briefwechsel. 1982.

Band 14 Michael Wettengel: Der Streit um die Vogtei Kelkheim 1275-1276. Ein kanonischer Prozeß.1981.

Band 15 Otto Wilhelm Krause: Naturrechtler des sechzehnten Jahrhunderts. Ihre Bedeutung für die Entwicklung eines natürlichen Privatrechts. 1982.

Band 16 Helga Spindler: Von der Genossenschaft zur Betriebsgemeinschaft. Kritische Darstellung der Sozialrechtslehre Otto von Gierkes. 1982.

Band 17 Holger Otte: Gustav Radbruchs Kieler Jahre 1919-1926. 1982.

Band 18 Rüdiger Teuner: Die fuldische Ritterschaft 1510-1656. 1982.

Band 19 Gerhard Dilcher/Rudolf Hoke/Gian Savino Pene Vidari/Hans Winterberg (Hrsg.): Grundrechte im 19. Jahrhundert. 1982.

Band 20 Karl-Hans Schloßstein: Die westfälischen Fabrikengerichtsdeputationen - Vorbilder, Werdegang und Scheitern. 1982.

Band 21 Birger Schulz: Der Republikanische Richterbund (1921-1933). 1982.

Band 22 Engelbert Krause: Die gegenseitigen Unterhaltsansprüche zwischen Eltern und Kindern in der deutschen Privatrechtsgeschichte. 1982.

Band 23 Meent W. Francksen: Staatsrat und Gesetzgebung im Großherzogtum Berg (1806-1813). 1982.

Band 24 Gerd von Sonnleithner: Bearbeitung des Handelsrechts durch Ignaz von Sonnleithner in seinem "Leitfaden über das österreichische Handels- und Wechselrecht". 1982.

Band 25 Rudolf Palme: Rechts-, Wirtschafts- und Sozialgeschichte der inneralpinen Salzwerke bis zu deren Monopolisierung. 1983.

Band 26 Helen Bosshard: Pestalozzis Staats- und Rechtsverständnis und seine Stellung in der Aufklärung. 1983.

Band 27 Jens Jessen: Die Selbstzeugnisse der deutschen Juristen. Erinnerungen, Tagebücher und Briefe. Eine Bibliographie. 1983.

Band 28 Günter Martin Jensen: Das Domanium Waldeck. Die rechtliche Zuordnung eines Fürstenvermögens. 1984.

Band 29 Johann Heinrich Kumpf: Petitionsrecht und öffentliche Meinung im Entstehungsprozeß der Paulskirchenverfassung 1848/49. 1983.

Band 30 Sabine Frey: Rechtsschutz der Juden gegen Ausweisungen im 16. Jahrhundert. 1983.

Band 31 Dietrich Joswig: Die germanische Grundstücksübertragung. 1984.

Band 32 Andreas Baryli: Konzessionssystem contra Gewerbefreiheit. Zur Diskussion der österreichischen Gewerberechtsreform 1835 bis 1860. 1984.

Band 33 Gerhard Oberkofler: Studien zur Geschichte der österreichischen Rechtswissenschaft. 1984.

Band 34 Rudolf Lauda: Kaufmännische Gewohnheit und Burgrecht bei Notker dem Deutschen. Zum Verhältnis von literarischer Tradition und zeitgenössischer Realität in der frühmittelalterlichen Rhetorik. 1984.

Band 35 Jens Jensen: Die Ehescheidung des Bischofs Hans von Lübeck von Prinzessin Julia Felicitas von Württemberg-Weiltingen AD 1648-1653. Ein Beitrag zum protestantischen Ehescheidungsrecht im Zeitalter des beginnenden Absolutismus. 1984.

Band 36 Horst Schröder: Friedrich Karl von Savigny. Geschichte und Rechtsdenken beim Übergang vom Feudalismus zum Kapitalismus in Deutschland. 1984.

Band 37 Andreas Hatzung: Dogmengeschichtliche Grundlagen und Entstehung des zivilrechtlichen Notstands. 1984.

Band 38 Matthias Klasen: Das Billwerder Landrecht. Landrecht und Landgericht in den Hamburger Elbmarschen. 1985.

Band 39 Rainer Jamin: Aufbau, Tätigkeit und Verfahren der Auseinandersetzungsbehörden bei der Durchführung der preußischen Agrarreformen. 1985.

Band 40 Henry Winter: Teilschuld, Gesamtschuld und unechte Gesamtschuld. Zur Konzeption der §§ 420 ff. BGB - Ein Beitrag zur Entstehungsgeschichte des BGB. 1985.

Band 41 Hermann Eichler: Verfassungsbewegung in Amerika und Europa. 1985.

Band 42 Dagmar Bandemer: Heinrich Albert Zachariae. Rechtsdenken zwischen Restauration und Reformation. 1985.

Band 43 Eva-Christine Frentz: Das Hamburgische Admiralitätsgericht (1623-1811). Prozeß und Rechtsprechung. 1985.

Band 44 Karl Lillig: Rechtsetzung im Herzogtum Pfalz-Zweibrücken während des 18. Jahrhunderts. Ein Beitrag zur Geschichte der territorialen Rechtsbildung. 1985.

Band 45 Walter Weber: Die Entwicklung der Sparkassen zu selbständigen Anstalten des öffentlichen Rechts. Ein Beitrag zur Entwicklung des Anstaltsbegriffs im 19. Jahrhundert. 1985.

Band 46 Bärbel Baum: Der Stabreim im Recht. Vorkommen und Bedeutung des Stabreims in Antike und Mittelalter. 1986.

Band 47 Hans Popp: Die nationalsozialistische Sicht einiger Institute des Zivilprozeß- und Gerichtsverfassungsrechts. 1986.

Band 48 John Karl-Heinz Montag: Die Lehrdarstellung des Handelsrechts von Georg Friedrich von Martens bis Meno Pöhls. Die Wissenschaft des Handelsrechts im ersten Drittel des 19. Jahrhunderts. 1986.

Band 49 Volker D. Anhäusser: Das internationale Obligationenrecht in der höchstrichterlichen Rechtsprechung des 19. Jahrhunderts. 1986.

Band 50 Udo Beer: Die Juden, das Recht und die Republik. Verbandswesen und Rechtsschutz 1919-1933. 1986.

Band 51 Herbert Grziwotz: Der moderne Verfassungsbegriff und die "Römische Verfassung" in der deutschen Forschung des 19. und 20. Jahrhunderts. 1986.

Band 52 Ralf Conradi: Karl Friedrich Eichhorn als Staatsrechtslehrer. Seine Göttinger Vorlesung über "Das Staatsrecht der deutschen Bundesstaaten" nach einer Kollegmitschrift aus dem Wintersemester 1821/22. 1987.

Band 53 Dieter Dannreuther: Der Zivilprozeß als Gegenstand der Rechtspolitik im Deutschen Reich 1871-1945. Ein Beitrag zur Geschichte des Zivilprozeßrechts in Deutschland. 1987.

Band 54 Stephan Felix Pauly: Organisation, Geschichte und Praxis der Gesetzesauslegung des (Königlich) Preußischen Oberverwaltungsgerichtes 1875-1933. 1987.

Band 55 Rüdiger Schulz: Die Entstehung des Seerechts des Allgemeinen Deutschen Handelsgesetzbuches unter besonderer Berücksichtigung der Bestimmungen über die Reederei, den Schiffer und die Schiffsmannschaft. 1987.

Band 56 Reinhold Reis: Deutsches Privatrecht in den Weistümern der Zenten Schriesheim und Kirchheim. 1987.

Band 57 Jürgen Christoph: Die politischen Reichsamnestien 1918-1933. 1987.

Band 58 Gerhard Oberkofler/Eduard Rabofsky: Hans Kelsen im Kriegseinsatz der k.u.k.-Wehrmacht. Eine kritische Würdigung seiner militärtheoretischen Angebote. 1988.

Band 59 Arne Wulff: Staatssekretär Prof. Dr. Dr. h.c. Franz Schlegelberger. 1876-1970. 1991.

Band 60 Gerhard Köbler (Hrsg.): Wege europäischer Rechtsgeschichte. Karl Kroeschell zum 60. Geburtstag. 1987.

Band 61 Rüdiger Hütte: Der Gemeinschaftsgedanke in den Erbrechtsreformen des Dritten Reichs. 1988.

Band 62 Markus Göldner: Politische Symbole der europäischen Integration. Fahne, Hymne, Hauptstadt, Paß, Briefmarke, Auszeichnungen. 1988.

Band 63 Wolfgang Kröner: Freiheitsstrafe und Strafvollzug in den Herzogtümern Schleswig, Holstein und Lauenburg von 1700 bis 1864. 1988.

Band 64 Werner Gaile: Die Norder Theelacht. 1988.

Band 65 Karl v. Kempis: Andreas Gaill (1526-1587). Zum Leben und Werk eines Juristen der frühen Neuzeit. 1988.

Band 66 Wolf-Rüdiger Osburg: Die Verwaltung Hamburgs in der Franzosenzeit. 1811-1814. 1988.

Band 67 Christian Schudnagies: Hans Frank. Aufstieg und Fall des NS-Juristen und Generalgouverneurs. 1988.

Band 68 Otmar Jung: Senatspräsident Freymuth. Richter, Sozialdemokrat und Pazifist in der Weimarer Republik. Eine politische Biographie. 1989.

Band 69 Joachim Lohner: Das landeshauptmannschaftliche Gericht in Oberösterreich zu Beginn der Neuzeit. Eine Darstellung des oberösterreichischen Prozeßrechts am obersten Territorialgericht des Landes anhand der oberösterreichischen Landtafel.1989.

Band 70 Bernd Klemann: Rudolf von Jhering und die Historische Rechtsschule. 1989.

Band 71 Adalbert Langer: Männer um die österreichische Zivilprozeßordnung 1895. Zusammenspiel / Soziales Ziel. 1990.

Band 72 Robert-Dieter Klee: Die Landessuperintendentur Lauenburg. Ursprung und Entwicklung sowie Ende der Sonderstellung des Kirchenkreises Herzogtum Lauenburg durch die nordelbische Kirchenvereinigung. 1989.

Band 73 Heinrich Herrmann: Die Gehöferschaften im Bezirk Trier. 1989.

Band 74 Wilhelm Brauneder, Franz Baltzarek (Hrsg.): Modell einer neuen Wirtschaftsordnung. Wirtschaftsverwaltung in Österreich 1914-1918. 1991.

Band 75 Thomas Dreyer: Die "Assecuranz- und Haverey-Ordnung" der Freien und Hansestadt Hamburg von 1731. 1990.

Band 76 Bernhard Sendler: Die Rechtssprache in den süddeutschen Stadtrechtsreformationen. 1990.

Band 77 Brigitte Lehmann: Ehevereinbarungen im 19. und 20. Jahrhundert. 1990.

Band 78 Michael Sunnus: Der NS-Rechtswahrerbund (1928-1945). Zur Geschichte der nationalsozialistischen Juristenorganisation. 1990.

Band 79 Stefan Schulz: Die historische Entwicklung des Rechts an Bienen. (§§ 961-964 BGB). 1990.

Band 80 Gerhard Lingelbach, Heiner Lück (Hrsg.): Deutsches Recht zwischen Sachsenspiegel und Aufklärung. Rolf Lieberwirth zum 70. Geburtstag dargebracht von Schülern, Freunden und Kollegen, herausgegeben von Gerhard Lingelbach und Heiner Lück. 1991.

Band 81 Manfred Krohn: Die deutsche Justiz im Urteil der Nationalsozialisten 1920-1933. 1991.

Band 82 Angelika Kühn: Privilegierung nationaler Minderheiten im Wahlrecht der Bundesrepublik Deutschland und Schleswig-Holsteins. 1991.

Band 83 Georg Brun: Leben und Werk des Rechtshistorikers Heinrich Mitteis unter besonderer Berücksichtigung seines Verhältnisses zum Nationalsozialismus. 1991.

Band 84 Wolfgang Simon: Claudius Freiherr von Schwerin. Rechtshistoriker während dreier Epochen deutscher Geschichte. 1991.

Band 85 Friedrich-Carl Wachs: Das Verordnungswerk des Reichsdemobilmachungsamtes. Stabilisierender Faktor zu Beginn der Weimarer Republik. 1991.

Band 86 Jens-Uwe Petersen: Die Vorgeschichte und die Entstehung des Mieterschutzgesetzes von 1923 nebst der Anordnung für das Verfahren vor dem Mieteinigungsamt und der Beschwerdestelle. 1991.

Band 87 Ulrike Haibach: Familienrecht in der Rechtssprache. Die historische Entwicklung zentraler Ausdrücke des geltenden Familienrechts. 1991.

Band 88 Joern Christian Nissen: Die Beratungen des Seeversicherungsausschusses der Akademie für Deutsches Recht zu einem neuen Seeversicherungsgesetz (1934-1939). Ein Beitrag zur Entwicklung der allgemeinen Lehren des Seeversicherungsrechts unter besonderer Berücksichtigung des Handelsgesetzbuchs und der Allgemeinen Deutschen Seeversicherungs-Bedingungen 1919. 1991.

Band 89 Diethard Bühler: Die Entstehung der allgemeinen Vertragsschluß-Vorschriften im Allgemeinen Deutschen Handelsgesetzbuch (ADHGB) von 1861. Ein Beitrag zur Kodifikationsgeschichte des Privatrechts im 19. Jahrhundert. 1991.

Band 90 Gerhard Oberkofler: Die Vertreter des Römischen Rechts mit deutscher Unterrichtssprache an der Karls-Universität in Prag. Vom Vormärz bis 1945. 1991.

Band 91 Ulrich Andermann: Ritterliche Gewalt und bürgerliche Selbstbehauptung. Untersuchungen zur Kriminalisierung und Bekämpfung des spätmittelalterlichen Raubrittertums am Beispiel norddeutscher Hansestädte. 1991.

Band 92 Heinz Marcus Hanke: Luftkrieg und Zivilbevölkerung. Der kriegsvölkerrechtliche Schutz der Zivilbevölkerung gegen Luftbombardements von den Anfängen bis zum Ausbruch des Zweiten Weltkrieges. 1991.

Band 93 Kirsten Kraglund: Familien- und Erbrecht. Materielles Recht und Methoden der Rechtsanwendung in der Rechtsprechung des Oberappellationsgerichts der vier Freien Städte Deutschlands zu Lübeck. 1991.

Band 94 Reinhard Lorenz: Die politische und rechtliche Stellung des Proletariats in Preußen in der Zeit zwischen den Reformen und der Revolution 1848/49. 1991.

Band 95 Eric Hilgendorf: Die Entwicklungsgeschichte der parlamentarischen Redefreiheit in Deutschland. 1991.

Band 96 Hans J. Reiter: Die Handelsgesellschaft Villeroy & Boch von der Gründung 1836 bis zum Jahr 1878. 1992.

Band 97 Martin Johannes Heller: Reform der deutschen Rechtssprache im 18. Jahrhundert. 1992.

Band 98 Michael Kotulla: Die Tragweite der Grundrechte der revidierten preußischen Verfassung vom 31.01.1850. 1992.

Band 99 Michael Siefener: Hexerei im Spiegel der Rechtstheorie. Das crimen magiae in der Literatur von 1574 bis 1608. 1992.

Band 100 Andreas Ebert-Weidenfeller: Hamburgisches Kaufmannsrecht im 17. und 18. Jahrhundert. Die Rechtsprechung des Rates und des Reichskammergerichtes. 1992.

Band 101 Enno Bommel: Die Entstehung der Verwirkungslehre in der Krise des Positivismus. 1992.

Band 102 Ralph Steppacher: Die Berücksichtigung der bäuerlichen Postulate bei der Entstehung des ZGB und der Revision des OR. Ein Beitrag zur schweizerischen Kodifikationsgeschichte (1893-1912). 1992.

Band 103 Martin Fleckenstein: Die Todesstrafe im Werk Carl Joseph Anton Mittermaiers (1787-1867). Zur Entwicklungsgeschichte eines Werkbereichs und seiner Bedeutung für Theorie- und Methodenbildung. 1992.

Band 104 Jörn Eckert: Der Kampf um die Familienfideikommisse in Deutschland. Studien zum Absterben eines Rechtsinstitutes. 1992.

Band 105 Jörg Grotkopp: Beamtentum und Staatsformwechsel. Die Auswirkungen der Staatsformwechsel von 1918, 1933 und 1945 auf das Beamtenrecht und die personelle Zusammensetzung der deutschen Beamtenschaft. 1992.

Band 106 Andreas Rohde: Die Garantiehaftung des Vermieters und ihr Verhältnis zum Unmöglichkeitsrecht in dogmengeschichtlicher und modernrechtlicher Sicht. 1992.

Band 107 Tjark Siefke Kunstreich: Gesamtvertretung. Eine historisch-systematische Darstellung. 1992.

Band 108 Jürgen Krüger: Blindheit und Königtum. Die Blindheit des Königs Georg V. von Hannover als verfassungsrechtliches Problem. 1992.

Band 109 Wolfgang Putschek: Ständische Verfassung und autoritäre Verfassungspraxis in Österreich 1933-1938 mit Dokumentenanhang. Verfassung und Verfassungswirklichkeit. Mit einem Anhang: Denkschriften von Rechtsanwalt Dr. Erich Führer 1936/37. 1993.

Band 110 Klaus Hofmann: Die Verdrängung der Juden aus öffentlichem Dienst und selbständigen Berufen in Regensburg 1933-1939. 1993.

Band 111 Franz Kilger: Die Entwicklung des Telegraphenrechts im 19. Jahrhundert mit besonderer Berücksichtigung der technischen Entwicklung. Telegraphenrecht im 19. Jahrhundert. 1993.

Band 112 Wilhelm Brauneder (Hrsg.): Heiliges Römisches Reich und moderne Staatlichkeit. 1993.

Band 113 Thomas Heinrich: Das preußische Nichtehelichenrecht: Von der Aufklärung zur Reaktion. 1993.

Band 114 Gerald Kohl: Jagd und Revolution. Das Jagdrecht in den Jahren 1848 und 1849. 1993.

Band 115 Christian Schudnagies: Der Kriegs- oder Belagerungszustand im Deutschen Reich während des Ersten Weltkrieges. Eine Studie zur Entwicklung und Handhabung des deutschen Ausnahmezustandsrechts bis 1918. 1994.

Band 116 Elisabeth Bellmann: Die Internationale Kriminalistische Vereinigung (1889-1933). 1994.

Band 117 Julia Pfannkuch: Volksrichterausbildung in Sachsen 1945-1950. 1993.

Band 118 Jörg Offen: Von der Verwaltungsgemeinschaft des BGB von 1896 zur Zugewinngemeinschaft des Gleichberechtigungsgesetzes von 1957. 1994.

Band 119 Dorothee Kohlhas-Müller: Untersuchungen zur Rechtsstellung Theoderichs des Großen. 1995.

Band 120 Monika Rose: Das Gerichtswesen des Herzogtums Pfalz-Zweibrücken im 18. Jahrhundert. Ein Beitrag zur territorialen Gerichtsbarkeit im Alten Reich. 1994.

Band 121 Jörn Eckert / Hans Hattenhauer (Hrsg.): Bibel und Recht. Rechtshistorisches Kolloquium 9. - 13. Juni 1992 an der Christian-Albrechts-Universität zu Kiel. 1994.

Band 122 Robert Martin Mizia: Der Rechtsbegriff der Autonomie und die Begründung des Privatfürstenrechts in der deutschen Rechtswissenschaft des 19. Jahrhunderts. 1995.

Band 123 Walther Graf von Plettenberg: Das Fortleben des Liber Iudiciorum in Asturien/León (8.-13. Jh.). 1994.

Band 124 Wolfgang Schulz: Das deutsche Börsengesetz. Die Entstehungsgeschichte und wirtschaftlichen Auswirkungen des Börsengesetzes von 1896. 1994.

Band 125 Frank Hagemann: Der Untersuchungsausschuß Freiheitlicher Juristen. 1949-1969. 1994.

Band 126 Andreas Rethmeier: "Nürnberger Rassegesetze" und Entrechtung der Juden im Zivilrecht. 1995.

Band 127 Edith Grether: Die Poesie der Throne. Die Juristen in der Fruchtbringenden Gesellschaft. 1995.

Band 128 Anna Bartels-Ishikawa: Der Lippische Thronfolgestreit. Eine Studie zu verfassungsrechtlichen Problemen des Deutschen Kaiserreiches im Spiegel der zeitgenössischen Staats. 1995.

Band 129 Jörg Schmidt: Otto Koellreutter 1883-1972. Sein Leben, sein Werk, seine Zeit. 1995.

Band 130 Christian Hattenhauer: Wahl und Krönung Franz II. AD 1792. Das Heilige Reich krönt seinen letzten Kaiser - Das Tagebuch des Reichsquartiermeisters Hieronymus Gottfried von Müller und Anlagen. 1995.

Band 131 Jutta v. der Decken: Das Seearbeitsrecht im Hamburger Stadtrecht von 1301 bis 1603. 1995.

Band 132 Detlev Schmidt: Die Reform des Rechts der Handelsvertreter von 1953. 1995.

Band 133 Gabi Roßdeutscher: Privatautonomie im Scheidungsrecht. Scheidungsbezogene Vereinbarungen in den letzten 200 Jahren. 1995.

Band 134 Harald Kahlenberg: Leben und Werk des Rechtshistorikers Walther Merk. Ein Beispiel für das Verhältnis von Rechtsgeschichte und Nationalsozialismus. 1995.

Band 135 Michael Steitz: Adelbert Düringer am Reichsgericht (1902-1915). Seine aktienrechtlichen Entscheidungen und sein Einfluß auf das Aktienrecht in Deutschland. 1995.

Band 136 Christian Becker: Beata Justorum Translatio. Juristen in schleswig-holsteinischen Leichenpredigten. 1996.

Band 137 Christoph Seiler: Vom Allgemeinen Landrecht zum Bürgerlichen Gesetzbuch. Dargestellt am Beispiel der höchstrichterlichen Judikatur zum kaufrechtlichen Sachmängelgewährleistungsrecht. 1996.

Band 138 Bernd Mayer: Die Vertrauensmännerausschüsse auf den preußischen Steinkohlegruben an der Saar. Entstehung und Wirken. Eine rechtshistorische Untersuchung. 1996.

Band 139 Rochus Scholl: Juden und Judenrecht im Herzogtum Pfalz-Zweibrücken. Ein Beitrag zur Rechtsgeschichte eines deutschen Kleinstaates am Ende des alten Reiches. 1996.

Band 140 Meike Bursch: Judentaufe und frühneuzeitliches Strafrecht. Die Verfahren gegen Christian Treu aus Weener/Ostfriesland 1720-1728. 1996.

Band 141 Markus Hillenbrand: Fürstliche Eheverträge. Gottorfer Hausrecht 1544-1773. 1996.

Band 142 Ulf Häder: Das gemeinschaftliche Oberappellationsgericht thüringischer Staaten in Jena. Ein Beitrag zur Geschichte des Gerichtswesens im 19. Jahrhundert. 1996.

Band 143 Andreas Bauer: Das Gnadenbitten in der Strafrechtspflege des 15. und 16. Jahrhunderts. Dargestellt unter besonderer Berücksichtigung von Quellen der Vorarlberger Gerichtsbezirke Feldkirch und des Hinteren Bregenzerwaldes. 1996.

Band 144 Christian Wirth: Der Jurist Johann Andreas Georg Friedrich Rebmann zwischen Revolution und Restauration. 1996.

Band 145 Stefanie Müller: Die Rechtsprechung des Hanseatischen Oberlandesgerichts zum persönlichen Eherecht in Hamburgischen Gerichtsfällen von 1879-1900. 1996.

Band 146 Jean-Nicolas Morisset: Der Frachtvertrag in der *Ordonnance de la marine* von 1681. 1996.

Band 147 Dirk Lentfer: Die Glogauer Landesprivilegien des Andreas Gryphius von 1653. 1996.

Band 148 Wencke Mull: Die Haftung für Einsturzschäden nach den §§ 836-838 BGB in der Rechtsprechung des Reichsgerichts. 1996.

Band 149 Renate Zelger: Teufelsverträge. Märchen, Sage, Schwank, Legende im Spiegel der Rechtsgeschichte. 1996.

Band 150 Guido Kraß: Das Arrestverfahren in Frankfurt am Main im Spätmittelalter. 1996.

Band 151 F. Benedict Heyn: Die Entwicklung des Eisenbahnfrachtrechts von den Anfängen bis zur Einführung des Allgemeinen Deutschen Handelsgesetzbuches (ADHGB). 1996.

Band 152 Thomas Lang: Die Staats- und Verfassungslehre Carl Salomo Zachariaes. 1996.

Band 153 Michael Hebeis: Karl Anton von Martini (1726-1800). Leben und Werk. 1996.

Band 154 Gerald Hubert: Die Diskussion um die rechtliche Natur der Bizone in den Jahren 1947-1949. 1996.

Band 155 Christof Horn: Die Rechtsprechung des Reichsgerichts in Ehescheidungssachen der Jahre 1900 bis 1905. 1996.

Band 156 Hermann Nehlsen / Georg Brun (Hrsg.): Münchener rechtshistorische Studien zum Nationalsozialismus. 1996.

Band 157 Jan Otto Clemens Kehrberg: Die Entwicklung des Elektrizitätsrechts in Deutschland. Der Weg zum Energiewirtschaftsgesetz von 1935. 1997.

Band 158 Johannes Tradt: Der Religionsprozeß gegen den Zopfschulzen (1791-1799). Ein Beitrag zur protestantischen Lehrpflicht und Lehrzucht in Brandenburg-Preußen gegen Ende des 18. Jahrhunderts. 1997.

Band 159 Dietmar Olsen: Das kaufrechtliche Sachmängelgewährleistungsrecht des Code civil in der Rechtsprechung deutscher Gerichte im 19. Jahrhundert. Ein Beitrag zur Ablösung der Partikularrechte durch das BGB. 1997.

Band 160 Ulrich Bernhardt: Die Deutsche Akademie für Staats- und Rechtswissenschaft „Walter Ulbricht" 1948-1971. 1997.

Band 161 Claudia Susan Hoppe: Die Bürgschaft im Rechtsleben Hamburgs von 1600 bis 1900. 1997.

Band 162 Franz-Rudolf Ecker: Die Entwicklung des Bergrechts im Saarbrücker Steinkohlenrevier bis zum Ende des 18. Jahrhunderts. Ein Vergleich mit dem älteren deutschen Bergrecht. 1997.

Band 163 Anne Katrin Rückert: Politik und Privatrecht in der „konservativen Revolution". 1997.

Band 164 Gisbert Laube: Der Reichskunstwart. Geschichte einer Kulturbehörde 1919-1933. 1997.

Band 165 Nicolas Lührig: Die Diskussion über die Reform der Juristenausbildung von 1945 bis 1995. 1997.

Band 166 Regula Gerber Jenni: Die Emanzipation der mehrjährigen Frauenzimmer. Frauen im bernischen Privatrecht des 19. Jahrhunderts. 1997.

Band 167 Mischa A. Färber: Das gemeinschaftliche Testament in der höchstrichterlichen Rechtsprechung zum Allgemeinen Preußischen Landrecht und zum BGB. Ein Beitrag zur Ablösung der Partikularrechte durch das BGB. 1997.

Band 168 Catherine Antoinette Gasser: Philipp Lotmar 1850-1922. Professor der Universität Bern. Sein Engagement für das Schweizerische Arbeitsrecht. 1997.

Band 169 Lars Immisch: Der sozialistische Richter in der DDR und seine Unabhängigkeit. Der Versuch eines Rechtsvergleiches zum Unabhängigkeitsbegriff in der bundesdeutschen Rechtsordnung. 1997.

Band 170 Jessica Jacobi: Besitzschutz vor dem Reichskammergericht. Die friedenssichernde Funktion der Besitzschutzklagen am Reichskammergericht im 16. Jahrhundert, dargestellt anhand von Kameralisten. 1998.

Band 171 Ewald Hügemann: Die Geschichte des öffentlichen und privaten Mietpreisrechts vom Ersten Weltkrieg bis zum Gesetz zur Regelung der Miethöhe von 1974. 1998.

Band 172 Lutz Rentzow: Die Entstehungs- und Wirkungsgeschichte der Vernewerten Landesordnung für das Königreich Böhmen von 1627. 1998.

Band 173 Sabine Stürmer: Mühlenrecht im Herzogtum Pfalz-Zweibrücken während des 18. Jahrhunderts. Ein Beitrag zum Wirtschaftsrecht eines deutschen Kleinstaates im Alten Reich. 1998.

Band 174 Mario Bogisch: *Nemo testis in re sua*. Das Problem der Zeugnisfähigkeit bei der Anwendung der deutschen Zivilprozeßordnung von 1877. 1998.

Band 175 Rainer Oßwald: Pactane sunt servanda? Freiwilligkeit, Zwang und Unverbindlichkeitserklärungen im islamischen Vertragsrecht malikitischer Schule. 1998.

Band 176 Bettina Kern: Der preußische BGB-Entwurf von 1842. 1998.

Band 177 Inken Fuhrmann: Die Diskussion über die Einführung der fakultativen Zivilehe in Deutschland und Österreich seit Mitte des 19. Jahrhunderts. 1998.

Band 178 Annette Rieck: Der Heilige Ivo von Hélory (1247-1303). Advocatus pauperum und Patron der Juristen. 1998.

Band 179 Frank Bottenberg: Die Hamburgische Strafprozeßordnung von 1869. 1998.

Band 180 Matthias Krauß: Das kursächsische Postrecht von seinen Anfängen bis zum Ende des Alten Reichs. 1998.

Band 181 Torsten Schmidt: Die Entmündigung von den Anfängen des BGB bis zu ihrer Ablösung durch das Institut der Betreuung. 1998.

Band 182 Christian Nunn: Rudolf Müller-Erzbach. 1874-1959. Von der realen Methode über die Interessenjurisprudenz zum kausalen Rechtsdenken (Leben und Werk). 1998.

Band 183 Christian Ortloff: Das staatskirchenrechtliche System Wilhelm Traugott Krugs. Glaubens- und Gewissensfreiheit – eine Forderung der Vernunft. 1998.

Band 184 Christian Hattenhauer: Schuldenregulierung nach dem Westfälischen Frieden. Der sog. § *de indaganda* und seine Umsetzung im Jüngsten Reichsabschied (AD 1648 und 1654). 1998.

Band 185 Werner Schubert: Preußen im Vormärz. Die Verhandlungen der Provinziallandtage von Brandenburg, Pommern, Posen, Sachsen und Schlesien sowie – im Anhang – von Ostpreußen, Westfalen und der Rheinprovinz (1841-1845). 1998.

Band 186 Silvia Schumacher: Das Rechtsverhältnis zwischen Eltern und Kindern in der Privatrechtsgeschichte. 1999.

Band 187 Kai Sommer: Die Strafbarkeit der Homosexualität von der Kaiserzeit bis zum Nationalsozialismus. Eine Analyse der Straftatbestände im Strafgesetzbuch und in den Reformentwürfen (1871-1945). 1998.

Band 188 Jan Erik Backhaus: Volksrichterkarrieren in der DDR. 1999.

Band 189 Ralf Ruhnau: Die Fürstlich Thurn und Taxissche Privatgerichtsbarkeit in Regensburg. Ein Kuriosum der deutschen Rechtsgeschichte. 1999.

Band 190 Antonio Grilli: Die französische Justizorganisation am linken Rheinufer 1797-1803. 1999.

Band 191 Stephanie Kammerloher-Lis: Die Entstehung des Gesetzes über die religiöse Kindererziehung vom 15. Juli 1921. 1999.

Band 192 Jan Telp: Ausmerzung und Verrat. Zur Diskussion um Strafzwecke und Verbrechensbegriffe im Dritten Reich. 1999.

Band 193 Kurt von Pannwitz: Die Entstehung der Allgemeinen Deutschen Wechselordnung. Ein Beitrag zur Geschichte der Vereinheitlichung des deutschen Zivilrechts im 19. Jahrhundert. 1999.

Band 194 Sylvia Busch: Die Entstehung der Allgemeinen Gerichtsordnung für die Preussischen Staaten von 1793/95. Ein Beitrag zur Geschichte der Kodifikationsbewegung und der Reform des Zivilprozesses in Preußen im 18. Jahrhundert. 1999.

Band 195 Dirk Bieresborn: Klage und Klageerwiderung im deutschen und englischen Zivilprozeß. Eine rechtshistorische und rechtsvergleichende Untersuchung unter besonderer Berücksichtigung der Beeinflussung durch das römisch-kanonische Verfahren. 1999.

Band 196 Andreas Thier / Guido Pfeifer / Philipp Grzimek (Hrsg.): Kontinuitäten und Zäsuren in der Europäischen Rechtsgeschichte. Europäisches Forum Junger Rechtshistorikerinnen und Rechtshistoriker München 22.-24. Juli 1998. 1999.

Band 197 Franz Smola: Die Fürstlich Liechtenstein'sche Kunstsammlung. Rechtsfragen zur Verbringung der Sammlung von Wien nach Vaduz in den Jahren 1944/45. 1999.

Band 198 Frank Martin Krauss: Das geteilte Eigentum im 19. und 20. Jahrhundert. Eine Untersuchung zum Fortbestand des Teilungsgedankens. 1999.

Band 199 Matthias Frey: Die spanische Aktiengesellschaft im 18. Jahrhundert und unter dem Código de Comercio von 1829. 1999.

Band 200 Alexandra Gilde: Die Stellung der Frau im Reichsstrafgesetzbuch von 1870/71 und in den Reformentwürfen bis 1919 im Urteil der bürgerlichen Frauenbewegung. Eine Analyse ausgewählter Straftatbestände. 1999.

Band 201 Malte Dießelhorst / Arne Duncker: Hans Kohlhase. Die Geschichte einer Fehde in Sachsen und Brandenburg zur Zeit der Reformation. 1999.

Band 202 Jörg Hillmann: Territorialrechtliche Auseinandersetzungen der Herzöge von Sachsen-Lauenburg vor dem Reichskammergericht im 16. Jahrhundert. 1999.

Band 203 Carsten Engler: Die Kommanditgesellschaft (KG) und die stille Gesellschaft im Allgemeinen Deutschen Handelsgesetzbuch (ADHGB) von 1861. 1999.

Band 204 Vesta Hoffmann-Steudner: Die Rechtsprechung des Reichsgerichts zu dem Scheidungsgrund des § 49 EheG (EheG 1938) in den Jahren 1938-1945. 1999.

Band 205 Michaela Thiele: Die Auflösung von Arbeitsverhältnissen aufgrund Anfechtung und außerordentlicher Kündigung nach der Rechtsprechung des Reichsarbeitsgerichts (1927-1945). 2000.

Band 206 Peter Landau / Hermann Nehlsen / Mathias Schmoeckel (Hrsg.): Karl von Amira zum Gedächtnis. 1999.

Band 207 Marcus Flinder: Die Entstehungsgeschichte des Zivilgesetzbuches der DDR. 1999.

Band 208 Boris Franz Leo Bromm: Die Entstehungsgeschichte des Berufs des Handelsvertreters. Unter besonderer Berücksichtigung der Sozialgesetzgebung in den Jahren von 1871-1933. 2000.

Band 209 Winfried C. J. Eberstein: Das Tierschutzrecht in Deutschland bis zum Erlaß des Reichs-Tierschutzgesetzes vom 24. November 1933. Unter Berücksichtigung der Entwicklung in England. 1999.

Band 210 Patrick Deller: Der „nach dem Vertrage" vorausgesetzte Gebrauch (§ 459 Absatz 1 Satz 1 BGB). Eine kaufrechtliche Untersuchung unter Berücksichtigung rechtshistorischer wie rechtsvergleichender Grundlagen. 2000.

Band 211 Eckard Freiherr von Bodenhausen: Haftung des Geschäftsherrn für Verrichtungsgehilfen im Straßen- und Schienenverkehr. Eine Analyse der Entscheidungen des Reichsgerichts zu § 831 BGB (1900-1945). 2000.

Band 212 Birte Gast: Der Allgemeine Teil und das Schuldrecht des Bürgerlichen Gesetzbuchs im Urteil von Raymond Saleilles (1855-1912). 2000.

Band 213 Hansjörg Michael Huber: Koloniale Selbstverwaltung in Deutsch-Südwestafrika. Entstehung, Kodifizierung und Umsetzung. 2000.

Band 214 Ulf Björner: Die Verfassungsgerichtsbarkeit im Norddeutschen Bund und Deutschen Reich (1867-1918). Eine rechtshistorische Untersuchung über Gerichtsbarkeit im Spannungsfeld von Politik und Recht innerhalb der von Bismarck geschaffenen deutschen Bundesstaaten. 2000.

Band 215 Mathias Freiherr von Rosenberg: Friedrich Carl von Savigny (1779-1861) im Urteil seiner Zeit. 2000.

Band 216 Reinhard Binder-Krieglstein: Österreichisches Adelsrecht 1868-1918/19. Von der Ausgestaltung des Adelsrechts der cisleithanischen Reichshälfte bis zum Adelsaufhebungsgesetz der Republik unter besonderer Berücksichtigung des adeligen Namensrechts. 2000.

Band 217 Claudia-Regine Nerius: Johannes Lehmann-Hohenberg (1851-1925). Eine Studie zur völkischen Rechts- und Justizkritik im Deutschen Kaiserreich. 2000.

Band 218 Ludger Meuten: Die Erbfolgeordnung des Sachsenspiegels und des Magdeburger Rechts. Ein Beitrag zur Geschichte des sächsisch-magdeburgischen Rechts. 2000.

Band 219 Christoph Alexander von Wilcken: Die Reformbestrebungen zum Genossenschaftsgesetz in der Frühzeit der Bundesrepublik. Die Beratungen der Sachverständigenkommission zur Überprüfung des Genossenschaftsrechts 1954 bis 1958 und der Referentenentwurf von 1962. 2000.

Band 220 Verein Junger RechtshistorikerInnen Zürich (Hrsg.): ¿Rechtsgeschichte(n)? ¿Histoire(s) du droit? ¿Storia/storie del diritto? ¿Legal Histori(es)? Europäisches Forum Junger Rechtshistorikerinnen und Rechtshistoriker Zürich 28.-30. Mai 1999. 2000.

Band 221 Hans Christian Schüler: Die Entstehungsgeschichte der Bundesnotarordnung vom 24. Februar 1961. 2000.

Band 222 Nils-Eberhard Schramm: Die Vereinigung demokratischer Juristen (1949-1999). 2000.

Band 223 Silke Anke Torp: Das Rechtsverhältnis zwischen den Eltern und ihren Kindern. Dienstleistungspflicht, Aussteuer und Ausstattung. Eine Analyse der Rechtsprechung des Reichsgerichts und des Reichsarbeitsgerichts zu den Vorschriften der §§ 1616 bis 1625 des Bürgerlichen Gesetzbuches in der Zeit von 1900 bis 1945. 2000.

Band 224 Martin Jürgen Maaß: Die Geschichte des Eigentumsvorbehalts, insbesondere im 18. und 19. Jahrhundert. 2000.

Band 225 Stefanie Langer: Rechtswissenschaftliche Itinerarien. Lebenswege namhafter europäischer Juristen vom 11. bis zum 18. Jahrhundert. 2000.

Band 226 Ulrich Schmitz: Der Unterhaltsanspruch des nichtehelichen Kindes gegen seinen Erzeuger. Die rechtsgeschichtliche und dogmatische Entwicklung im deutschen Recht. 2000.

Band 227 Sebastian Günther: Friedrich Carl von Savigny als Grundherr. 2000.

Band 228 Henning Ibs: Hermann J. Held (1890-1963). Ein Kieler Gelehrtenleben in den Fängen der Zeitläufe. 2000.

Band 229 Matthias Rücker: Wirtschaftswerbung unter dem Nationalsozialismus. Rechtliche Ausgestaltung der Werbung und Tätigkeit des Werberats der deutschen Wirtschaft. 2000.

Band 230 Hendrik Sandmann: Die Entwicklung von Begriff und Inhalt des Wirtschaftchsrechts durch die Rechtswissenschaft in der Weimarer Republik. 2000.

Band 231 Sibylle Müller: Gibt es Menschenrechte bei Samuel Pufendorf? 2000.

Band 232 Karin Olechowski-Hrdlicka: Die gemeinsamen Angelegenheiten der Österreichisch-Ungarischen Monarchie. Vorgeschichte – Ausgleich 1867 – Staatsrechtliche Kontroversen. 2001.

Band 233 Johannes Mierau: Die juristischen Abschluß- und Diplomprüfungen in der SBZ/DDR. Ein Einblick in die Juristenausbildung im Sozialismus. 2001.

Band 234 Jörg Wolff (Hrsg.): Stillstand, Erneuerung und Kontinuität. Einsprüche zur Preußenforschung. 2001.

Band 235 Friedo Schröder: Die anwaltliche Tätigkeit während der nationalsozialistischen Herrschaft. Eine Analyse der anwaltlichen Argumentation in Zivilprozessen anhand der vorhandenen Prozeßakten der Landgerichte Frankenthal, Wiesbaden, Limburg und Frankfurt und der Handakten der *jüdischen Konsulenten* des OLG-Bezirks Frankfurt. 2001.

Band 236 Der Code pénal des Königreichs Westphalen von 1813 mit dem Code pénal von 1810 im Original und in deutscher Übersetzung. Herausgegeben und mit einer Einleitung versehen von Werner Schubert. 2001.

Band 237 Klaus Richter: Deutsches Kolonialrecht in Ostafrika 1885-1891. 2001.

Band 238 Kai von Lewinski: Deutschrechtliche Systembildung im 19. Jahrhundert. 2001.

Band 239 Alexander Herzog: Sittenwidrige Rechtsgeschäfte in der höchstrichterlichen Rechtsprechung aus den Jahren 1948-1965. 2001.

Band 240 Claudia Rönnau: Die Beratungen des Wasserrechtsausschusses der Akademie für Deutsches Recht zu einem Reichswassergesetz (1934-1941). Ein Beitrag zur Dogmatik der Begriffe *Gemeingebrauch* und *Sondergebrauch* in der Zeit des Nationalsozialismus. 2001.

Band 241 Momme Rohlack: Kriegsgesellschaften (1914-1918). Arten, Rechtsformen und Funktionen in der Kriegswirtschaft des Ersten Weltkrieges. 2001.

Band 242 Rolf Geyer: Der Gedanke des Verbraucherschutzes im Reichsrecht des Kaiserreichs und der Weimarer Republik (1871-1933). Eine Studie zur Geschichte des Verbraucherrechts in Deutschland. 2001.

Band 243 Felix Lorenz Benjamin Lehmann: Der Rote Adlerorden. Entstehung und rechtliche Grundlagen (1705-1918). 2002.

Band 244 Marc Ludwig: Der Pfändungsschutz für Lohneinkommen. Die Entstehungs- und Entwicklungsgeschichte der Vorschriften zum Schutz vor Lohnpfändung in Deutschland. 2001.

Band 245 Alexander Wachter: Dorfschule zwischen Pastor und Schulmeister. Zur Säkularisierung des niederhessischen Schulwesens im 19. Jahrhundert. 2001.

Band 246 Richard Scholz: Analyse der Entstehungsbedingungen der reichsgerichtlichen Aufwertungsrechtsprechung. Untersuchung unter besonderer Berücksichtigung der konservativen Geldpolitik der Reichsbank und der Inflationspolitik der Reichsregierung. 2001.

Band 247 Judith Laeverenz: Märchen und Recht. Eine Darstellung verschiedener Ansätze zur Erfassung des rechtlichen Gehalts der Märchen. 2001.

Band 248 Christina Schenk: Bestrebungen zur einheitlichen Regelung des Strafvollzugs in Deutschland von 1870 bis 1923. 2001.

Band 249 Nils Werner: Die Prozesse gegen die Landvolkbewegung in Schleswig-Holstein 1929/32. Ein Beitrag zur Justizkritik in der späten Weimarer Republik. 2001.

Band 250 Wolfgang Walter: Das Duell in Bayern. Ein Beitrag zur bayerischen Strafrechtsgeschichte. 2002.

Band 251 Jörn Eckert / Kjell Å. Modéer (Hrsg.): Geschichte und Perspektiven des Rechts im Ostseeraum. Erster Rechtshistorikertag im Ostseeraum 8.–12. März 2000. 2001.

Band 252 Jan Könighaus: Die Inauguration der Christian-Albrechts-Universität zu Kiel 1665. Symbolgehalt und rechtliche Bedeutung des Universitätszeremoniells. 2002.

Band 253 Andreas Görgen: Rechtssprache in der Frühen Neuzeit. Eine vergleichende Untersuchung der Fremdwortverwendung in Gesetzen des 16. und 17. Jahrhunderts. 2002.

Band 254 Ralf Schäfer: Die Rechtsstellung der Haigerlocher Juden im Fürstentum Hohenzollern-Sigmaringen von 1634-1850. Eine rechtsgeschichtliche Untersuchung. 2002.

Band 255 Regine Schmalhorst: Die Tierhalterhaftung im BGB von 1896. Die Entstehung und Änderung des § 833 BGB sowie eine Analyse der Rechtsprechung des Reichsgerichts bis 1908. 2002.

Band 256 Thomas Hense: Konrad Beyerle. Sein Wirken für Wissenschaft und Politik in Kaiserreich und Weimarer Republik. 2002.

Band 257 Christian Mahlmann: Die Strafrechtswissenschaft der DDR. Klassenkampftheorie und Verbrechenslehre. 2002.

Band 258 Henning Kahmann: Die Bankiers von Jacquier & Securius 1933–1945. Eine rechtshistorische Fallstudie zur "Arisierung" eines Berliner Bankhauses. Mit einem Geleitwort von John Kornblum. 2002.

Band 259 Volker Friedrich Drecktrah: Die Gerichtsbarkeit in den Herzogtümern Bremen und Verden und in der preußischen Landdrostei Stade von 1715 bis 1879. 2002.

Band 260 Andreas Klass: Standes- oder Leistungselite? Eine Untersuchung der Karrieren der Wetzlarer Anwälte des Reichskammergerichts (1693-1806). 2002.

Band 261 Wolfgang Eder: Das italienische Tribunale Speciale per la Difesa dello Stato und der deutsche Volksgerichtshof. Ein Vergleich zwischen zwei politischen Gerichtshöfen. 2002.

Band 262 Albrecht Cordes / Bernd Kannowski (Hrsg.): Rechtsbegriffe im Mittelalter. 2002.

Band 263 Thomas Hildebrandt: Die Brandenburgischen Provinziallandtage von 1841, 1843, und 1845 anhand ausgewählter Verhandlungsgegenstände. 2002.

Band 264 Jan Finzel: Georg Adam Struve (1619-1692) als Zivilrechtler. 2003.

Band 265 Björn Carsten Frenzel: Das Selbstverständis der Justiz nach 1945. Analyse der Rolle der Justiz unter Berücksichtigung der Reden zur *Wiedereröffnung* der Bundes- und Oberlandesgerichte. 2003.

Band 266 Nils Reichhelm: Die marxistisch-leninistische Staats- und Rechtstheorie Karl Polaks. 2003.

Band 267 Raik Schneider: Altrechtliche Personenzusammenschlüsse. Ihre Entwicklung unter besonderer Berücksichtigung des Rechts des Großherzogtums Sachsen-Weimar-Eisenach sowie der Herzogtümer Sachsen-Meiningen und Sachsen-Gotha. 2003.

Band 268 Anke Meier: Die Geschichte des deutschen Konkursrechts, insbesondere die Entstehung der Reichskonkursordnung von 1877. 2003.

Band 269 Stefan Jens Jordan: Leben und Werk des Tübinger Rechtsprofessors Wilhelm Gottlieb Tafinger 1760-1813. 2003.

Band 270 Stefanie Hubig: Die historische Entwicklung des § 23 ZPO. Zum Ursprung und Fortleben des Vermögensgerichtsstandes im deutschen Prozeßrecht des 19. Jahrhunderts. 2003.

Band 271 Michael G. Perband: Der Grundsatz der freien Beweiswürdigung im Zivilprozeß (§ 286 ZPO) in der Rechtsprechung des Reichsgerichts. 2003.

Band 272 Mathias Bouveret: Die Stellung des Staatsoberhauptes in der parlamentarischen Diskussion und Staatsrechtslehre von 1848 bis 1918. 2003.

Band 273 Barbara Széchényi: Rechtliche Grundlagen bayerischer Zensur im 19. Jahrhundert. 2003.

Band 274 Sylvia Scharfenberg: Die Entstehungsgeschichte des Beurkundungsgesetzes vom 28. August 1969. 2003.

Band 275 Urte Nesemann: Die schwedische Familiengesetzgebung von 1734 bis zu den Reformgesetzen von 1915 bis 1920 und deren Einfluss auf die Gesetzgebungsprojekte der Weimarer Republik. Unter besonderer Berücksichtigung der Rechtsstellung der Frau und des unehelichen Kindes. 2003.

Band 276 Alexandra Brück: Die Polizeiordnung Herzog Christians von Braunschweig-Lüneburg vom 6. Oktober 1618. 2003.

Band 277 Torsten Landwehr: Das Kommissionsgeschäft in Rechtswissenschaft, Gesetzgebung und Rechtspraxis vom 16. bis zum Ende des 18. Jahrhunderts. 2003.

Band 278 Tassilo Wilhelm Maria Englert: Deutsche und italienische Zivilrechtsgesetzgebung von 1933–1945. Parallelen in der Rechtsetzung und gegenseitige Beeinflussung unter besonderer Berücksichtigung des Familien- und Erbrechts. 2003.

Band 279 Tobias Prang: Der Schutz der Versicherungsnehmer bei der Auslegung von Versicherungsbedingungen durch das Reichsgericht. 2003.

Band 280 Thorsten Lieb: Privileg und Verwaltungsakt. Handlungsformen der öffentlichen Gewalt im 18. und 19. Jahrhundert. 2004.

Band 281 Michael Rühling: Das Ladenschlussgesetz vom 28. November 1956. Vorgeschichte, Entstehung des Gesetzes und weitere Entwicklung. 2004.

Band 282 Kathrin Nawotki: Die schleswigsche Deichstavengerechtigkeit. Vom 17. Jahrundert bis in die Gegenwart. Eine gewohnheitsrechtliche Superfizies an nordfriesischen Deichgrundstücken und ihre Entwicklung. 2004.

Band 283 Erik Nils Voigt: Die Gesetzgebungsgeschichte der militärischen Ehrenstrafen und der Offizierehrengerichtsbarkeit im preußischen und deutschen Heer von 1806 bis 1918. 2004.

Band 284 Dorothea Riedi Hunold: Die Einführung der allgemeinen Wechselfähigkeit in der Schweiz in der zweiten Hälfte des 19. Jahrhunderts. Unter besonderer Berücksichtigung der politischen, wirtschaftlichen und sozialen Verhältnisse. 2004.

Band 285 Thomas Gergen: Pratique juridique de la paix et trêve de Dieu à partir du concile de Charroux (989–1250). Juristische Praxis der Pax und Treuga Dei ausgehend vom Konzil von Charroux (989–1250). 2004.

Band 286 Kathrin Bethkenhagen: Die Entwicklung des Luftrechts bis zum Luftverkehrsgesetz von 1922. 2004.

Band 287 Heiko Lüpkes: Die Verbrechen der Diener des Staats im Allgemeinen Landrecht für die Preußischen Staaten von 1794 und ihre Entwicklung zu den Vergehen und Verbrechen im Amte im Strafgesetzbuch für die Preußischen Staaten von 1851. 2004.

Band 288 Mirco Peter Hirsch: Von der Erbbescheinigung des Preußischen Rechts zum Erbschein des Bürgerlichen Gesetzbuchs. 2004.

Band 289 Bettina Günther: Die Behandlung der Sittlichkeitsdelikte in den Policeyordnungen und der Spruchpraxis der Reichsstädte Frankfurt am Main und Nürnberg im 15. bis 17. Jahrhundert. 2004.

Band 290 Seunghyeon Seong: Der Begriff der *nicht gehörigen Erfüllung* aus dogmengeschichtlicher und rechtsvergleichender Sicht. 2004.

Band 291 Steffen-Werner Meyer: Bemühungen um ein Reichsgesetz gegen den Büchernachdruck. Anläßlich der Wahlkapitulation Leopolds II. aus dem Jahre 1790. 2004.

Band 292 Ulrich Löffler: Instrumentalisierte Vergangenheit? Die nationalsozialistische Vergangenheit als Argumentationsfigur in der Rechtsprechung des Bundesverfassungsgerichts. 2004.

Band 293 Norbert Koch: Die Entwicklung des deutschen privaten Immissionsschutzrechts seit Beginn der Industrialisierung. Unter besonderer Berücksichtigung des Einflusses der höchstrichterlichen Rechtsprechung. 2004.

Band 294 Julius Ludwig Pfeiffer: Das Tierschutzgesetz vom 24. Juli 1972. Die Geschichte des deutschen Tierschutzrechts von 1950 bis 1972. 2004.

Band 295 Bert-Hagen Strodthoff: Die richterliche Frage- und Erörterungspflicht im deutschen Zivilprozeß in historischer Perspektive. 2004.

Band 296 Tim Kannewurf: Die Höfeordnung vom 24. April 1947. Entstehungsgeschichte und Einordnung in die Entwicklung des Anerbenrechts. 2004.

Band 297 Steffi Heine: Die Methodendiskussion nach Inkrafttreten des Bürgerlichen Gesetzbuches und die Gründung des Vereins *Recht und Wirtschaft*. 2004.

Band 298 Anne Marlene Simon-Holtorf: Geschichte des Familienwahlrechts in Frankreich (1871 bis 1945). 2004.

Band 299 Jürgen Busch: Das Germanenbild der deutschen Rechtsgeschichte. Zwischen Wissenschaft und Ideologie. Mit einem Vorwort von Herwig Wolfram. 2004.

Band 300 Jan Kohlmann: Der Marsch zu den Gräbern von Karl und Rosa. Geschichte eines Gedenktages. 2004.

Band 301 Christian Rainer Schlicht: Die kumulative Schuldübernahme in der Rechtsprechung des Reichsgerichts und in der zeitgenössischen Literatur. 2004.

Band 302 Hans Peter Glöckner: Positive Vertragsverletzung. Die Geburt eines Rechtsinstituts. 2006.

Band 303 João Manuel Azevedo Alexandrino Fernandes: Die Theorie der Interpretation des Gesetzes bei Francisco Suárez. 2005.

Band 304 René Funk: Die Wahlprüfung der volksgewählten Abgeordneten der Volksvertretungen im Frühkonstitutionalismus. Eine Untersuchung der Wahlprüfung in den Kammern der Abgeordneten des Großherzogtums Baden, des Königreichs Württemberg und des Großherzogtums Hessen. 2005.

Band 305 Carolin O'Sullivan. Die Ahndung von Rechtsbrüchen der Seeleute im mittelalterlichen hamburgischen und hansischen Seerecht (1301–1482). 2005.

Band 306 Martin Jürgens: Staat und Reich bei Ernst Rudolf Huber. Sein Leben und Werk bis 1945 aus rechtsgeschichtlicher Sicht. 2005.

Band 307 Florian G. Dürselen: Franz Beyerle (1885–1977). Leben, Ära und Werk eines Rechtshistorikers. 2005.

Band 308 Kai Bandilla: Urheberrecht im Kaiserreich. Der Weg zum Gesetz betreffend das Urheberrecht an Werken der Literatur und Tonkunst vom 19. Juni 1901. 2005.

Band 309 Stefan Mieth: Die Entwicklung des Denkmalrechts in Preußen 1701–1947. 2005.

Band 310 Catharina Lodemann: Die Geschichte des französischen *acte de gouvernement*. 2005.

Band 311 Christina Wicke: Kodifikationsbestrebungen und Wissenschaft in Hessen-Darmstadt im vorkonstitutionellen Zeitalter. Zu der Beteiligung der Gießener Rechtsprofessoren an den Gesetzgebungsarbeiten in Hessen-Darmstadt in der Zeit zwischen 1769 und 1820. 2005.

Band 312 Christiane Chlosta: Nur dem Gesetz unterworfen? Eine rechtsgeschichtliche Untersuchung zu Idee und Wirklichkeit richterlicher Gesetzestreue unter besonderer Berücksichtigung der Aufwertungsrechtsprechung und des richterlichen Prüfungsrechts. 2005.

Band 313 Kathrin Dirr: Hoheitsrechtliche Streitigkeiten zwischen den Kölner Erzbischöfen und der Stadt Köln auf Grundlage reichskammergerichtlicher Verfahren des 16. und 17. Jahrhunderts. 2005.

Band 314 Michael Racky: Die Diskussion über Gewaltenteilung und Gewaltentrennung im Vormärz. 2005.

Band 315 Petra Thiemrodt: Die Entstehung des Staatshaftungsgesetzes der DDR. Eine Untersuchung auf der Grundlage von Materialien der DDR-Gesetzgebungsorgane mit zeitgeschichtlichen Bezügen. 2005.

Band 316 Julius F. Reiter: Entstehung und staatsrechtliche Theorie der italienischen *Carta del Lavoro*. 2005.

Band 317 André Book: Die Justizreform in der Frühzeit der Bundesrepublik. Die Beratungen der Kommission zur Vorbereitung einer Reform der Zivilgerichtsbarkeit in den Jahren 1955 bis 1961. 2005.

Band 318 Frank Zentz: Das amerikanische Strafverfahren als Element der Besatzungspolitik in Deutschland. Erziehung zur Demokratie durch den *Court of Appeals* 1948–1955. 2005.

Band 319 Friederike Quaisser: Mietrecht im 19. Jahrhundert. Ein Vergleich der mietrechtlichen Konzeptionen im Allgemeinen Landrecht für die Preußischen Staaten von 1794 und dem gemeinen Recht. 2005.

Band 320 Stefan Burghard: Professor Dr. Wilhelm Kahl – Leben zwischen Wissenschaft und Politik. 2005.

Band 321 Günter Baranowski: Die *Russkaja Pravda* – ein mittelalterliches Rechtsdenkmal. 2005.

Band 322 Christina Schneider: Die SS und „das Recht". Eine Untersuchung anhand ausgewählter Beispiele. 2005.

Band 323 Werner Schubert (Hrsg.): Zivilprozessreform in der Weimarer Zeit. Quellen zur Emminger-Zivilprozessverordnung vom 13.2.1924 und zu den Arbeiten der Zivilprozesskommission des Reichsjustizministeriums (1922–1930). Eingeleitet und herausgegeben von Werner Schubert. 2005.

Band 324 Felix Gaul: Der Jurist Rudolf Isay (1886–1956). Ein verantwortungsbewusster Vermittler im Spannungsfeld zwischen dynamischer Rechtsschöpfung, ökonomischem Wandel und technischem Fortschritt. 2005.

Band 325 Konstanze Braun: Dr. Otto Georg Thierack (1889–1946). 2005.

Band 326 Eckart Klein / Stefan Chr. Saar / Carola Schulze (Hrsg.): Zwischen Rechtsstaat und Diktatur. Deutsche Juristen im 20. Jahrhundert. 2006.

Band 327 Stefan Botor: Das *Berliner Sühneverfahren* – Die letzte Phase der Entnazifizierung. 2006.

Band 328 Andreas Köhler: Die Sorgerechtsregelungen bei Ehescheidung seit 1945. Scheidungsstrafe und verordnete Gemeinsamkeit. 2006

Band 329 Lars Düwel: Die Nichtigkeit und Anfechtbarkeit der Ehe in der Rechtsprechung des Reichsgerichts zwischen 1900 und 1945. 2006.

Band 330 Katalin Polgar: Das Oberappellationsgericht der vier freien Städte Deutschlands (1820–1879) und seine Richterpersönlichkeiten. 2007.

Band 331 Julia Schweitzer: Schiffer und Schiffsmann in den Rôles d'Oléron und im Llibre del Consolat de Mar. Ein Vergleich zweier mittelalterlicher Seerechtsquellen. 2007.

Band 332 Diana-Catharina Kurtz: Das Institut der Adoption im preußischen Allgemeinen Landrecht und im französischen Code civil zwischen Rezeption römisch-rechtlicher Prinzipien und verändertem Familienverständnis. 2006.

Band 333 Dino Joakim Duderstadt: Spiel, Wette und Differenzgeschäft (§§ 762–764 BGB) in der Rechtsprechung des Reichsgerichts und in der zeitgenössischen Literatur. 2007.

Band 334 Ronald Hoffmann: Die Domänenfrage in Thüringen. Über die vermögensrechtlichen Auseinandersetzungen mit den ehemaligen Landesherren in Thüringen nach dem Ersten Weltkrieg. 2006.

Band 335 Joachim Windmüller: *Ohne Zwang kann der Humanismus nicht existieren...* – „Asoziale" in der DDR. 2006.

Band 336 Sven Christian Gläser: Die Mediatisierung der Grafschaft Wertheim. Der juristische Kampf eines kleinen Reichsstandes gegen den Verlust der Landesherrschaft und seine Folgen. 2006.

Band 337 Benjamin Schleyer: Friedrich Wilhelm Bornemann (1798–1864). Eine Juristenkarriere im Preußen des 19. Jahrhunderts. 2006.

Band 338 Die Reform des Ehescheidungsrechts von 1976. Quellen zum Ersten Gesetz vom 14.6.1976 zur Reform des Ehe- und Familienrechts (Parlamentarische Ausschussprotokolle – Anglikanische Denkschrift von 1966 zur Scheidungsrechtsreform – Schlussabstimmung 1969 in der Eherechtskommission des Bundesministeriums der Justiz). Eingeleitet und herausgegeben von Werner Schubert. 2006.

Band 339 Andreas Feld: Das Bayerische Gesetz zum Schutz des Eigentums an Erzeugnissen der Literatur und Kunst gegen Nachdruck vom 15.04.1840. Vorgeschichte und Zustandekommen. 2007.

Band 340 Bernd Wörner: Adelbert Düringers Einfluß als Richter am Reichsgericht in Leipzig auf dem Gebiet des Personengesellschaftsrechts. 2007.

Band 341 Jan Jelle Kähler: Französisches Zivilrecht und französische Justizverfassung in den Hansestädten Hamburg, Lübeck und Bremen (1806–1815). 2007.

Band 342 Jörn Eckert / Pia Letto-Vanamo / Kjell Å. Modéer (Hrsg.): Juristen im Ostseeraum. Dritter Rechtshistorikertag im Ostseeraum 20.–22. Mai 2004. 2007.

Band 343 Ferdinand von Weyhe: A.E. Wassermann. Eine rechtshistorische Fallstudie zur „Arisierung" zweier Privatbanken. 2007.

Band 344 Martin Klaus Römermann: Kündigungen und Kündigungsschutz im Franquismus. 2007.

Band 345 Thomas Hoffmann: Der Landrechtsentwurf David Hilchens von 1599. Ein livländisches Rechtszeugnis polnischer Herrschaft. 2007.

Band 346 Ingo Ullmann: Die rechtliche Behandlung holsteinischer Leibeigener um die Mitte des 18. Jahrhunderts. Dargestellt unter besonderer Berücksichtigung der Schmoeler Leibeigenschaftsprozesse von 1738 bis 1743 sowie von 1767 bis 1777. 2007.

Band 347 Petra Fischer-Langosch: Die Entstehungsgeschichte des Familiengesetzbuches der DDR von 1965. 2007.

Band 348 Lasse O. Johannsen: Die rechtliche Behandlung ausreisewilliger Staatsbürger in der DDR. 2007.

Band 349 Ralf Schlottau: Deutsche Kolonialrechtspflege. Strafrecht und Strafmacht in den deutschen Schutzgebieten 1884 bis 1914. 2007.

Band 350 Hartwig Brandt / Ewald Grothe (Hrsg.): Rheinbündischer Konstitutionalismus. 2007.

Band 351 Nora Lutze: Der Verwandtenunterhalt nach den §§ 1601 bis 1603 und §§ 1610 bis 1612 BGB in der Rechtsprechung des Reichsgerichts. Unter Berücksichtigung der Entstehung des BGB. 2007.

Band 352 Frank Thiäner: Das Verhältnis von Aufsichtsrat und Abschlussprüfern in der rechtshistorischen Entwicklung bis 1937. 2007.

Band 353 Britta Heymann: Ernst Melsheimer (1897–1960). Eine juristische Karriere in verschiedenen staatlichen Systemen. Mitarbeiter im Preußischen Justizministerium in der Weimarer Republik, Richter am Kammergericht in der NS-Zeit und Erster Generalstaatsanwalt der Deutschen Demokratischen Republik. 2007.

Band 354 Susanne Adlberger: Wilhelm Kisch – Leben und Wirken (1874–1952). Von der Kaiser-Wilhelms-Universität Straßburg bis zur nationalsozialistischen Akademie für Deutsches Recht. 2007.

Band 355 Moritz Waibel: Josef Berchtold (1833–1894). Ein Leben gegen den Ultramontanismus. 2007

Josef Berchtold (1833–1894)

Ein Leben gegen den Ultramontanismus

....

Inaugural-Dissertation
zur Erlangung der Doktorwürde
einer Hohen Juristischen Fakultät
der Ludwig-Maximilians-Universität
zu München

vorgelegt von

Moritz Waibel

....

2007

Referent: Professor Dr. Hermann Nehlsen
Koreferent: Professor Dr. Hans-Georg Hermann
Tag der mündlichen Prüfung: 19. März 2007

Name:	Waibel		
Vorname:	Moritz		
Adresse:	Balthasar-Graf-Str. 12	Geburtsdatum:	27. März 1972
	82061 Neuried	Staatsangehörigkeit:	deutsch
Telefon:	089 / 91 07 79 08	Familienstand:	verheiratet, zwei Kinder

BERUFLICHE ERFAHRUNGEN

- seit April 2007	Leiter Wertpapierrecht & Aufsicht bei der MEAG MUNICH ERGO AssetManagement GmbH in München („MEAG“)
- 2001-2007	Referent in der Abteilung Recht und Aufsicht bei der MEAG
- 1999-2001	wissenschaftlicher Mitarbeiter am Lehrstuhl für Privat- und Patentrecht an der Technischen Universität bei Prof. Dr. Lehmann bzw. Prof. Dr. Hucke
- 1999	4 Monate Praktikum in der Rechtsabteilung der BayWa AG mit Schwerpunkt Wirtschaftsrecht
- 1999	2 Monate Praktikum bei der Kanzlei Steiger und Zerr in Stuttgart
- 1994/1995	Haussprecher in der Studentenstadt Freimann

PROMOTION

2000 – 2007	Promotion bei Prof. Dr. Nehlsen am Leopold-Wenger-Institut an der Ludwig-Maximilians-Universität München

AUSBILDUNG

- 1991	Abitur am Staatlichen Gymnasium in Kaufbeuren (Abiturnote: 1,4 / Leistungskurse: Mathematik, Griechisch)
- 1991/1992	Zivildienst in den Wertachtalwerkstätten (Behindertenwerkstätte)
- 1992/1997	Studium der Rechtswissenschaften an der LMU in München, 9 Semester 1. Staatsexamen: 10,25 Punkte (vollbefriedigend)
- 1997/1999	Rechtsreferendar beim OLG München
- 2000	2. Staatsexamen: 7,55 Punkte (befriedigend) - Wahlfach: Wirtschaftsrecht

SPRACHEN

- Englisch:	sehr gute Kenntnisse in Wort und Schrift
- Französisch:	Kenntnisse in Wort und Schrift
- Italienisch:	ausbaufähige Kenntnisse (2 Semester Privatunterricht und Sprachkurs in Italien)

EDV KENNTNISSE
Microsoft Office (Word, Power Point, Excel)

HOBBYS
Sport (Skifahren, Fußball, Tennis), Klarinette, Lesen, Reisen

München, 31.März 2007

Printed by
CPI books GmbH, Leck

Kolibri 360 GmbH
Ferdinand-Jühlke-Straße 7
99095 Erfurt, Deutschland
produktsicherheit@kolibri360.de